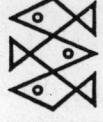

Gerd Ruge
mit Thomas Roth, Hans-Josef Dreckmann
und Tatjana Mitkowa

DER PUTSCH
Vier Tage,
die die Welt veränderten

Reportagen aus dem ARD-Studio Moskau

 Fischer
Taschenbuch
Verlag

Frontispiz:
Ein junger Fallschirmjäger
mit der Fahne Rußlands

Wesentlichen Teilen dieses Buches
liegen Berichte zugrunde,
die Gerd Ruge und das ARD-Studio/Moskau
in den Tagen des Putsches
für den WDR produziert haben.

Die *Chronik der Ereignisse*
wurde von Nadia Rouhani erarbeitet

Originalausgabe
Veröffentlicht im Fischer Taschenbuch Verlag GmbH,
Frankfurt am Main, Oktober 1991

© 1991 Fischer Taschenbuch Verlag GmbH, Frankfurt am Main
Umschlaggestaltung: Buchholz/Hinsch/Hensinger
Foto: dpa 1991 © Agence France
Satz: Fotosatz Otto Gutfreund, Darmstadt
Druck und Bindung: Clausen & Bosse, Leck
Printed in Germany
ISBN 3-596-11271-0

Inhalt

Erklärung der sowjetischen Führung

Im Zusammenhang mit der krankheitsbedingten Amtsunfähigkeit von Michail Sergejewitsch Gorbatschow gehen gemäß Artikel 127(7) der Verfassung der UdSSR die Vollmachten des Präsidenten auf den Vizepräsidenten der UdSSR, Gennadij Iwanowitsch Janajew, über.

G. Janajew
V. Pawlow
O. Baklanow

[Dieser Text wurde am 19. August um sechs Uhr Moskauer Zeit in Rundfunk und Fernsehen der Sowjetunion verlesen und von da an ständig wiederholt.]

19. August

Gerd Ruge

Morgens um acht an der Basilius-Kathedrale hinter dem Roten
Platz. Der erste Lastwagen mit Soldaten ist vorgefahren. Sonst
weiß hier auf dem Platz offenbar noch niemand, was los ist. Vor
einer Stunde ist im Radio und im Fernsehen bekanntgegeben
worden, daß Gorbatschow aus Krankheitsgründen nicht mehr
Präsident sei, daß sein Vizepräsident Janajew die Macht übernommen habe, zusammen mit einem Komitee. Davon haben die
Leute hier fast noch nichts gehört.

»Wissen Sie überhaupt schon, daß Gorbatschow nicht mehr
Präsident ist?« »Ja, hab ich gehört.« Und was er denkt? Bisher
sei es schwer, etwas dazu zu sagen, außerdem sei er auf Dienst-
reise in Moskau, er wisse nichts. Eine Frau: Sie denkt, es ist
schlecht, daß Gorbatschow nicht mehr Präsident ist. »Was«, sagt
ein Mann, »Gorbatschow soll nicht mehr Präsident sein? Janajew
ist doch nur Vizepräsident. Nein, das hat's noch nicht gegeben.
Der Oberste Sowjet muß so etwas entscheiden. Und dann kann
es passieren.« Und ein Matrose weiß von gar nichts.

Am Stadtrand. Vor einem Polizeiwagen rollen Militärkolonnen
an. Noch keine Panzer, erst noch Mannschaftstransporte. Aber
schon in endlosen Kolonnen. Sie quälen sich durch den normalen
Straßenverkehr, die Leute fahren in die Stadt, als ob gar nichts
Besonderes los wäre. Soldaten winken aus den Autos. Eine Gar-
deeinheit ist das, nach dem Symbol auf der Wagentür zu urteilen,
aber bei diesem Lastwagen ist der Motor ausgefallen.

Ich frage einen Major, der neben der Kolonne steht, ob er
weiß, daß Gorbatschow nicht mehr Präsident ist. »Wieso«, sagt
er, »Gorbatschow ist in Urlaub.« »Und wer regiert?« »Gorbatschow.« »Gorbatschow ist und bleibt Präsident?« »Natürlich, der

Folgende Doppelseite:
Panzer einer Gardedivision
fahren am Montagmorgen in Moskau ein.

ist in Urlaub. Wir haben einen Präsidenten, Gorbatschow, und der bleibt«, sagt dieser Major.

An der Straße, die von Westen kommt, stehen die ersten Panzer. Die Leute, die Kinder schauen sie an, die Soldaten schauen zurück, offenbar auch unsicher, was sie hier zu tun haben. Manche wissen nicht, daß Gorbatschow gestürzt ist.

Was meint der Junge? »Das ist gut. Gut, daß er weg ist.« Warum, das weiß er nicht genau. Er hat die Perestroika angefangen, sagt der Junge, und jetzt ist alles durcheinander. Und die Frau? »Ich bin sehr froh. Wissen Sie, so wie er unser Land geführt hat, da gab's in unserem Land gar nichts, das brachte nichts, nur Aufstände und Unruhe.« Und meint sie, daß Jasow, Pugo und Janajew besser sind? Erstmal sagen ihr die Namen gar nichts. Und dann sagt sie: »Ja, ich meine, es wird besser sein.« Vielleicht glauben das die jungen Soldaten auch, vielleicht wissen sie nicht, was sie tun sollen.

Thomas Roth

Heute morgen, gegen neun Uhr auf dem Roten Platz, vor dem Lenin-Mausoleum: Touristen, wie immer. Ganz so, als wäre nichts geschehen. Doch gegen sechs Uhr morgens sind die ersten Radiomeldungen gekommen, daß Gorbatschow nicht mehr Präsident sei. Diese beiden begrüßen das, sie haben Sympathien für die Armee.

»Das ist gut so«, sagt ein Mann, »man hätte ihn schon lange absetzen müssen, er hat Rußland ruiniert.«

»Gott sei Dank«, sagt eine junge Frau. »Es gibt noch andere außer Gorbatschow.«

»Schwer zu sagen, ob das alles gut ist. Ich will nichts sagen«, sagt eine andere.

»Das ist ein Putsch, ganz klar, jetzt ist das Militär an der Macht, und Demokratie kann das nicht bedeuten. Übrigens, das Drehbuch kennen wir: So wurde damals Chruschtschow entmachtet. Ich habe Angst.«

»Das ist ein Putsch. Die faschistischen Kommunisten haben die Macht ergriffen, und das Volk duldet das wie ein Tier. Das ist traurig. Das ist ein Verbrechen am Volk, das kann ich Ihnen sagen.«

Gegen zehn Uhr war es mit der trügerischen Ruhe dann vorbei, die Armee kommt mit schwerem Gerät auf den Zufahrtsstraßen ins Zentrum Moskaus. Der Putsch, an den viele noch immer nicht richtig glauben konnten, er ist gespenstische Wirklichkeit. Gleichzeitig verkündet der Sprecher der sogenannten neuen Regierung ohne Unterbrechung im Radio, daß Gorbatschow wegen Krankheit seine Pflichten nicht wahrnehmen könne. Außerdem habe die UdSSR vor einem Chaos gestanden, das jetzt abgewendet werde.

Eine halbe Stunde später, 500 Meter von Boris Jelzins Regierungsgebäude entfernt: erste Widerstandshandlungen. Das Fernsehen ist von den Truppen besetzt, es gibt wenig Informationen in der Stadt. Bis jetzt fehlt dem Widerstand die Massenbasis. Die engagiertesten Anhänger haben sich zu Boris Jelzins Ministerium durchgeschlagen. Der wiederum kommt gegen zwölf Uhr, steigt auf einen Panzer und versucht, an seine Anhänger zu appellieren. Die Armee läßt ihn reden.

»Auch wenn Fernsehen und Radio im Moment nicht berichten dürfen, ich sage es hier: In der Nacht vom 18. auf den 19. August wurde der gesetzlich gewählte Präsident des Landes gestürzt.« Boris Jelzin sagt: »Dieser Umsturz ist durch nichts zu rechtfertigen. Wir haben es mit einem rechten, reaktionären, verfassungsfeindlichen Umsturz zu tun. Bei allen harten Prüfungen, die das Volk durchlebt, nimmt aber der demokratische Prozeß trotzdem unumkehrbaren Charakter an.« Jelzin versucht, sich und den anderen Hoffnung zu machen. Er ruft zum Generalstreik auf, und er unterstützt Gorbatschow. Er betont es wieder und wieder.

»Unser Parteiergreifen für die Reform erlaubt uns, die Vorbereitung zu dem Unionsvertrag zu beschleunigen, den wir morgen unterzeichnen werden«, sagt Jelzin, doch das kann in diesem Augenblick allenfalls eine Hoffnung sein, denn das war wohl überhaupt der Grund für den Putsch: die Unterzeichnung des neuen Unionsvertrags zu verhindern. In den Augen der Armee und des Notstandskomitees bedeutet dieser Unionsvertrag nämlich eine Spaltung der Sowjetunion. Das gilt es in ihren Augen zu verhindern. Sie wollen verhindern, daß die Republiken, und damit die größte Republik der Sowjetunion, nämlich Rußland, entscheidende neue Macht bekommen.

Oben: Panzer vor der Basilius-Kathedrale beim Kreml.   *Unten*: Präsident Jelzin spricht am Montagmittag auf einem Panzer vor dem Weißen Haus.

Gerd Ruge

Unter dem Rohr der Panzerkanone aufgenommen, das Schild an der westlichen Zufahrt von Moskau. Da haben sich die Panzer seit heute vormittag gesammelt, junge Soldaten, die manchmal gar nicht wußten, daß Gorbatschow schon gestürzt ist. So rollten sie in die Stadt. Zuerst waren die Posten aufgezogen an den Zufahrten von Moskau, Militärpolizisten, bewaffnet. Sie wollten sich nicht von uns filmen lassen, aber sie wollten uns auch nicht verjagen. Sie wußten nicht genau, welche Aufgabe sie haben. Diese Panzer rollen in die Stadt in einer der endlosen Kolonnen einer Gardedivision, die westlich von Moskau stationiert ist. Das sieht nicht nur wie ein Militärputsch aus, das ist zum Teil auch einer. Aber dahinter stehen Politiker, die Gorbatschow selbst an die Macht geholt hat, gemäßigte Konservative, sagte man damals, die das Rad der Zeit zurückdrehen wollten und die gegen Perestroika, gegen den Machtzerfall der Partei waren.

Hier kommt einer von ihnen angefahren, in der schwarzen Kolonne, in der sonst Gorbatschow täglich auf dieser Straße kam. Diesmal, sagt man, ist es Janajew, bis gestern Vizepräsident, nun der Mann, der Gorbatschow gestürzt und die Macht übernommen hat. Die Macht, gestützt auf die Panzer der Armee, die in die Stadt hineinrollen. Bis ins Zentrum sind nur die wenigsten gekommen, und die, die dort sind, in der Nähe des Moskauer Rathauses zum Beispiel, sind gegenwärtig von vielen Menschen eingeschlossen, können sich nicht bewegen. Es hat bisher keine Zusammenstöße gegeben, aber es ist deutlich geworden, die Menschen in der Innenstadt wehren sich gegen die militärische Machtübernahme, gegen die Machtübernahme der Funktionäre. Die Armee hat hauptsächlich das Stadtzentrum abgeriegelt. Wie hier, auf der Brücke am Kutusowskij Prospekt, gleich unter den Fenstern unseres Studios. Und dort biegen sie zum größten Teil nach links ab, nach links, wo das Weiße Haus liegt, der Regierungssitz der Russischen Republik, der Regierungssitz Jelzins. Denn Jelzin, den man hier einschließt mit Panzern, Jelzin ist der Mann, den die Putschisten für gefährlich halten. Jelzin ist der Mann, der das Volk auf seine Seite bringen könnte, gegen den Putsch, vielleicht auch noch einmal hinter Gorbatschow. Vor dem Weißen Haus versammeln sich die ersten Menschen, fahren dann die Panzer auf.

Wäre der Republikenvertrag unterschrieben worden, dann wäre es zu solchen Szenen nicht gekommen. Aber da dieser Vertrag die Macht der Partei des Zentrums geschwächt hätte, sind die Panzer aufgefahren, um die Unterzeichnung zu verhindern, die Gorbatschow und Jelzin vornehmen wollten.

Hier sind die Menschen aufgeregt. Sie versuchen, einen der jungen Soldaten aus dem Panzer zu zerren. Junge Soldaten, die hier eingesetzt sind, um die Machtübernahme der alten Funktionäre abzusichern. Boris Jelzin kommt und steigt auf einen Panzer, und man läßt ihn aufsteigen. Gegen den Präsidenten der RSFSR unternehmen die Soldaten nichts. Da sind sie unsicher. Jelzin kann sich an die Bürger Rußlands wenden – an die, die ihn hier hören, denn Rundfunk und Fernsehen sind in der Hand der Putschisten.

Da kommen auch noch andere auf den Panzer geklettert, darunter ein hoher Offizier. Davon sind die Leute zunächst einmal gar nicht begeistert. Er sagt, sie sollen schweigen, und stellt sich vor: Er ist Vorsitzender des Verteidigungsausschusses im Parlament der Russischen Republik. Da bekommt er Beifall. Und er sagt: Alle, die Militäruniform tragen, die in ihren Herzen normale und ehrliche Bürger Rußlands sind, werden niemals zulassen, daß die Armee gegen ihr Volk antritt. Wenn Armeeangehörige, Offiziere und Generäle Uniform tragen, so sagt er, dann heißt das nicht, daß die das, was gegen das Volk gerichtet ist, auch unterstützen. Es ist ein General, der sich auf die Seite Jelzins, vielleicht auch Gorbatschows stellt, ein General, vielleicht nur ein einzelner. Oder aber: Die Armee spaltet sich.

Gerd Ruge / live

Ulrich Wickert Gerd Ruge, können Sie kurz schildern, was Sie vom heutigen Tagesablauf in Moskau wissen?

GR Abgesetzt ist Gorbatschow mit der Begründung, er sei krank und könne aus medizinischen Gründen sein Amt nicht mehr wahrnehmen. Das ganze Szenario ist etwa so, wie damals, als Chruschtschow abgesetzt wurde. Auch er war in den Ferien, im Kaukasus, und mit einem Mal kriegte er Bescheid, daß er vom Politbüro der Partei abgesetzt worden war. Der Unterschied ist

Oben: Panzer am Moskwa-Ufer sperren eine Zufahrt zum Weißen Haus.
Unten: Putsch-Gegner zerren einen Soldaten aus einem Panzer.

der: Die Kommunistische Partei wird hier im Augenblick überhaupt nicht erwähnt. In keinem der Aufrufe des ehemaligen Vizepräsidenten und neuen Staatschefs Janajew kommt die Kommunistische Partei vor, nirgends hat sie in Erscheinung zu treten. Alles, was man im Augenblick sieht, ist die Armee, eben die langen Panzerkolonnen, die vom Stadtrand hereinrollen, die sich hier in der Nähe von unserem Studio verteilen. Ein Teil sperrt die Innenstadt ab, in der offenbar bisher noch kaum Panzer stehen, der andere Teil fährt zum sogenannten Weißen Haus, das ist der Sitz von Boris Jelzin, und Jelzin ist ganz klar der gefährlichste Gegner der Leute, die jetzt die Macht übernommen haben oder übernehmen wollen.

UW Boris Jelzin hat ja zu einem Generalstreik und zu Demonstrationen aufgerufen. Die neuen Machthaber haben allerdings alle Demonstrationen verboten. Wie, glauben Sie, wird das nun ausgehen?

GR Das wissen wir nicht. Wir sehen nur, daß sich drüben am Weißen Haus eine größere Menschenmenge versammelt. Wir wissen jedoch nicht, wie sich die Gegner dieser Putschgruppe organisieren, ob sie es riskieren werden und können, in großer Zahl auf die Straße zu gehen.

UW Glauben Sie, daß der Aufruf zum Generalstreik morgen massiv befolgt wird?

GR Es scheint sicher, daß die Bergarbeiter ihn befolgen werden, und zwar sowohl in der Russischen Republik als auch in Weißrußland und der Ukraine. Selenograd, eine Stadt bei Moskau mit etwa 100 000 Einwohnern, hat bereits als ganze Stadt den Streik ausgerufen, von anderen Orten kommen ähnliche Meldungen, und wir werden wahrscheinlich morgen erleben, daß die Leute versuchen, eine riesige Demonstration auf dem Manege-Platz am Kreml abzuhalten. Und da wird es kritisch. Heute hat man eine kleinere Demonstration trotz des offiziellen Verbots zugelassen, die Soldaten standen nur hundert Meter davon entfernt. Morgen geht es dann wirklich um die entscheidende Auseinandersetzung.

Thomas Roth

Später Nachmittag. Eine Zufahrtsstraße ins Zentrum von Moskau. Jene Soldaten, die den Putsch durchzusetzen haben, sind höchstens zwanzig Jahre alt. Manche von ihnen scheinen gar nicht recht zu begreifen, daß sie Instrumente einer skrupellosen Politik sind, die nicht nur die Zukunft der Sowjetunion in ein nicht mehr kalkulierbares Chaos stürzen kann. Auf die Frage, warum sie hier seien, sagt einer, sie seien letzte Nacht geweckt worden und dann eben losgefahren.

Eine Frau spricht mit ihnen:»Was macht ihr hier eigentlich? Wie könnt ihr hier gegen das eigene Volk vorgehen? Wie könnt ihr das tun? Ihr schützt doch nur die Privilegien und das Eigentum der Bonzen. Ihr solltet euch schämen. Ihr werdet auf uns schießen. Werdet ihr das tun, wenn es euch befohlen wird?«

»General Jasow, der Oberbefehlshaber der Armee, der diesen Putsch mit vom Zaun gebrochen hat, der kümmert sich doch sonst einen Dreck um euch. Kehrt um, kehrt um, wir sind nicht eure Feinde, aber ihr gehorcht Verbrechern, da bin ich sicher, ihr gehorcht Verbrechern.«

»Ich weiß nicht, ob der Befehl hierherzukommen verbrecherisch ist, aber ich werde ihn befolgen, das gehört zu meiner militärischen Ehre. Ich habe einen Fahneneid geleistet«, sagt der Soldat, »und den werde ich befolgen.«

Nach wie vor hält die Armee die Residenz von Boris Jelzin umzingelt, doch hinter den Kulissen scheint es erste Gespräche mit einem Teil der Armee zu geben. Die Armee, die seit dem frühen Morgen aufmarschiert ist, hat jetzt das Zentrum Moskaus offenbar vollständig für Fahrzeuge abgeriegelt. Doch scheint es, als bemerke sie, daß keine Gefährdung für sie selber droht. Ein Teil der Truppen wird jetzt offenbar zurückgezogen. Zurückgezogen von dem Ort, der sich im Augenblick zum Zentrum erster Widerstandsaktionen zu entwickeln scheint, dem Regierungssitz von Boris Jelzin. In den Straßen von Moskau ist sich die Armeeführung ihrer Sache so sicher, daß sie einen Teil der Einheiten an den Stadtrand zurückzieht, doch es ist keine Frage, bei Bedarf werden sie in wenigen Minuten auch wieder hier sein. Boris Jelzin hat inzwischen zum Generalstreik aufgerufen. Über Moskau ist der Ausnahmezustand verhängt. Und wie es um Gorbatschow

steht, weiß im Augenblick niemand. Demonstranten riegeln am frühen Abend die Zufahrtsstraßen um Jelzins Regierungssitz ab, doch wenn die Armee wollte – jeder Panzer könnte sie in Sekundenschnelle beseitigen. Bis jetzt geschieht das nicht. Manche sagen, erst wenn es dunkel werde, dann kämen sie und räumten hier auf.

Gerd Ruge

In einer Seitenstraße hinter dem Moskauer Rathaus sitzt die Redaktion der Zeitung *Kuranty*, die vom Moskauer Stadtsowjet herausgegeben wird. Am Tag des Putsches hat sie die Sonderausgabe Nummer 1 in Satz gegeben. Eine Nummer 2 wird es nicht geben, denn das Notstandskomitee verbietet die Zeitung, und die Parteidruckerei verweigert die Arbeit. Statt einer Schlagzeile unter dem Titel ein kurzer Text:

»Trotz unseres kritischen Verhältnisses zu Michail Gorbatschow, einigen seiner Handlungen und der Form seiner Wahl – nicht durch das Volk, sondern durch die Volksdeputierten –, haben wir ihn doch als Präsidenten der UdSSR angenommen. Was heißt nun: ›im Zusammenhang mit der krankheitsbedingten Amtsunfähigkeit‹? Ist er erkältet? Nicht bei Sinnen? Warum gibt es keine offizielle Erklärung von ihm? Es ist klar, daß die Bolschewiki alles auf eine Karte gesetzt haben und im Lande ein Staatsstreich unternommen wurde. Aber man kann das Volk nicht auf die Knie zwingen. Dies ist eine Verschwörung von Menschen, die schon verurteilt sind.«

Das Blatt druckt ein Foto von Zivilisten, die einen Panzer umstellt haben, mit der Unterschrift »Der Faschismus kommt nicht durch«, sowie die Aufrufe von Präsident Jelzin, Vizepräsident Rutzkoj und Bürgermeister Popow an die Bürger Rußlands, die Soldaten und Offiziere, die Mitglieder der Kommunistischen Partei und die Moskauer. Ebenso wie das Rathaus ist die Redaktion inzwischen von Soldaten umstellt. Anatolij Pankow, der Chefredakteur der Zeitung, will deshalb sein Büro nicht verlassen, aber er gibt mir ein Interview über die Lage.

Anhänger Jelzins diskutieren mit einem Panzerfahrer.

Ein Moskauer erinnert einen Soldaten an seine Treuepflicht
gegenüber den gewählten Präsidenten, Jelzin und Gorbatschow.

GR Wird es morgen eine große Protestversammlung geben?

AP Es ist möglich, daß das Volk spontan auf den Manege-
Platz geht, wo man sich ja in den vergangenen Jahren immer wieder zu Massendemonstrationen versammelt hat. Möglich, daß die
Leute dahingehen. Sie wollen ihren Emotionen Ausdruck geben,
und sie suchen ehrliche Informationen, denn alles, was Radio
und Fernsehen bringen, sind immer nur Erklärungen der Gruppe
um Janajew. Und nicht mehr als das. Es kommen keine offiziellen Erklärungen der Moskauer Regierung oder der russischen
Regierung über Fernsehen oder Radio durch. Jetzt ist eine Erklärung Janajews erschienen, daß alle Zeitungen, darunter auch unsere, geschlossen sind – außer den neun Parteizeitungen.

GR Haben Sie eine Vorstellung, warum es gerade heute diesen Putsch gegeben hat?

AP Das ist ganz offensichtlich, warum dieser Tag ausgewählt
worden ist. Auf der einen Seite sollte am 20. August der Unionsvertrag unterschrieben werden, und das ist ja das Ende der Zentralmacht der KPdSU. Auf der anderen Seite ist es natürlich eine
günstige Situation, wenn Gorbatschow im Urlaub ist. Das Muster

ist dasselbe, wie es auch beim Sturz von Chruschtschow war und
jedem anderen Führer unseres Landes, der beseitigt wurde. Der
KGB weiß, wie er solche Sachen zu machen hat, und die KPdSU
auch.

GR Wie, glauben Sie, ist die Situation in der Stadt heute?

AP Ich glaube, die Situation hat sich jetzt ein wenig beruhigt.
Aber das ist die Ruhe vor dem Sturm, von dem wir noch nicht
wissen, welche Kräfte sich an diesem Kampf beteiligen werden.
Auf der einen Seite ein ungesetzlicher Umsturz, auf der anderen
Seite eine staatliche, gesetzliche Macht in der Person Jelzins und
der Regierung von Moskau, die im Moment noch nicht in der
Lage ist, effektiv genug aufzutreten.

GR Wie kann es in der Stadt morgen weitergehen?

AP Morgen, das ist schwer vorherzusagen. Der bisher härteste
Schlag war das Verbot der Zeitungen. Sie haben die Übertragun-
gen des Russischen Fernsehens und *Echo Moskaus* verboten,
auch andere unabhängige Radiostationen und einige Zeitschriften. Natürlich wird das Volk so die Wahrheit gar nicht oder nur
unzuverlässig erfahren. Aber trotzdem bin ich überzeugt, diese
Wahrheit kommt durch, weil ja 300 000 Flugblätter mit den Erlassen und Erklärungen von Jelzin verbreitet werden. Wir wissen
nicht, welche Objekte noch unter die Macht der Armee gestellt
werden können. Doch die Situation ist vor allem deswegen nicht
vorhersehbar, weil diese Macht ungesetzlich ist, nur das Resultat
eines Staatsstreichs und der Entfernung Gorbatschows aus der
Verwaltung des Landes. Die Machthaber haben wohl kaum Autorität im Volk. Das Volk unterstützt sie nicht, das ist ganz offensichtlich. Auf der anderen Seite stehen Jelzin und die Regierung
von Moskau. Sie haben die Unterstützung des Volkes, aber sie
haben keine reale Macht. Zumindest bis jetzt, sage ich mal, ist
die Armee noch nicht auf der Seite dieser Macht. Ich habe mich
mit einem Soldaten unterhalten, vielleicht war es auch ein Unter-
offizier, auf einem Schützenpanzerwagen. Er hat gesagt, wir werden nicht auf das Volk schießen. Und ich denke, daß es dieser
Macht auch deshalb nicht gelingen wird, daß ihr nichts gelingen
wird, weil ich bezweifle, daß die Armee ihr folgt. Vielleicht einzelne, irgendwelche Teile, vielleicht treiben auch einzelne Kommandeure das Volk an den Rand eines mörderischen Krieges.

Und das wäre das Schrecklichste, was passieren kann. Im Prinzip aber glaube ich nicht, daß diese Macht sich lange halten kann.

Gerd Ruge
Am späten Nachmittag. Panzer vor dem Kreml. Im Herzen von Moskau sperren sie den Kreml ab, den Regierungssitz. Junge Soldaten. Die Frage, die sich dort die Leute stellen, ist: Werden sie schießen? Im Augenblick geben sie Briefe hin und zurück, bekommen die Soldaten Flugblätter, in denen sie aufgefordert werden, nicht zu schießen. Auch einen großen Teil des Manege-Platzes am Kreml haben sie abgesperrt. Denn offiziell sind alle Versammlungen in Moskau verboten worden, und hier sollte eine Versammlung stattfinden. Da stehen nun die Soldaten und sperren ab, und manchmal denkt man, sie verteidigen eigentlich nur ihre eigene schwere Technik, die da aufgefahren ist. Aber Waffen haben sie dabei. Trotzdem, am anderen Ende des Platzes findet die Versammlung statt, und niemand stört sie. Eine Versammlung für Jelzin, für den Mann, der zum Generalstreik aufgefordert hat,

Jelzins Aufruf an die Soldaten wird am Nachmittag verteilt.

Demonstranten auf dem Weg zum Weißen Haus:
»Nein zum Faschismus – Ja zu Jelzin – Alle zum Streik«.

der diesen Putsch reaktionär genannt hat. Rund 15000 müssen es
sein – alle für Jelzin. Sie stimmen mit den Händen ab. Da rufen
sie: »Jelzin, Jelzin, Jelzin.« Er ist im Augenblick die Hauptfigur,
der Mann, der Widerstand leisten kann gegen den Putschversuch
von rechts. In den Seitenstraßen beim Rathaus sind ebenfalls
Panzer aufgefahren. Manche sind schon wieder abgezogen worden nach einem Gespräch, das der Kommandeur mit einem Vertreter der Moskauer Stadtregierung geführt hat, aber einige stehen immer noch da. Und auch da diskutieren die Frauen und versuchen, mit den Soldaten zu sprechen, haben Angst, daß die Soldaten schießen könnten.

»Aber die werden nicht schießen«, sagt ein Zivilist. Er ist selber Leutnant. Er hat mit den Jungs gesprochen, sagt er, und sie
haben gesagt, sie werden nicht schießen.

Thomas Roth
Die Truppen sind aus geheimen Bereitstellungsräumen in Richtung Zentrum von Moskau aufgebrochen. Seit 6.30 Uhr läuft
im Radio pausenlos die Meldung, daß Vizepräsident Janajew zu-

sammen mit den Führungen von Armee und KGB die Macht übernommen habe. Gorbatschow sei in Urlaub auf der Krim, er sei krank, und er könne seine Pflichten nicht mehr wahrnehmen. Eine offenkundige Lüge. Weitere Radiomeldungen sagen, über dem Land habe hereinbrechendes Chaos gehangen, das jetzt auf diese Weise abgewendet werde. Außer dem offiziellen ersten Radioprogramm ist alles andere abgeschaltet, das sowjetische Fernsehen ebenfalls von Truppen besetzt. Der Putsch ist logistisch gut vorbereitet und läßt auf eine längere Planung schließen. Ganz gezielt werden strategisch wichtige Stellen von Panzern besetzt. Eine davon ist die Brücke vor dem Regierungssitz von Boris Jelzin, dem demokratisch gewählten Präsidenten von Rußland, der größten Republik der Sowjetunion. Von ihm, so fürchtet die Armee offenbar, könnte ein Anstoß zu Aktionen ausgehen, die sie nicht in den Griff bekommen.

Vor dem Regierungssitz Jelzins versammeln sich gegen Mittag tatsächlich die ersten Anhänger, die sich trotz der Sperren der Armee durchsetzen konnten. Die Erregung geht hoch, aber es bleibt bis jetzt bei Handgreiflichkeiten. Bis jetzt fällt kein Schuß, doch niemand kann garantieren, daß das nicht plötzlich doch der Fall sein wird. Unmittelbar vor dem Regierungsgebäude sind inzwischen ebenfalls Panzer. Die Armee verhindert nicht, daß Jelzin persönlich herauskommt und auf einen Panzer steigt. Das ist das einzige Forum, das er im Augenblick hat.

Zur gleichen Zeit, ein paar hundert Meter entfernt: Immer mehr Menschen umringen die Panzer und versuchen, mit den Soldaten zu reden. Viele Soldaten sind höchstens um die zwanzig Jahre alt. Vielleicht verstehen sie selbst noch nicht einmal richtig, wozu sie hier eingesetzt sind.

»Warum habt ihr Gorbatschow verhaftet? Wer garantiert uns, daß ihr ihn nicht umbringt oder irgend jemand von euch ihn umbringt? Was wollt ihr überhaupt hier?« »Genosse Oberleutnant«, ruft eine Frau, »im Leben eines jeden Menschen kommt der Augenblick, wo er sagen muß, wo er steht. Warum sind Sie hier? Warum sind Sie gegen das Volk? Sie schützen nur die Privilegien

Junge Soldaten am 19. August in Moskau.

der Bonzen.« Der Soldat antwortet hilflos. Viele rufen:»Haut
ab, geht doch zurück nach Hause!«

Am Nachmittag schließlich werden von Anhängern Jelzins Barrikaden um seinen Regierungssitz gebaut. Die Armee macht keine
Anstalten einzugreifen. Zur gleichen Zeit werden per Erlaß jene
großen Zeitungen verboten, die sich für Gorbatschows Perestroika eingesetzt haben. Über Moskau regiert ein inzwischen
von den Putschisten eingesetzter Militärkommandant. Wir rechnen damit, daß die Armee in der Nacht die Barrikaden vor Jelzins Regierungssitz wegräumt. Bis zum Abend gegen 20 Uhr ist
hier nach wie vor das Zentrum des Protests. Bis gegen 20 Uhr hat
die Armee das hingenommen.

Gerd Ruge
Erste Pressekonferenz des Mannes, der nun Gorbatschows Macht
übernommen hat. Vizepräsident Janajew ist jetzt amtierender
Präsident und Chef eines Komitees, das die Ordnung wiederher-
stellen will. Gorbatschow selber hat ihn zum Vizepräsidenten gemacht und gegen großen Widerstand des Parlaments durchgesetzt. Einmal war Janajew durchgefallen bei der Wahl, beim
zweiten Mal hat Gorbatschow gesagt, man müsse ihn wählen, er
sei der Mann seines Vertrauens. So ist er Vizepräsident geworden, und nun hat er sich zum Präsidenten gemacht, zum amtierenden Präsidenten. Er verspricht, daß die Perestroika weitergehen wird, aber besser. Daß die Versorgung klappen wird, daß die
Industrie wieder produzieren wird, daß Korruption und Schwarz-
handel aufhören. Er sagt auch, daß Verträge eingehalten werden,
etwa der über den Abzug der Truppen aus Deutschland. Er und
die Leute um ihn herum sind Männer ohne persönliche Autorität,
vorher wenig bekannt, sind sie als Innenminister, KGB-Chef,
Verteidigungsminister Leute, die über einen Apparat und damit
über Macht verfügen. Aber ob sie beim Volk glaubwürdig sind,
ob das Volk diesen Umsturz – was es letztlich ja ist, auch wenn
man sagt, Gorbatschow müsse sich eben erholen –, ob das Volk
diesen Umsturz akzeptiert, das kann man bisher noch nicht
sagen. Die neuen Machthaber versuchen dem Volk einzureden,
daß alles besser wird, wenn sie an der Macht bleiben.

Thomas Roth

Jelzins Anhänger beginnen nun Barrikaden rund um den Regierungssitz zu bauen. Die Armee duldet das bis jetzt. Es sind vor
allem junge Leute, die sich hier versammeln, doch inzwischen
kommen auch Bauarbeiter dazu. Schweres Gerät legt Beton-
stücke vor die Hauptzufahrtsstraßen und vor allem vor die Auf-
fahrt zum Regierungsgebäude. In der Dunkelheit verstärken die
Anhänger Boris Jelzins ihre Barrikaden mit schweren Baumaschinen und großen Betonteilen.

Moskau gegen 22 Uhr. Das Militär hat sich, entgegen anderer
Versicherungen, doch nicht zurückgezogen. In den Seitenstraßen
stehen einzelne Panzergruppen, vor allem um das Zentrum Moskaus herum. Kaum jemand redet ein Wort. Nach einem Tag wie
diesem gibt es offenbar im Augenblick nicht mehr viel zu reden.
Genaue Informationen, was eigentlich vor sich geht, hat niemand, weder innerhalb noch außerhalb Moskaus. Es gelingt uns
sogar, bis zum Roten Platz und dem Kreml durchzukommen.
Doch auf den Platz selbst oder gar zum Kremleingang schaffen
wir es nicht. Es ist verboten.

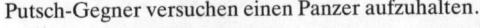

Putsch-Gegner versuchen einen Panzer aufzuhalten.

Oben: Pugo, Janajew und Baklanow auf der Pressekonferenz des Notstands-komitees.   *Unten*: Beginn des Barrikadenbaus am Weißen Haus.

Die Stimmung um den Platz ist bedrückend. In den U-Bahnen rufen die Menschen dazu auf, eine Menschenkette rund um Jelzins Regierungssitz zu bilden. Niemand weiß, ob diese Menschenkette zustande kommt und ob die Armee sie hinnehmen würde. Jelzins Anhänger haben Angst, daß die Armee über Nacht seinen Regierungssitz stürmt. Doch dort bahnt sich eine besondere Entwicklung an: Zehn Panzer haben sich von ihrem Verband abgesetzt und beziehen um Jelzins Regierungssitz Stellung. Überall tauchen jetzt die weiß-blau-roten Fahnen Rußlands auf. Offenbar gibt es Verbindungen von Abgeordneten des russischen Parlaments, die Jelzin unterstützen, zu einem Teil der Armee. Es ist im Augenblick unmöglich zu sagen, wie groß dieser Teil der Armee ist. Diese Soldaten, so sagen sie, sind willens, Jelzin und seine Politik mit ihren Panzern, mit ihren Waffen zu verteidigen. Ein Abgeordneter versucht, eine Rede zu halten, doch sie rufen ihm alle nur zu: »Rußland, Rußland, Rußland.«

Neue Panzer treffen ein, es heißt sogar, noch mehr seien unterwegs. Doch bis jetzt scheint sie niemand an dem Vordringen bis zu Jelzins Regierungssitz zu hindern. Viele aber haben Zweifel, daß das die Nacht über so bleibt.

Gerd Ruge
An einem Seiteneingang des Moskauer Stadtparlaments steht der Abgeordnete Filmonow. »Wir dürfen unsere Hoffnung nur auf uns selber setzen«, sagt er. »Ich laufe seit Mittag durch die Straßen, und ich höre, was die Leute sagen: Wahrscheinlich werden die Vereinten Nationen uns unterstützen und ähnliches. Ich glaube aber, wir dürfen die Hoffnung nur auf uns selber setzen. Wir müssen morgen den unbefristeten Streik beginnen, zu dem Präsident Jelzin aufgerufen hat, um dieser Junta zu zeigen, daß das Volk solche Dinge nicht einfach hinnimmt.«

Und haben sie den Putsch wegen des Unionsvertrags jetzt gemacht? Das weiß er nicht. »Die Logik von Putschisten ist selten nachvollziehbar«, sagt er. »So hat man diesen Putsch ja auch gemacht. Heute um elf Uhr kam der Moskauer Stadtsowjet dann zusammen. Viele Abgeordnete sind in Urlaub, es dauerte eine Zeit, bis sie sich versammelt hatten, es kam zu einer Abstimmung

Barrikade an der Moskwa-Brücke neben dem Weißen Haus

über die Unterstützung von Boris Jelzin, sie haben seinen Aufruf
vorgelesen, es waren 56 oder 58 Abgeordnete da, 48 waren dafür,
Jelzins Aufruf zu unterstützen, einer war dagegen. So war es.«
Und weiter: »Ich werde jetzt mit der Bevölkerung sprechen, ich
erkläre den Leuten die Position des Mossowjet, des Stadtparlaments, ich werde die Leute zum morgigen Streik aufrufen. Die
Bevölkerung muß sich bewußt werden, daß alle Menschen jetzt
in Gefahr sind. Der Mensch geht durch die Straße, man nimmt
ihn einfach fest. Man kann ihn ins Gefängnis werfen, man kann
ihn erschießen. Alles, was sie wollen. Das ist die Junta.«

Überall im Zentrum von Moskau waren die Panzer durch die
Menschenmengen eingeschlossen, überall wurde diskutiert. Der
Befehl sei illegal, er könne nur von einem Komitee gegeben wor-
den sein, das selbst nicht legal sei, sagen die Bürger den Soldaten.
Sie sollten nicht schießen. Und ein junger Soldat sagt: »Wir sind
doch alle Russen.« Die Soldaten sind unsicher, aber sie gehor-
chen. Ob sie schießen würden? Niemand weiß es. Sicher haben die
Diskussionen Wirkung gezeigt. Auch ein Flugblatt, das die Christ-

lichen Demokraten Rußlands ausgegeben haben und das die Soldaten und Demokraten Rußlands aufruft, nicht zu schießen.

»Ich glaube, sie werden nicht schießen«, sagt dieser Mann. »Das sind Leute in meinem Alter, ich bin 35 Jahre alt, ich bin selber Leutnant, ich würde nicht schießen. Ich habe die Jungs gefragt, sie sagen, sie werden nicht schießen. Das sind Narren, die uns so was eingebrockt haben, das Volk folgt ihnen nicht, die Zeit ist vorbei. Sie leben im Plusquamperfekt, in der Vergangenheit.« Gorbatschow? »Gorbatschow hat viele Fehler gemacht«, sagt er. »Viele Fehler. Er hat sich nicht entschieden genug auf die Demokraten gestützt. Ich habe ihn oft kritisiert. Aber wenn es ganz heiß zugeht, wird Gorbatschow vom Volk unterstützt. Man darf nicht mehr in diesen Sumpf mit den Kommunisten zurückkehren und darin leben, das steht uns doch bis zum Hals. Diese Leute vom Notkomitee können nicht führen. Das dauert nur ein, zwei, drei Tage, denn die haben kein Programm, die haben nichts, deswegen werden sie auch nicht akzeptiert. Das war nur ein blöder Palastputsch, der hat keine tiefen Wurzeln.«

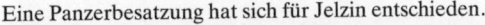

Eine Panzerbesatzung hat sich für Jelzin entschieden.

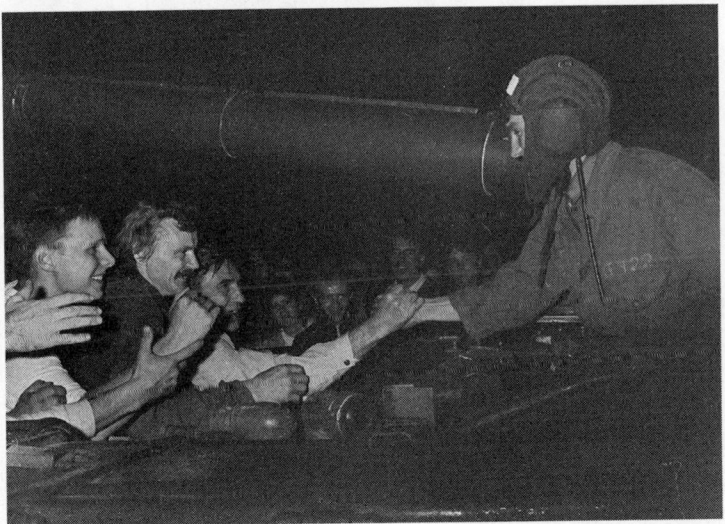

Ein Panzer wird auf eine Verteidigungsstellung beim Weißen Haus
eingewunken.

Niemand weiß, ob der Mann recht hat, aber eins steht fest:
Schwer werden es die Putschisten haben.

Gerd Ruge/live

Fritz Pleitgen Gerd Ruge, wie sicher fühlen sich die neuen
Machthaber?

GR Das kann man nicht sagen. Ich glaube, auch sie können es
nicht beurteilen, wie sich die Lage weiterentwickeln wird. Es
hängt ja davon ab, ob es wirklich zu großen Streiks kommt. Bei
den Bergarbeitern sind sie angekündigt, in einigen Städten haben
sie schon begonnen, und morgen kann es in Moskau zu großen
Massendemonstrationen kommen. Im Augenblick kann niemand
sagen, ob dieser Putsch bereits gelungen ist.

FP Was ist denn noch über das hinaus bekannt, was Gennadij
Janajew über Gorbatschow gesagt hat?

GR Eigentlich nichts. Hier weiß niemand, wo Gorbatschow ist. Es gibt Gerüchte, er sei tot. Das halte ich im Grunde für unwahrscheinlich. Es gibt ein ziemlich glaubwürdiges Gerücht, diese neue Gruppe, das neue Komitee, habe gestern versucht, Gorbatschow dazu zu überreden, sein Amt freiwillig niederzulegen, und daß er es nicht getan habe. Ähnliche Ansinnen sind offenbar auch hier an Gawriil Popow, den amtierenden Bürgermeister von Moskau, gestellt worden. Er hat sie abgelehnt und ist nicht zu dem Parteichef gegangen, der ihn zu sich zitiert hatte.

FP Glauben Sie, daß für Gorbatschow noch eine Chance besteht, so eine Art Comeback zu erreichen?

GR Das kann man auch nicht sagen. Es hängt davon ab, ob Jelzin sich durchsetzen kann. Gorbatschows Schicksal hängt jetzt davon ab, wie es mit Jelzin weitergeht, und Jelzin weiß übrigens auch selber, daß er jetzt Gorbatschow trotz aller früheren Gegensätze stützen muß. Wenn Jelzin die Leute hinter sich bringt, dann wird er versuchen, Gorbatschow zurückzuholen und wieder zum Präsidenten zu machen. Jelzin und Gorbatschow waren sich in einem wichtigen Punkt einig, nämlich darin, daß sie übermorgen den Unionsvertrag zwischen der Zentrale und den Republiken unterschreiben wollten. Einen Vertrag, der die Verhältnisse hier neu geregelt hätte. Obwohl sie beide politisch keineswegs immer Freunde sind, wissen sie, daß das geschehen muß, und davor hat die Partei, die alte Garde, Angst gehabt. Darum haben die Konservativen diesen Putsch gemacht, noch bevor sie durch einen neuen Unionsvertrag entmachtet werden konnten. Jelzin wird nun sicher versuchen, Gorbatschow noch einmal zurückzuholen, wenn es ihm gelingt, sich selber zu halten.

FP Wollen denn die anderen Republiken, es waren ja immerhin neun, die diesen Unionsvertrag unterschreiben wollten, Gorbatschow ebenfalls zurückhaben? Ich denke beispielsweise an Kasachstan. Kasachstan und die Russische Föderation waren ja eigentlich diejenigen, die am meisten darauf drängten, daß es zu diesem Unionsvertrag kommt.

GR Natürlich, sie wollen den Vertrag haben. Die Regierung in Kasachstan ist sehr vorsichtig und zurückhaltend. Präsident Nasarbajew hat nur gesagt, man müsse jetzt sehr vorsichtig und ruhig sein. Aber er hat dieses neue Komitee nicht unterstützt. Die einzige Republik, die es unterstützt hat, ist Aserbaidschan. Dort steht man ausgesprochen positiv zu diesem, sagen wir ruhig, Umsturz, der es ja ist.

FP Wir haben jetzt etwas über Janajew erfahren. Wer sind denn eigentlich die anderen Leute dieses Staatskomitees für den Ausnahmezustand?

GR Naja, der KGB-Chef General Krjutschkow, der Verteidigungsminister Jasow, der sowjetische Regierungschef – auch ihn hat Gorbatschow dazu gemacht – und Ministerpräsident Pawlow und der Innenminister Boris Pugo. Dann noch zwei andere: ein Vorsitzender eines sogenannten Bauernverbandes und ein Vorsitzender eines Industrieverbandes. Im großen und ganzen Konservative, Mittelmaß, wichtig nur durch die Apparate, die sie beherrschen.

FP Wer könnte denn da die starke Figur sein?

GR Das wissen wir nicht. Das Ganze ist ja noch nicht ausgestanden. Wir wissen noch nicht, ob sie gewinnen und wer dann die starke Figur sein würde. Die Frage ist noch völlig offen. Eins ist klar: Auch die Armee ist nicht eindeutig auf der Seite dieses Putsches. Die Leute um Jelzin jedenfalls hoffen noch darauf, daß ein Teil der Armee sie unterstützen wird. Ein Beispiel dafür ist, daß das russische Parlament jetzt durch Leute von Spezialeinheiten, sogenannte Omonzy, geschützt wird. Das sind an sich die sehr verhaßten Rabauken und Schlägertypen, wie wir sie aus dem Baltikum kennen. Aber dies sind russische Omonzy, die Jelzin schützen. Zehn Tanks der Armee werden am Weißen Haus erwartet, man will sie durch die Barrikaden lassen, weil sie auch zum Schutz des Parlaments anfahren. Das Notstandskomitee hat seinen Aufruf veröffentlicht: Ordnung, bessere Versorgung, Erhaltung der Rüstungsindustrie, Arbeit für alle. Die kommunistische Partei wird dabei überhaupt nicht erwähnt, da heißt es nur: Die Tätigkeit aller Parteien, Massenorganisationen und Bewegungen werde zeitweise eingestellt. Nun soll das ZK-Plenum vielleicht schon morgen zusammentreten, und es muß sich dann überlegen, einen neuen Generalsekretär zu wählen. Schließlich braucht man einen Kongreß oder eine Sitzung des Obersten Sowjet, angeblich am 27. August, der den Umsturz sozusagen legalisiert. Aber das alles sind noch offene Fragen. Und vorher soll es zum Beispiel noch zu einer Massendemonstration in Moskau kommen. Die Verhängung des Ausnahmezustands wird das nicht verhindern können, und andere Teile der Sowjetunion sind überhaupt noch nicht in der Hand der Putschgruppe und der Armee.

FP Gerd Ruge, nun war die sowjetische Wirtschaft allmählich doch ans Ende geraten. Es entwickelte sich eine Hyperinflation, das Bruttosozialprodukt ist wiederum um 25 Prozent gefallen. Wie will man das denn verkraften, wenn vermutlich jetzt auch noch Hilfen aus dem Westen ausbleiben?

GR Das wird sicherlich außerordentlich schwer, zumal niemand annimmt, daß das Versprechen des Notstandskomitees, es werde bessere Versorgung garantieren, sich bewahrheitet. Vielleicht werden sie es schaffen, daß man in den nächsten Tagen schnell das in die Geschäfte bringt, was bisher zum Teil offenbar zurückgehalten wurde, um damit bei der Bevölkerung Sympathie zu gewinnen. Aber im Grunde glaubt natürlich niemand, daß ein Komitee, in dem die Armee eine solch wichtige Rolle spielt, weniger auf Rüstungs- und Schwerindustrie und mehr auf Konsum setzt. Die Kommunistische Partei fällt unter die Organisationen, deren Tätigkeit eingestellt werden soll. Das klingt wie das Programm des Schwarzen Obersten Alksnis, der eine Art chinesische Lösung vorgeschlagen hat: liberale Wirtschaftspolitik, Übergang zum freien Markt, aber eben auch ein Ende des Kommunismus wie der Demokratisierung zugleich. Nur, fast niemand glaubt, daß das Militär es schafft, zum Markt überzugehen und die Wirtschaftslage wirklich zu verbessern.

Gerd Ruge / live

Sabine Christiansen Auch aus Litauen kommen Meldungen, besorgniserregende Meldungen. Über hundert Panzer und gepanzerte Fahrzeuge sollen in Wilnius, der litauischen Hauptstadt, aufgezogen sein. Wird es im Baltikum zuerst losgehen mit dem Bürgerkrieg, wird er dort nun massiv beginnen?

GR Nein, nicht unbedingt. Ein Mann ist in Riga erschossen worden, das wissen wir, ein Busfahrer, als er an einem Kontrollpunkt vorbeigefahren ist. Ein anderer wurde verletzt. Das sind die ersten Toten. Die Belagerung des Fernsehgebäudes hat auch begonnen. In Wilnius sind die Panzer wieder eingefahren, das ist auch richtig. Das Fernsehen der litauischen Republik, das als Notstandsmaßnahme schon in Kaunas untergebracht war, ist auch besetzt worden und sendet nicht mehr, aber im großen und ganzen sind das immer noch Nebenschauplätze. Der Hauptschauplatz ist Moskau.

SC Herr Ruge, für morgen hat Jelzin zum Generalstreik aufgerufen. Kann ein massiver Streik die Putschisten möglicherweise wieder entmachten, ihnen den Boden für ihr Handeln entziehen, oder muß man befürchten, daß dann die Armee mit aller Härte, mit aller Gewalt gegen diese möglicherweise großen Demonstrationen vorgehen wird?

GR Sie sprechen von der Armee, als ob sie ein geschlossener Block wäre. Wir sehen ja schon Anzeichen einer Spaltung, wie mir scheint. Wir wissen, daß die Soldaten, wenn man mit ihnen spricht, sagen, daß sie nicht schießen wollen. Für die Armee wäre es sehr schwer, gegen Streikende mit Waffen vorzugehen. Sie können sie damit ja auch gar nicht zur Arbeit zwingen. Da sind die Möglichkeiten eines Militärputsches, und weitgehend scheint es einer zu werden, außerordentlich begrenzt.

SC Man hat ja den Eindruck, daß diese Geschichte schon etwas länger vorbereitet worden ist, denn auch in Lettland gibt es ja Maßnahmen, die getroffen worden sind, estnische Häfen sind blockiert worden von der Marine. Glauben Sie, daß Gorbatschow nicht hätte in Urlaub fahren sollen?

GR Nein, das ist schwer zu sagen. Vielleicht besser nicht, vielleicht aber wäre es dann trotzdem passiert. Der Zeitpunkt hat sich anders ergeben. Gorbatschow wäre ja morgen zurückgekommen, um am 20. mit Jelzin und anderen Führern der Republiken den Unionsvertrag zu unterzeichnen. Die Putschisten wollten verhindern, daß dieses neue Abkommen zwischen den Republiken geschlossen wird. Darum haben sie in diesem Augenblick den Putschversuch unternommen.

SC Glauben Sie denn, daß es zu einer Volksbewegung gegen die jetzigen Machthaber kommen könnte?

GR Das ist schwer zu sagen. Jelzin hat dazu aufgerufen. Wer-

Nachts auf den Barrikaden.

Viele Moskauer verbrachten die Nacht bei den Soldaten,
die sich auf Jelzins Seite gestellt hatten.

den die Leute es riskieren? Können sie sich durchsetzen? Werden
die Soldaten schießen? Ich habe mit ganz jungen Soldaten gesprochen, denen war überhaupt nicht klar, weshalb sie hier sind.
Sie winkten, aber sie werden halt tun, was ihnen befohlen wird,
fürchte ich. Und dann kann es passieren, daß sie auf Menschenmengen schießen, wenn sie sich zu Demonstrationen versammeln.

SC Wenn Sie sich die Personen anschauen, die jetzt zu dem
neuen Staatskomitee gehören, die die Führung übernommen haben, wie interpretieren Sie dann diesen Putsch?

GR Der Hintergrund ist konservativ opportunistisch. Janajew,
der jetzt neuer Präsident ist, ist von Gorbatschow gegen großen
Widerstand zum Vizepräsidenten gemacht worden. Das ist einer,
der nie besonders auffiel, ein Parteifunktionär, einigermaßen gebildet, aber ohne jede Bedeutung. Pawlow, ein Finanzexperte, ist
unter Gorbatschow Ministerpräsident geworden, ein eher konservativer Mensch, auch einer, der ohne Gorbatschow gar keine politische Karriere gemacht hätte. Jasow, gut, ein älterer Marschall
aus der Armee – da wissen wir nicht, was für Leute eigentlich

hinter ihm stehen. Aber das ist zunächst auch nur ein Name. Und
dann halt die sehr konservativen Leute. Pugo, der Innenminister,
und Krjutschkow, der KGB-Chef. Die haben ja vor drei, vier
Wochen schon mal durch ihre Stellvertreter einen Aufruf veröf-
fentlichen lassen, in dem sie die ganze Politik Gorbatschows verurteilen. Damals, und das ist wichtig, ist keinem ihrer Stellvertreter etwas passiert.

Gerd Ruge
Spät am Abend, die Barrikaden um Jelzins Regierungssitz, das
Weiße Haus der Russischen Republik. Hier haben die Leute ge-
wartet, bis die Panzer anrollten, aber nun rollen sie weg. Und
dann kommen wieder Panzer. Aber dies sind andere Panzer, Pan-
zer, die für Jelzin rollen. Es scheint, als habe sich das Blatt ge-
wendet, und die Menschen, die vorher Barrikaden bauten gegen
Panzer, rufen Hurra.
   Ein Offizier der Luftlandetruppen erklärt ihnen, warum diese
Panzer gekommen sind. »Uns hat man die Aufgabe gestellt, das
Gebäude des Obersten Sowjet der RSFSR zu schützen. Diese
Aufgabe erfüllen wir.« Und wer hat ihnen die Aufgabe gestellt?
»Jelzin persönlich«, sagt der Fallschirmjäger. Von dem also
nimmt er Befehle an. »Ich stehe nicht auf einer Seite«, sagt er.
»Das Volk soll mit politischen Mitteln entscheiden. Unsere Auf-
gabe ist es nur, Blutvergießen zu verhindern.«
   Er nimmt Befehle von Jelzin an. Das ist etwas ganz Neues. Die
Leute rufen: »Danke, danke!« Die Fahne, das ist die Fahne Ruß-
lands, die über dem Panzer weht. Ein völlig neues Bild. Vielleicht
das Zeichen der Spaltung der Armee. Gibt es doch so etwas wie
eine russische Armee, wie Jelzin einmal gefordert hat? Nehmen
diese Soldaten tatsächlich von ihm Befehle an und nicht von der
Armeeführung, die auf der Seite der Junta, der Putschisten steht?
Jedenfalls ein Zeichen dafür, daß der Putsch anders ausgehen
könnte, als die Armeeführer erwartet hatten.

Auszüge aus dem ersten Erlaß des Notstandskomitees

Alle Macht- und Verwaltungsorgane der UdSSR, der Sowjetrepubliken und lokale Organe [...] werden angewiesen, die [...] Verfügungen des Notstandskomitees strikt einzuhalten. Falls sie dazu nicht in der Lage sind, werden ihre Vollmachten ausgesetzt und deren Funktionen von den dazu vom Komitee bemächtigten Personen übernommen.

Bürger, Dienststellen und Organisationen müssen unverzüglich alle Arten von Feuerwaffen, Munition, Sprengstoff, Militärtechnik und -gerät abliefern. Innenministerium, KGB und Verteidigungsminister sorgen für die unbedingte Einhaltung dieser Forderung. Bei Weigerung soll dies unter Zwang erfolgen, und die Schuldigen werden zur strengen strafrechtlichen und administrativen Verantwortung gezogen.

Kundgebungen, Straßenumzüge, Demonstrationen sowie Streiks sind nicht zugelassen. Falls notwendig, sollen Ausgangssperren, Streifen, Durchsuchungen sowie verstärkte Maßnahmen zur Grenz- und Zollkontrolle eingeführt werden. Die wichtigsten Staats- und Wirtschaftsobjekte sowie Versorgungssysteme werden, falls erforderlich, unter Schutz gestellt. Hetzgerüchte, Verletzungen der Rechtsordnung, nationaler Haß, Gehorsamsverweigerung gegenüber Amtspersonen [...] sollen entschieden unterbunden werden.

Massenmedien werden unter Kontrolle gestellt. Dafür wird ein spezielles Organ beim Notstandskomitee eingerichtet.

Das Ministerkabinett der UdSSR soll innerhalb von sieben Tagen eine Bestandsaufnahme aller vorhandenen Lebensmittelressourcen und Waren des Grundbedarfs anfertigen und dem Volk berichten, worüber das Land verfügt, sowie deren Aufbewahrung und Verteilung unter strengste Kontrolle stellen. [...] Innerhalb von sieben Tagen sollen Vorschläge zum Ordnen, Einfrieren und zur Herabsetzung der Preise für einzelne Konsumgüter und Lebensmittel [...] ausgearbeitet werden. Löhne, Renten, Hilfs-

und Ausgleichszahlungen sollen für verschiedene Kategorien der Bürger erhöht werden.

Angesichts der kritischen Lage bei der Ernte und der Hungergefahr [...] sollen unverzüglich Entsendungen von Arbeitern und Angestellten, Studenten und Armeeangehörigen aufs Land in der zur Rettung der Ernte erforderlichen Anzahl organisiert werden.

Aufruf des Notstandskomitees
an das sowjetische Volk

Landsleute! Bürger der Sowjetunion! In dieser schweren, für das Schicksal des Vaterlands und unserer Völker kritischen Stunde wenden wir uns an Sie! Unser großes Vaterland schwebt in tödlicher Gefahr! Die auf Initiative von M. S. Gorbatschow begonnene Politik der Reformen, die die dynamische Entwicklung des Landes und die Demokratisierung des öffentlichen Lebens garantieren sollte, ist aus einer Reihe von Gründen in die Sackgasse geraten. An die Stelle des ursprünglichen Enthusiasmus und der Hoffnung sind mangelndes Vertrauen, Apathie und Verzweiflung getreten. Auf allen Ebenen hat die Macht das Vertrauen der Bevölkerung verloren. [...] Das Land ist praktisch unregierbar geworden. [...]

Die gewährten Freiheiten und die gerade erst sich zeigenden Keime der Demokratie mit Füßen tretend, erschienen extremistische Kräfte. Ihr Ziel war es, die Sowjetunion zu liquidieren, den Zusammenbruch des Staates herbeizuführen und um jeden Preis die Macht zu erringen. Die Resultate des unionsweiten Referendums über die Einheit unseres Vaterlands wurden zunichte gemacht. Das zynische Spiel mit nationalen Gefühlen bemäntelt nur andersgerichtete Ambitionen. [...]

Die Krise der Macht ist auf katastrophale Weise zur ökonomischen Krise geworden. Das chaotische, undurchdachte Abgleiten in die Marktwirtschaft hat die Bombe des Egoismus gezündet – eines Egoismus der Regionen, der Ämter, der Gruppen und einzelner Personen. Der Krieg der Gesetze und die Förderung der zentrifugalen Tendenzen hat sich in die Zerstörung des in Jahrzehnten gewachsenen einheitlichen Volkswirtschaftssystems verwandelt. In der Folge sank der Lebensstandard der überwiegenden Mehrheit der sowjetischen Menschen dramatisch, wucherten Spekulation und Schattenwirtschaft. Es ist höchste Zeit, den Menschen die Wahrheit zu sagen: Wenn nicht entschiedene und dringende Maßnahmen zur Stabilisierung der Wirtschaft getroffen werden, dann sind in allerkürzester Frist Hunger und ein erneutes Anwachsen der Verelendung unausweichlich. Dann ist es nur noch ein Schritt zu Massenunruhen mit allen zerstörerischen Folgen. [...]

Jahrelang hören wir nun schon von allen Seiten Beschwörungen, den Interessen der Persönlichkeit zu dienen und für Rechte und soziale Sicherheit des einzelnen Sorge zu tragen. In Wirklichkeit erscheint der Mensch jedoch als erniedrigt, in seinen realen Rechten und Möglichkeiten beeinträchtigt und bis an den Rand der Verzweiflung getrieben. Vor aller Augen sind die dank dem Volkswillen gebildeten demokratischen Institutionen diskreditiert. Das ist das Ergebnis der zielstrebigen Tätigkeit jener, die unter grober Verletzung der Verfassung der UdSSR de facto einen verfassungswidrigen Umsturz vollziehen und einer uneingeschränkten persönlichen Diktatur entgegenstreben. Die Präfekturen, Bürgermeister und andere ungesetzliche Strukturen eignen sich immer eigenmächtiger die vom Volk gewählten Sowjets an. [...]

Selbst die elementare persönliche Sicherheit der Menschen gerät mehr und mehr in Gefahr. Das Verbrechen nimmt rapide zu, organisiert und politisiert sich. Das Land geht im Strudel von Gewalt und Gesetzlosigkeit unter. Niemals in der Geschichte des Landes wurden Sex und Gewalt in solchem Ausmaß propagiert, mit der Folge, daß Gesundheit und Leben zukünftiger Generationen in Gefahr geraten. Millionen Menschen fordern Maßnahmen gegen die Hydra des Verbrechens und die empörende Unmoral. [...]

Gestern noch fühlte sich der sowjetische Mensch im Ausland als würdiger Bürger eines einflußreichen und geachteten Staates. Heute ist er nurmehr ein Ausländer zweiter Klasse, dem man entweder mit Geringschätzung oder Mitleid begegnet. Stolz und Ehre des sowjetischen Menschen sollen in vollem Maße wiederhergestellt werden. [...]

Wir treten für wahrhaft demokratische Prozesse und für eine konsequente Reformpolitik ein, die zur Erneuerung unseres Vaterlandes, zu ökonomischem und sozialem Aufblühen führt und uns dadurch gestattet, einen würdigen Platz in der Weltgemeinschaft einzunehmen. [...]

In unablässiger Sorge um die Stärkung und den Schutz der Bür-
gerrechte konzentrieren wir unsere Aufmerksamkeit auf den
Schutz der Interessen der breitesten Schichten der Bevölkerung,
das heißt jener, die von Inflation, wirtschaftlicher Desorganisa-
tion, Korruption und Verbrechen am meisten betroffen sind.
[. . .]
Wir rufen alle wahren Patrioten und Menschen guten Willens
dazu auf, den Wirren unserer Zeit ein Ende zu bereiten. Wir fordern alle Bürger der Sowjetunion dazu auf, ihre Pflicht gegenüber dem Vaterland anzuerkennen und das Staatskomitee für den
Ausnahmezustand in der UdSSR bei seinen Anstrengungen, das
Land aus der Krise zu führen, nach Kräften zu unterstützen. [. . .]

Das Staatskomitee für den Ausnahmezustand in der UdSSR,
18. August 1991

Wie Jelzin zum Weißen Haus aufbrach.
Tatjana Mitkowa im Gespräch
mit einem Augenzeugen

Der Morgen des 19. August begann für die Familie Jelzin so:
Kurz nach sechs klingelte im Zimmer, wo Boris Nikolajewitsch
und Naina Jossifowna schliefen, das Telefon. Ein Mann aus Jelzins Leibwache, der dem Präsidenten sehr nahesteht, teilte Naina
Jossifowna, die den Hörer abgenommen hatte, mit, daß es einen
Staatsstreich gegeben habe. Er habe diese Information per Telefon aus dem Foyer des Weißen Hauses erhalten und gerade die
morgendlichen Fernsehnachrichten gesehen, wo man die Erklärung des Notstandskomitees inzwischen alle zehn Minuten wie-
derhole.

Ziemlich rasch, wenn auch nicht in voller Besetzung, machte
sich die Leibwache Jelzins nach Archangelskoje auf, einem Ört-
chen bei Moskau, wo sich die Datscha des russischen Präsidenten
befindet. Ein Teil der Wachmänner blieb bei den Kindern des
Präsidenten in der Moskauer Wohnung. »Schon um halb sieben
waren wir beim Chef. Hatten Chasbulatow, Silajew, Skokow,
Burbulis, Poltoranin aufgeschreckt, die alle nach Archangelskoje
kamen. Dort fand sich auch Sobtschak ein, der an diesem Morgen in Moskau war. Wir fuhren alle Zufahrtsstraßen ab, die Panzer waren schon nicht mehr weit. Außerdem stoppten Soldaten
willkürlich Autos, hielten aber noch niemanden auf«, erzählt der
Leibwächter, der ungenannt bleiben möchte. Während die
Wache die Umgebung kontrollierte, wurde in der Datscha beschlossen, einen Aufruf an das russische Volk zu verfassen.
Leichter gesagt als getan. Denn es waren weder Sekretärin noch
Schreibmaschine oder Computer da. Was tun? Man klopfte bei
der Nachbar-Datscha an, wo der Ökonom Jewgenij Saburow mit
seiner Gruppe an einer Variante des Wirtschaftsprogramms für
Rußland arbeitete. Den Hilferuf beschied er mit einem »Wir wissen von nichts«. Ein Faxgerät mußte ihm gewaltsam abgenommen werden. Schließlich fand man eine Frau, die den Aufruf

[siehe Seite 57] mit zwei Fingern abtippte. Jelzin blieb die ganze
Zeit über äußerst beherrscht. Er hatte sofort beschlossen, nach
Moskau zu fahren, wohl wissend, daß er dort möglicherweise
nicht lebend ankäme.

»Am Vorabend, dem 18. August, waren wir aus Kasachstan zurückgekommen«, berichtet der Leibwächter weiter. »Man hatte
den KGB gebeten, am Flughafen zwei gepanzerte Limousinen
für uns bereitzustellen, aber Plechanow [zu dieser Zeit Chef der
Wachabteilung des KGB], derjenige, der immer und überall als
erster bei Gorbatschow war – ihn jedoch bereits verraten hatte –,
hatte sich schlicht geweigert. So kam es, daß Jelzin selbst bei
Krjutschkow anrief. Dieser versprach, für die Limousinen zu sorgen. Wir kommen am Flughafen an und sehen, daß einfache Autos dastehen. Auf die Frage, warum, antwortete man uns: ›Sie
haben Krjutschkow wohl nicht richtig verstanden.‹«

Natürlich klärte sich alles am 19. August auf. Die Jungs von
der Alpha-Gruppe [eine Spezialeinheit des KGB für Terrorismus-
bekämpfung] sagten später aus, daß man ihnen befohlen habe, in
die Reifen des Präsidentenautos zu schießen, um Antwortfeuer
zu provozieren. »Und daraufhin hätten sie uns alle, ohne mit der
Wimper zu zucken, erschossen. Es war alles gut geplant.«

Zurück nach Archangelskoje. Zuerst rief Jelzin den Präsidenten Nasarbajew an, danach Gorbatschow. Diese Verbindung kam
nicht zustande. Bei Janajew antwortete man, er dürfe nicht geweckt werden, er habe die ganze Nacht gearbeitet. Beim Kommandanten der Luftlandetruppen, General Gratschew, kam man
durch. Er versprach, zusätzliche Wachen zu schicken. »Da die Telefone alle abgehört wurden, folgerte ich, daß Krjutschkow die
Jungs von der Alpha-Gruppe nun in die Uniformen der Aufklä-
rungseinheit Gratschews stecken würde. Allerdings kamen sie zu
spät. Die ersten acht Mann rückten an, als Jelzin schon nach
Moskau unterwegs war. Ihr Gruppenleiter wies sich – mit einem
nagelneuen Ausweis! – als Offizier der Fallschirmspringer aus.
Doch was das Schönste ist: Unser Mann erkennt den Alpha-Offi-
zier. Irgendwann waren sie einmal zusammen auf einem Lehr-
gang gewesen. In diesem Moment rief man aus der Kantine an:
Wie das mit dem Mittagessen sei, es sei für fünfzig Personen bestellt worden, aber niemand mehr da. Ich sage: ›Versorgt die

Jungs in der Tarnkleidung, aber jeder muß für zwei essen!‹ Und
tatsächlich führte man die Fallschirmjäger-Alphas in die Kantine
mit der Auflage: zwei Mittagessen pro Mann. Wer wird schon mit
vollem Magen ins Gefecht gehen.

Später kam ein weiterer Bus mit falschen Fallschirmjägern an.
Übrigens hatten wir durch zwei Abteilungsleiter Kenntnis von ihrem Vorhaben. Jedesmal, wenn sie den Sturm aufs Weiße Haus
planten, teilten sie uns das mit. Die Stimmung unter den Alphas
war nicht besonders gut. Sie wollten sich nicht verheizen lassen.
Wilnius hatte ihnen gereicht.« [Bei der Erstürmung des Fernseh-
turms in Wilnius im Januar 1991 war ein Mitglied der Alpha-
Gruppe getötet worden. Er durfte aus Geheimhaltungsgründen
nicht öffentlich beigesetzt werden, und seine Frau bekam eine mi-
nimale Rente zugesprochen.]

Von Jelzins Aufbruch erzählt der Leibwächter weiter: Nachdem
der Aufruf getippt worden war, sagte Jelzin: »Fahren wir.« Man
überlegte, mit welchem Auto der Präsident am besten fahren
sollte, damit er nicht zu sehr auffalle. »Es hätte auch andere Möglichkeiten gegeben, von der Datscha wegzukommen. Beispielsweise hätte man in einem Boot flußaufwärts fahren oder sich zu
Fuß durch den Wald schlagen können.« Jelzin selbst entschied:
»Wir fahren im SIL, ganz offiziell und mit Wimpel – sollen sie
doch versuchen, auf den rechtmäßig gewählten Präsidenten zu
schießen!« Die Wache bestand auf kugelsicheren Westen. Sie
legte sie dem Präsidenten an, zwei Mann nahmen ihn in die
Mitte. Die auf der Datscha Anwesenden verteilten sich auf ihre
Autos, insgesamt fünfzehn Limousinen, und wir brausten mit
ziemlich hoher Geschwindigkeit los. Glücklicherweise hatte sich
auf dem Autobahnring eine Lücke zwischen den Panzerkolonnen
gebildet, und Jelzin kam wohlbehalten am Weißen Haus an. Hier
waren schon Panzer und schwere Militärfahrzeuge aufgefahren.

Die Präsidentenfamilie brachte man in aller Ruhe an einen sicheren Ort, wobei man auf dem Weg in die geheime Wohnung die
Richtung einige Male änderte. Selbst der Präsident wußte nicht,
wo sich seine Frau und Kinder aufhielten. Man riet ihm, nicht anzurufen, um keine Spuren zu legen. Die Abhöranlage der Zwölf-
ten Abteilung des KGB reicht für 25 Millionen Telefonan-

schlüsse, von den besonderen Regierungsanschlüssen ganz zu schweigen – die werden alle abgehört. In dieser Wohnung verbrachte Naina Jelzina 24 Stunden, danach beschloß sie, nach Hause zu fahren. Der Präsident telefonierte einige Male mit ihr. »Die Wohnung der Jelzins wurde offen bespitzelt. Die Spitzel saßen in einem Kleinwagen, und in der Nacht des Sturms fuhr ein Lastwagen vor. Wir verstanden sofort, was das bedeutete. Später ergab sich aus den Akten, daß Befehl ergangen war, alle umzubringen. Wie die Zarenfamilie«, sagt der Leibwächter.

Was konnten Jelzins Leute der bis an die Zähne bewaffneten Alpha-Gruppe entgegensetzen? Einzig Maschinenpistolen. Alpha hingegen verfügte über moderne Helme, Panzerwesten und Beinschützer, das heißt, über eine Spezialausrüstung, mit der man ins Gefecht geht und weiß, daß man fast unverwundbar ist. Bei denjenigen, die den Präsidenten Rußlands schützten und schützen, gibt es nichts dergleichen. Bleibt zu hoffen, daß Jelzins Sicherheit auch ohne all diese Mittel zu gewährleisten ist, denn wenn sich auch niemand in voller Kampfausrüstung vor ihn stellte, so schützte ihn doch das Volk, und es wird dies wieder tun.

Bericht des Oberstadtdirektors
von Moskau, Jurij Luschkow

Um 7.15 Uhr wurde Luschkow zu Hause angerufen. Das Büro des Bürgermeisters informierte ihn über den Staatsstreich, der zu dieser Stunde in Rundfunk und Fernsehen verkündet wurde. Luschkow rief das Weiße Haus an und erfuhr, daß der Präsident Rußlands noch auf seiner Datscha bei Archangelskoje sei, dreißig Kilometer von Moskau. Luschkow versuchte ihn anzurufen und bemerkte erstaunt, daß die direkte Regierungsleitung noch funktionierte. Boris Jelzin kam ans Telefon und sagte: »Dies ist ein Putsch. Wir haben schon einen Aufruf an das Volk Rußlands geschrieben. Komm sofort Jurij Michailowitsch, aber sei vorsichtig.« Luschkow wollte gerade aus dem Haus gehen, als der Parteichef von Moskau, Jurij Prokowjew, anrief. Mit lauter Kommandostimme verlangte er, Luschkow solle sofort zu ihm kommen. Luschkow lehnte ab und ließ sich von seinem Fahrer nach Archangelskoje bringen. Nicht weit von Jelzins Datscha entfernt zeigte der Fahrer auf einen gelben Schiguli, den er an seiner Nummer als KGB-Fahrzeug erkannte. »Jetzt hat es uns erwischt«, sagte der Fahrer, aber sie wurden nicht angehalten, erst etwas später kontrollierte sie ein Polizist mit Maschinenpistole, und die nächsten bewaffneten Männer waren Jelzins Leibwachen in Zivil.

In der Datscha stieß Luschkow auf Ministerpräsident Silajew, Vizepräsident Rutzkoj, den stellvertretenden russischen Parlamentsvorsitzenden Chasbulatow und den Informationsminister Poltoranin. Einer von ihnen diktierte durchs Telefon einen Aufruf an das russische Volk. Jelzin war noch im Trainingsanzug und barfuß. Luschkow hörte, wie er über den Flur rief: »Frauen, könnt ihr nicht ein paar Socken für den Präsidenten Rußlands finden?« Luschkow sagte: »Boris Nikolajewitsch, Moskau steht hinter Ihnen.« Jelzin antwortete: »Danke. Ruf die Leute auf. Dies wird nicht so einfach vorübergehen.« Männer der Leibwache meldeten, daß die Zufahrtsstraßen zur Datscha umstellt worden seien. Jelzin sagte zu ihm: »Nimm eine Kopie des Aufrufs mit und sieh zu, daß du nach Moskau durchkommst, aber sei sehr vorsichtig.« Luschkows Fahrer hatte noch einen Satz anderer Nummernschilder im Wagen und wechselte die Schilder an einem Wäldchen nahe der Datscha aus. So kamen sie an dem gelben KGB-Wagen vorbei. Später sahen sie, daß der Wagen mit hohem Tempo nach ihnen suchte. Sobald sie im Moskauer Rathaus waren, begannen sie den Aufruf zu vervielfältigen.

Um 9.30 Uhr verließen Jelzin und seine vier Mitarbeiter die Datscha in zwei schwarzen Staatslimousinen und zwei Wolgas mit Leibwächtern. [Einige Tage später behauptete ein KGB-Offizier, er habe Befehl gehabt, Jelzin auf der Fahrt zu verhaften, und seine Leute hätten das auch leicht machen können. Aber er habe den Befehl nicht befolgt. Wie viele spätere Erklärungen dieser Art ist auch das nicht nachzuprüfen.] Jelzins Wagen traf um zehn Uhr ohne Zwischenfall beim Weißen Haus ein.

Die Rede Präsident Jelzins auf dem Panzer

An die Bürger Rußlands

In der Nacht zum 19. August wurde der verfassungsmäßig gewählte Präsident des Landes der Macht enthoben. Mit welchen
Gründen diese Entmachtung auch gerechtfertigt werden soll, es
geht um einen »rechten«, reaktionären, antikonstitutionellen
Staatsstreich. Trotz aller Schwierigkeiten und der schweren
Heimsuchungen, die das Volk erlebt, nimmt der demokratische
Prozeß im Lande immer weiter seinen Aufschwung und gewinnt
unumkehrbaren Charakter. Die Völker Rußlands werden
die Herren ihres eigenen Schicksals. Willkürrechte von nicht-
verfassungsmäßigen Organen, auch der Partei, wurden bereits
wesentlich eingeschränkt. Die Führung Rußlands nahm eine
entschiedene Haltung zum Unionsvertrag ein und strebt die
Einheit der Sowjetunion sowie die Einheit Rußlands an. Unsere Position in dieser Frage ermöglichte es, die Vorbereitung
dieses Vertrags zu beschleunigen, ihn mit allen Republiken zu
vereinbaren und das Unterzeichnungsdatum festzusetzen – den
20. August 1991.

Diese Entwicklung reizte die reaktionären Kräfte und bewegte
sie zu dem verantwortungslosen, abenteuerlichen Versuch, kom-
plizierte politische und wirtschaftliche Probleme mit Gewalt zu
lösen. Es gab auch früher Versuche eines Staatsstreichs. Wir
meinten und meinen jetzt, daß solche Gewaltmethoden nicht zu
akzeptieren sind. Sie bringen die UdSSR vor der ganzen Welt in
Mißkredit, untergraben unsere Glaubwürdigkeit in der Weltgemeinschaft, werfen uns zurück in die Epoche des Kalten Krieges
und der Isolierung der Sowjetunion von der Weltgemeinschaft.
Das alles veranlaßt uns, das sogenannte Komitee, das die Macht
ergriffen hat, für gesetzwidrig zu erklären.

Folglich erklären wir alle Beschlüsse und Verordnungen dieses
Komitees für ungesetzlich. Wir sind sicher, daß die lokalen

Machtorgane der Verfassung und den Erlassen des Präsidenten der RSFSR Folge leisten werden.

Wir rufen die Bürger Rußlands dazu auf, den Putschisten würdig zu antworten und das Land auf den normalen Weg der verfassungsgemäßen Entwicklung zurückzuführen. Selbstverständlich muß man dem Präsidenten des Landes, Gorbatschow, die Möglichkeit geben, vor dem Volk zu sprechen.

Wir fordern die sofortige Einberufung eines außerordentlichen Kongresses der Volksdeputierten der UdSSR. Wir sind absolut sicher, daß unsere Landsleute nicht zulassen werden, daß gewissenlose Putschisten eine Herrschaft der Willkür und Gewalt errichten.

Wir wenden uns auch an die Militärs mit dem Aufruf, ein hohes Staatsbewußtsein zu beweisen und an dem reaktionären Staatsstreich nicht teilzunehmen. Bis alle diese Forderungen erfüllt sind, rufen wir zu einem unbefristeten Generalstreik auf. Wir bezweifeln nicht, daß die Weltgemeinschaft den zynischen Versuch eines »rechten« Staatsstreichs objektiv einschätzen wird.

Der Präsident der RSFSR, B. Jelzin
Der Vorsitzende des Ministerrats der RSFSR, J. Silajew
Der Stellvertretende Vorsitzende des Obersten Sowjet
der RSFSR, R. Chasbulatow

[Die Rede wurde anschließend als Aufruf des Präsidenten, des Ministerpräsidenten und des stellvertretenden Vorsitzenden des Obersten Sowjet in Form von Flugblättern verbreitet und von illegalen Radiostationen verlesen.]

Appell des Präsidenten Boris Jelzin an die Soldaten und Offiziere der Sowjetarmee, des KGB und des Ministeriums für Innere Angelegenheiten

Soldaten und Offiziere Rußlands!

Ich wende mich an euch in dieser für Rußland, für das ganze Land tragischen Minute: Geht nicht in das Netz betrügerischer Versprechungen und demagogischer Phrasen von militärischer Pflicht! Seid keine blinde Waffe für den verbrecherischen Willen einer Gruppe von Hochstaplern, die die Verfassung und die Gesetze der UdSSR verletzt haben!

Soldaten! Ich wende mich an euch: Denkt an eure Nächsten, an eure Freunde, an euer Volk! Im schweren Moment der Entscheidung vergeßt nicht, daß ihr den Treueeid auf das Volk geleistet habt, auf das Volk, gegen das man eure Waffen benutzen will. Man kann einen Thron aus Bajonetten errichten, aber man kann darauf nicht lange sitzen. Es gibt keine Rückkehr zur Vergangenheit. Die Verschwörer sind schon verurteilt.

Information eines ZK-Mitgliedes über die Sitzung des ZK-Sekretariats am 19. August

Im Gebäude des Zentralkomitees der KPdSU am Alten Platz kamen die an diesem Tage anwesenden Mitglieder des ZK-Sekretariats zu einer Sitzung zusammen. Die ZK-Sekretäre Andrej Gerenko und die ZK-Sekretärin Galina Semjonowa wollten, daß sich die Sekretäre zu ihrem Generalsekretär Gorbatschow bekennen. Die ZK-Sekretäre Oleg Schenin und Alexander Dsassochow, beide Mitglieder des Politbüros, stellten sich hinter das Staatskomitee für den Ausnahmezustand, das den Generalsekretär der Partei seines Amtes als Präsident enthoben hatte. Auf ihrer Seite stand auch der ZK-Sekretär Juri Manajenkow, der am Abend zuvor dem Chef des sowjetischen Fernsehens im ZK-Gebäude die Aufrufe des Komitees für den Ausnahmezustand übergeben und ihre Veröffentlichung angeordnet hatte. Die Anhänger des Komitees setzten sich gegen die beiden Fürsprecher Gorbatschows durch. (Der ZK-Sekretär Pjotr Lutschinskij, ebenfalls Mitglied des Politbüros, der am 19. abends aus dem Urlaub zurückkehrte, trat nach seiner Rückkehr für Gorbatschow ein. Gorbatschows Stellvertreter Wladimir Iwaschko und sein früherer Referent Iwan Frolow befanden sich im Krankenhaus.) Die übrigen Mitglieder des Sekretariats – es ist nicht klar, ob Boris Gidaspow, Walentin Kupzow und Jegor Strojew anwesend waren – gaben undeutliche Stellungnahmen ab und stärkten damit die Position von Dsassochow und Schenin. Der Leiter der internationalen Abteilung, Valentin Falin – dessen Haltung ein Sitzungsteilnehmer als fünfzig-fünfzig charakterisiert –, fühlte sich nach der Sitzung unwohl und fuhr auf seine Datscha.

[Falin benannte auf unsere Anfrage den Deutschlandexperten seiner Abteilung, Anatolij Blinow, als Interviewpartner, siehe Seite 81–84.]

Das Sekretariat des Zentralkomitees ging auseinander, ohne

zu Gorbatschows Ausschaltung Stellung genommen zu haben, und beschloß die Einberufung eines ZK-Plenums für den 20. August, zu dem es jedoch nicht mehr kam.

Zusammenfassung der Pressekonferenz des Notstandskomitees am 19. August im Pressezentrum des Außenministeriums

[Nach einer Erklärung Janajews, die im wesentlichen den Aufruf paraphrasierte, der seit dem frühen Montagmorgen pausenlos über die Sender ging, beantworteten die Mitglieder des Notstandskomitees Fragen der Journalisten. Anwesend waren Janajew, Baklanow, Pugo, Starodubzew und Tisjakow. Die *Iswestija* druckte am 20. August einen TASS-Bericht über die Pressekonferenz:]

Auf die Frage, wo sich M. S. Gorbatschow zur Zeit befinde, antwortet der amtierende Präsident, daß sich Michail Sergejewitsch Gorbatschow zur Erholung und Genesung auf der Krim befinde. Er sei von den vergangenen Jahren sehr erschöpft und brauche eine gewisse Zeit, um seine Gesundheit wiederherzustellen. G. I. Janajew drückt die Hoffnung aus, daß M. S. Gorbatschow, nachdem er sich erholt hat, in seine Amtspflichten zurückkehrt. »Wir werden dem Kurs folgen, den er im Jahre 1985 eingeschlagen hat«, ergänzt der amtierende Präsident. »Was den Ausnahmezustand betrifft, so ist er in dieser für das Land äußerst schwierigen Periode verhängt worden, um jeglichen Exzessen vorzubeugen. Wir waren gezwungen, verschiedene Maßnahmen zum Schutz der Bevölkerung zu ergreifen.« [. . .]

Auf die Frage nach einem konkreten Programm zur Gesundung der Wirtschaft des Landes antwortet A. I. Tisjakow. »Es ist für keinen ein Geheimnis«, sagt er, »daß die Perestroika jene Ergebnisse, die alle von ihr erwarteten, schuldig blieb. Unsere Wirtschaft befindet sich heute in der allerkritischsten Lage. Aus einer ganzen Reihe von Gründen verfällt die Produktion, wobei man jedoch nicht aus dem Auge verlieren darf, daß dies auch mit dem weiten Begriff von Perestroika zu tun hat. Bei jedem Experiment kann es bestimmte Mängel, sogar Fehler geben. Genau das ist die

Situation, die jetzt eingetreten ist. Sie ist auch der Hauptgrund für die Verhängung des Ausnahmezustands. Die Beziehungen zwischen den Unternehmen sind bei uns heute zerbrochen.« Weiter bemerkt er, daß die Öffnung einer Reihe von Republik- und regionalen Grenzen eine negative Rolle gespielt habe. Dies habe äußerst schwierige Umstände für die Arbeit der Unternehmen geschaffen. »Unsere Tätigkeit ist vor allem auf die Stabilisierung der Wirtschaft gerichtet. Von der Reform in Richtung auf den Markt werden wir nicht abweichen. Wir glauben allerdings, daß dieser Weg strenger ausgearbeitet und auf einer höheren Führungsebene organisiert werden muß.« [. . .]

»Was die Einführung des Ausnahmezustands betrifft, so gehen wir davon aus, daß es so kritische Situationen gibt, daß sie unverzügliches Handeln erfordern. Wir beabsichtigen, uns für die Bestätigung der Vollmachten zur Einführung des Ausnahmezustands an den Obersten Sowjet der UdSSR zu wenden, der für den 26. August einberufen ist.«

Das Notstandskomitee habe in seinem Aufruf an das Volk erklärt, sagt ein Journalist, daß es in erster Linie für die Interessen der breitesten Masse der Bevölkerung Sorge tragen werde, daß es insbesondere das Konsumgüterdefizit und das Wohnungsproblem lösen werde. Welche konkreten Maßnahmen beabsichtige es, und mit welchen Ressourcen rechne das Komitee, fragt er.

»Als ersten Schritt«, so Janajew, »wollen wir alles für die Einbringung der Ernte tun. [. . .] Außerdem haben wir während der letzten drei Jahre sehr wenig Wohnungen gebaut, und viele Bürger erwarten, daß wir jenes Wohnungsbauprogramm erfüllen, das zu Beginn der Perestroika angekündigt wurde.«

B. K. Pugo und W. A. Starodubzew werden gefragt, welche neuen Vorschläge es zur Bekämpfung der Kriminalität gebe und ob die bäuerlichen Massen das Notstandskomitee unterstützten. »Es wäre falsch anzunehmen, daß es im Vergleich zu früher irgendwelche grundsätzlich neuen Maßnahmen zur Verbrechensbekämpfung geben kann«, antwortet der Minister des Inneren. [. . .]

»Gerade die Bauernschaft«, meint W. A. Tisjakow, »erleidet – besonders auch in diesem Jahr – die schwersten Verluste durch die Perestroika. Die Mehrzahl der Kolchosen, Sowchosen sowie die gerade erst entstandenen Einzelbauernhöfe befinden sich am Rande der Katastrophe. Die Preisparität zwischen Stadt und Land ist zerstört. Das Fehlen von Brennstoffen und Vorratsmaterial sowie die sich rapide verschlechternde Belieferung der landwirtschaftlichen Produktion mit Technik und anderen Materialien führt, ich sage es geradeheraus, zu einer dramatischen Zuspitzung der Lage der Bauernschaft. Ich denke, daß die in die Verzweiflung getriebene Bauernschaft heute darauf hofft, daß endlich Ordnung geschaffen wird, daß das Augenmerk unserer ganzen Gesellschaft sich auf die Bauernschaft richtet und ihr hilft, auf die Füße zu kommen, wiederzuerstehen.« [. . .]

Zu der Behauptung, was sich heute nacht ereignet habe, sei ein Staatsstreich, nimmt Janajew Stellung: »Dem kann ich nicht zustimmen, da wir uns auf der Basis der Verfassung bewegen. Ich unterstelle, daß mit der Bestätigung unserer Entscheidung durch den Obersten Sowjet der UdSSR zugleich festgestellt wird, daß absolut alle juristischen und Verfassungsnormen eingehalten wurden. Den Vergleich [mit den Machtwechseln in den Jahren 1917 und 1964] halte ich nicht für korrekt. Ich halte hier jeglichen Vergleich für gefährlich.« [. . .]

O. D. Baklanow wird gefragt, welche Maßnahmen er vorschlägt, um die Wohnungs- und Versorgungsprobleme der Armeeangehörigen zu lösen, und insbesondere derer, die sich nach dem Rückzug unserer Truppen aus einer Reihe von Ländern in einer besonderen Notlage befinden. »Der Sinn unseres Vorgehens besteht darin, alle verfügbaren Ressourcen zu konzentrieren und den Wohnungsbau für die Armeeangehörigen und ihre Familien zu forcieren. Sie kennen sicherlich die Zahl. Betroffen sind rund 200 000 Familien. Eine solche Situation kann man nicht normal nennen.« [. . .]

Zur Rolle M. S. Gorbatschows in unserer Gesellschaft im Laufe der vergangenen Jahre bemerkt der amtierende Präsident: »Ich meine, daß Michail Sergejewitsch unermeßlich viel für die Einleitung der demokratischen Prozesse in unserem Land im Jahre 1985 geleistet hat. Diesem Menschen gebührt alle nur mögliche Achtung, er hat alles dafür getan, daß wir uns auf den demokratischen Weg begeben haben.«

20. August

Gerd Ruge / live

Sabine Christiansen Wir begrüßen in Moskau Gerd Ruge nach einer langen und sicherlich anstrengenden Nacht. Wie war die Nacht dort, und was hat die Bevölkerung gemacht, soweit Sie das zu dieser frühen Stunde schon beobachten konnten?

GR Tatsache ist, die Bevölkerung hat geschlafen. Es war eine sehr ruhige Nacht in Moskau. Nicht überall, nicht am und im Weißen Haus von Boris Jelzin. Aber es war eine Nacht, während der in der Stadt nichts geschehen ist.

SC Was senden eigentlich das sowjetische Fernsehen und der Rundfunk zur Zeit?

GR Das ist sehr interessant. Gestern gab es den ganzen Tag über nur den Aufruf dieses Notstandskomitees, nur Propaganda von der Janajew-Gruppe. Das änderte sich ein bißchen gegen Abend. In der Haupt-Nachrichtensendung *Wremja*, der sowjetischen *Tagesschau*, kam ein Bericht über den Barrikadenbau vor dem Weißen Haus, und der Reporter sagte: »Ich hoffe, dieser Bericht wird auch gesendet und daß ich morgen auch noch hier stehe.« Das war schon ungewöhnlich für das gleichgeschaltete Fernsehen. Heute morgen gibt es in den Früh-Nachrichtensendungen nicht mehr nur die Appelle des Notstandskomitees, sondern es gibt eine Darstellung der wirklichen Reaktionen, zum Beispiel aus Moldowa, die völlig ablehnend sind. Es gibt unklare Berichte aus Litauen, wo man Russen interviewte, die für den Putsch sind, aber auch Filme, die den Eindruck erweckten, die meisten seien dagegen. Die Reaktionen des Auslandes werden als ganz eindeutig geschildert. Was Bush und Kohl über die Absetzung Gorbatschows gesagt haben, ist bemerkenswert. Wenn die *Wremja*, immerhin Teil des gleichgeschalteten Fernsehens, so relativ differenziert berichtet, dann ist das sicher kein gutes Zeichen für die Leute vom Notstandskomitee. Es scheint, daß sich die Redaktionen auch nicht mehr sicher sind, ob sie auf der richtigen Seite liegen, wenn sie nur die Appelle des Komitees senden.

Panzer am Morgen des 20. August
vor dem Weißen Haus.

Russische Omonzy – Mitglieder der
Spezialeinheiten – sind zu Jelzin
übergegangen. Manche wollen noch
nicht erkannt werden.

Jelzin-Anhänger versorgen die Soldaten mit Lebensmitteln.

SC Gerd Ruge, gerade kommt eine neue Meldung herein, daß 180 Panzer einer Eliteeinheit auf Leningrad zurollen. Wissen Sie etwas davon?

GR Davon wissen wir nichts. In diesem Land, das ein Sechstel der Erde bedeckt, ist es schwer zu wissen, was an verschiedenen Punkten passiert. Daß sie auf Leningrad zurollen, kann ja sein. Was sie dort machen werden, wissen wir noch nicht. Wir haben hier in Moskau erlebt, daß Panzer einer Eliteeinheit, einer Gardedivision, die westlich der Hauptstadt stationiert ist, und Fallschirmjäger sich auf Jelzins Seite gestellt haben. Ob das nun in Leningrad ähnlich passieren kann, weiß man nicht. Niemand weiß am frühen Morgen hier in Moskau, in welche Richtung das Pendel ausschlagen wird: mehr in Richtung der Soldaten, der Truppen, die nicht schießen wollen und sich dem gewählten Präsidenten Rußlands anschließen, oder mehr in Richtung des Notstandskomitees, der Kommunistischen Partei sowie der alten Marschälle und Armeeführer, die dieses Notstandskomitee und seine Machtergreifung unterstützen wollen.

Gerd Ruge

Ein grauer, regnerischer Morgen. Straßensperre auf der Brücke, die zum Weißen Haus, dem Regierungssitz von Boris Jelzin, führt, zum Zentrum des Widerstands gegen den versuchten Staatsstreich. Da stehen die Busse, da sind die Leute, die die ganze Nacht gewartet haben, gewartet darauf, daß angegriffen wird, um Jelzin dann zu verteidigen. Halb im Schlaf antworten sie auf meine Fragen: »Warum bin ich hier? Weil mein Platz hier ist.« Hier vor dem Gebäude der Russischen Republik, bei Jelzin? »Vor dem Weißen Haus. Es ist doch klar. Es kommen Panzer, wir müssen unseren Präsidenten schützen. Wir haben ihn gewählt, und wir können ihn nun nicht im Stich lassen.«

Die russische Fahne über einem Panzer, der das Emblem einer Gardedivision trägt, und auf einem anderen Panzer die Fahne der Ukraine. Wofür ist dieser junge Soldat? »Für die Freiheit. Daß alles normal und frei wird.«

Panzer auf der anderen Seite des Weißen Hauses, dort, wo Jelzins Regierungssitz auch verteidigt wird. »Wen verteidigen wir? Wir verteidigen das Volk«, sagt ein Soldat, der kaum achtzehn Jahre alt sein kann. Das Volk von Moskau kommt, um den Soldaten Mut zuzusprechen, die sich für Jelzin und die Verfassung entschieden haben. Die Leute bringen zu essen, reden mit den Soldaten, versuchen denen zu helfen, die die ganze Nacht im Regen gesessen haben. Das Zeichen der Gardedivision Kantemirskaja auf dem Panzer. Eine der Eliteeinheiten der sowjetischen Armee, die sich hinter Jelzin gestellt haben, die die verfassungsmäßig gewählte Regierung gegen die Putschisten verteidigen wollen. Die andere ist die Tamanskaja-Division, ebenfalls sehr berühmt, und auch Fallschirmjäger aus Tula und aus Rjasan haben sich entschieden, für Jelzin einzutreten. Nicht alle, sagt man, aber mehrere Einheiten jedenfalls. Das ist vielleicht der entscheidende Umschwung, denn von nun an können die Putschisten nicht mehr damit rechnen, die Macht einfach ohne Kämpfe zu erhalten. Sie hätten den Staatsstreich nie gewagt, wenn sie nicht geglaubt hätten, daß die Armee, daß Verteidigungsminister Jasow hinter ihnen steht, sie unterstützen würde, und nun stellt sich heraus, daß es junge Offiziere, daß es Eliteeinheiten gibt, die die Verfassung, die Jelzin und Gorbatschow gegen diejenigen verteidigen wollen, die die Macht mit Hilfe der Armee ergreifen wollten. Ein russischer Freund von mir, der die russische Fahne über diesen Panzern wehen sah, hat angefangen zu weinen. Gestern war er noch ganz pessimistisch, heute morgen glaubt er, es kann doch gelingen, den Staatsstreich abzuwenden.

Gerd Ruge
Barrikaden vor dem Haus des Parlaments und der Regierung der Republik Rußlands, Boris Jelzins. Er hat keine Macht, keine Armee, sagt man, aber drinnen gibt es Soldaten und nicht einfache Soldaten. Es sind Omonzy, wie man hier sagt, Sondertruppen, Spezialeinheiten des Innenministeriums, gefürchtet in den Baltischen Staaten. Aber diese haben sich Jelzin unterstellt, dem Parlament, der Regierung von Rußland. Ein Abgeordneter, der sich gestern noch vor einen Panzer warf, um ihn aufzuhalten, teilt jetzt Maschinenpistolen an andere Abgeordnete aus. Geschossen werden darf nur, wenn es einen Befehl dazu gibt, sagt er. Dreißig Patronen kriegt jeder. Das sind Abgeordnete im russischen Parlament, das verteidigt wird durch die Barrikaden auf der Straße. Und dies sind Soldaten, die draußen stehen, und ich frage sie: »Was verteidigen Sie?« »Jelzin und das Volk«, sagen sie.

Dies ist Walerij Kutscher auf dem Weg zum Weißen Haus, Abgeordneter des Obersten Sowjet und Chefredakteur der gestern verbotenen Zeitung *Rossiskije Westi*: »Die Situation ist ganz eindeutig. Ich meine, es gab einen verfassungswidrigen Versuch des Staatsstreichs, des Umsturzes. Ich glaube, das hat nicht geklappt. Man kann schon sagen, das Volk ist die einzige politische Waffe, die die russische Regierung, den russischen Präsidenten, die Demokratie und unsere Reformen unterstützt. Den Panzern der Gewalt, den Generälen, die diesen verfassungswidrigen und reaktionären Putsch machen wollten, haben wir nur eins entgegenzustellen, nämlich das Vertrauen des Volkes. Das Volk wird uns unterstützen, da haben wir keine Sorge, so ist das.«

Erfolgloser Versuch, Soldaten der Sondereinheiten zu überzeugen.

Thomas Roth

Moskau am späten Vormittag. Wir fahren vom äußeren Ring in Richtung Stadtzentrum. Die Szene ist unverändert. Jene Teile der Armee, die nach wie vor das sogenannte Notstandskomitee unterstützen, haben sich auf Schlüsselstellungen zurückgezogen. Sie vermeiden heute die Massenaufmärsche von gestern, doch ihre Präsenz ist überall spürbar. Nicht anders natürlich am Roten Platz, wo die neue Regierung versucht, die Risse, die in der Armee auftreten, zu kitten. Natürlich sind dort Truppen postiert, die sie für besonders loyal halten, zum Beispiel Sonderabteilungen des Innenministeriums. Harte Burschen, die sich auf ihren Panzern wie Bodybuilder spreizen.

Hundert Meter weiter, bei einer Armee-Einheit, frage ich einen Leutnant, warum er denn diesen Putsch unterstütze. »Wieso?« sagt er. »Das ist gar kein Putsch. Was für ein Putsch? Wir erfüllen unsere Aufgaben, das hier ist kein Putsch, denken Sie, was Sie wollen, für mich ist das keiner.«

Seine Einheit ist erst vor kurzem aufgestellt worden und neu geschult. Unsicherheit zeigt sie nach außen zumindest nicht. Wir fahren weiter in Richtung Pressezentrum des Außenministeriums. Hier scheint man auf einen gut sichtbaren und martialischen Aufmarsch nach wie vor Wert zu legen. Immerhin befindet sich hier auch ein strategisch wichtiges Kommunikationszentrum. Das soll geschützt werden. Es ist zwar im Augenblick nicht klar, ob und wer es stürmen sollte, doch geschützt wird es trotzdem. Auch dieser Soldat hier wurde erst vor eineinhalb Tagen in Marsch gesetzt, offenbar ohne informiert zu werden, wozu eigentlich. Ja, er wisse, daß sich ein Teil der Armee abgespalten habe. Auf die Frage, ob er auf sie schießen wird, wenn er denn muß, sagt er nein. Er wie seine Kameraden, die hier postiert sind, wirken noch wie halbe Kinder. Ein wenig ratlos, ein wenig unentschlossen, und sie wissen nicht, was vor sich geht. Sie halten sich an Befehle, auch wenn zumindest diesen Soldaten ganz offenbar nicht geringe Zweifel an der Richtigkeit der ganzen Sache kommen. Nein, sie wissen nichts, schießen werden sie nicht, das ist alles.

Ein paar hundert Meter weiter, in einem der vielen Lebensmittelgeschäfte. Eine deutsch-sowjetische Firma hat Delikatessen versprochen, doch es ist nichts zu haben. »Natürlich kaufen wir mehr ein, wer weiß denn, was passiert. Natürlich kauf ich mehr, ich muß das ja.« Der Verkäufer mag nicht mehr an sich halten. »Das ist doch ein einziger Beschiß, erst sperrt die Armee alles ab, und dann versprechen sie, daß alles besser wird. So ein Schwachsinn. Überhaupt, wo ist Gorbatschow?« ruft er. »Wer weiß, was dem passiert ist.«
»Das ist alles eine unglaubliche Unverschämtheit. Die versuchen uns weiszumachen, daß sich etwas zum Besseren verändert. Quatsch ist das. Und überhaupt, diese ganzen Politiker vom sogenannten Notstandskomitee, die sind sowieso eine Soße.« Das scheint bei vielen am Tag nach dem Putsch die Stimmung zu sein. Sie fühlen sich zum soundsovielten Male betrogen, und viele haben Angst, daß es vielleicht plötzlich gar nichts mehr zu essen gibt.

Hans-Josef Dreckmann, Leningrad
Vor dem Gebäude des Fernsehens versammeln sich ratlose, ratsu-
chende Menschen, die endlich wissen wollen, was im Lande eigentlich los ist. Sie rufen nach Sobtschak, ihrem Oberbürgermeister, einem der profiliertesten Reformer Rußlands. »Wir wollen
Sobtschak hören, er soll uns sagen, daß alles in Ordnung ist, wir
haben doch Angst!« rufen die Menschen. Die Polizisten bemühen
sich, den Leuten klarzumachen, daß sie nicht etwa hier sind, um
das Gebäude zu besetzen, sondern um es zu schützen, und daß sie
sich den Anordnungen des Oberbürgermeisters loyal unterstellt
haben. In Leningrad, so scheint es, haben die Moskauer Putschisten einen schweren Stand. Selbst die gefürchteten Spezialeinheiten des Innenministeriums, die Omonzy, sollen sich den Befehlen
Sobtschaks untergeordnet haben, und von der Armee ist in Leningrad kaum etwas zu sehen. »Wir sind hier, um euch zu helfen«, ruft dieser Mann den Polizisten zu. Und er beruft sich auf
Boris Jelzin, der den Putsch ein Verbrechen genannt habe. Eine
Frau sagt: »Wir haben doch schon einen Präsidenten, und der ist
auch noch gewählt.«
Und das ist Anatolij Sobtschak, Leningrads Oberbürgermeister, von dem die Menschen Rat und ein bißchen Zuversicht erwarten. Sobtschak ist einer der engsten Gefolgsleute des russischen Präsidenten Jelzin. »Nach meiner Information«, sagt Sobtschak, »wurde Gorbatschow am Montag nach Moskau gebracht,
wo man versucht hat, seine Unterschrift unter eine freiwillige Ab-
dankung zu erzwingen. Das war natürlich erfolglos. Wo Gorbatschow jetzt ist, weiß ich nicht. Zur Zeit versucht man, seinen
Aufenthaltsort herauszufinden. Wir wissen jetzt nicht, wo er ist
und ob er lebt. Aber ich habe mit Gorbatschows Pressesprecher
Witalij Ignatenko Kontakt gehabt. Er hat der russischen Führung
unter Boris Jelzin volle Unterstützung bekundet. Und vom Pressesprecher habe ich alle die Informationen, die ich gerade mitgeteilt habe. Und noch mal: Jetzt befindet sich der Präsident in den
Händen der Verschwörer, die all diese Lügen erfunden haben
über angebliche Krankheiten von Gorbatschow und so weiter.
Diese Verschwörer, diese sogenannten Freunde des Präsidenten.«

Oben: Bürgermeister Sobtschak ruft in Leningrad zum Widerstand auf.
Unten: Jelzin spricht zu der Menge, die zur Verteidigung des Weißen Hauses zusammengekommen ist. Seine Leibwächter schützen ihn vor Scharfschützen.

Gerd Ruge

Zwölf Uhr mittags im Weißen Haus in Moskau. Eine riesige Menschenmenge ist zusammengekommen. 80000 oder 100000, vielleicht mehr, niemand weiß es genau. Sie alle kommen, um Boris
Jelzin zu hören, den Mann, den sie zum Präsidenten gewählt haben. Sie wollen ihn verteidigen und stärken gegen die Macht des
Notstandskomitees. Jelzin attackiert diese neuen Machthaber,
wirft ihnen vor, einen Staatsstreich gegen die Verfassung geführt
zu haben. Er fordert eine Begegnung mit Gorbatschow in den
nächsten drei Tagen. Seine Anhänger sind begeistert.

Regen. Eine Funkstation versteckt in einem Park, an der Straße,
an der auch das Haus liegt, in dem Gorbatschow wohnt. Man
sagt, er sei nach Moskau zurückgekehrt, vielleicht in den Kreml,
hier in seinem Wohnhaus ist er jedenfalls nicht, sonst gäbe es da
mehr Sicherheitsmaßnahmen. Dennoch wird man jetzt kontrolliert, wenn man das Haus filmt. Aber wäre Gorbatschow in diesem Hause, dann wären mehr Soldaten rundherum aufgestellt,
dann würde es besser abgeschirmt, abgeriegelt.

Moskauer Innenstadt. Eine Gruppe von Abgeordneten des
Obersten Sowjet der Russischen Republik auf dem Weg zu den
Soldaten, die am Platz hinter der Manege, vor dem Troizkaja
Tor, den Zugang zum Kreml sperren. Sie wollen mit ihnen sprechen, ihnen erklären, was Jelzin vorhat, ihnen erklären, warum
sie sich nicht dem Befehl des Notstandskomitees unterwerfen sollen. Sie sollen doch den Präsidenten, den gewählten Präsidenten
verteidigen, das wäre verfassungsmäßig, sagen die Abgeordneten. Die Offiziere hören schweigend zu. Die Soldaten oben auf
dem Panzer sind ganz sicher beeindruckt. Sie wirken nicht verun-
sichert, aber jedenfalls nachdenklich. So leicht werden sie nicht
schießen.

Spät nachmittags im Weißen Haus die Verteidiger. Zu Hundertschaften eingeteilt jeweils unter Befehl eines Soldaten. Gasmas-
ken werden ausgeteilt. Man bereitet sich vor auf die Nacht, in der
ein Angriff kommen könnte. Abertausende von Menschen sind
gekommen, um mitzuhelfen, das Haus zu verteidigen. Es gibt

Abgeordnete des russischen Parlaments auf dem Weg
zu Gesprächen mit Soldaten vor dem Kreml.

Wachposten im Vorzimmer von Präsident Jelzin.

viele Gerüchte: Große Panzerkolonnen seien auf der anderen Seite des Flusses im Anrollen, heißt es, man erwarte einen Gasangriff, es gebe einen Erlaß, Jelzin zu verhaften. Das alles geht um, die Leute warten auf einen Angriff, heute abend, heute nacht. Denn viele sagen, jetzt muß die Junta zuschlagen, wenn sie jetzt nicht zuschlägt, sich nicht durchsetzt, dann verliert sie alles. Die schwindende Macht, die sie vor dem Putsch noch hatte, und alles, was sie durch den Staatsstreich erreichen könnte.

Hans-Josef Dreckmann

Das muß man den Moskauern lassen, Mut haben sie. Trotz Ausnahmezustand und striktem Demonstrationsverbot versammelten sich heute mittag vor dem Sitz des russischen Präsidenten Jelzin 80 000 bis 100 000 Menschen, um gegen die Machtübernahme durch Militär und Erzkonservative zu protestieren. »Jelzin, Jelzin«, skandiert die Menge und »Rußland, Rußland«. Schon zuvor hatte Jelzin den Putsch als Verbrechen verurteilt. Und das Militär hat sich bis zu dieser Stunde – die Demonstration dauert noch an – betont zurückgehalten. Klar ist, wenn die Putschisten geglaubt hatten, sozusagen im Durchmarsch die Macht an sich reißen zu können, so haben sie sich geirrt. Der Widerstand in der Bevölkerung und auch in Teilen der Armee ist größer, die Entschlossenheit, sich die errungenen kleinen Freiheiten nicht wieder entreißen zu lassen, ausgeprägter, als es sich die Konservativen hatten träumen lassen. Und am Rande der Versammlung schützen Eliteeinheiten, die sich zu Jelzin und zur Verfassung bekennen, die Demonstranten. Wie stark die Lager in der gespaltenen Armee freilich sind, weiß niemand genau. In Bussen halten sich aber auch Zivilisten bereit, ihren Präsidenten notfalls zu verteidigen. Einer der zu Jelzin stehenden Elitesoldaten sagt: »Ich bin bereit, für die Freiheit zu kämpfen.« Und ein anderer fügt unter der russischen Fahne hinzu: »Wir verteidigen das Volk.«

Gerd Ruge

Die Moskauer kamen zu Tausenden trotz Demonstrationsverbot. Sie haben keine Angst mehr, das ist das Wichtigste, was in diesen Tagen hier zu erleben ist. Auch wenn sie Gorbatschow früher oft kritisiert haben, wissen sie doch, daß Gorbatschow ihnen die Angst genommen hat, ihre Meinung zu sagen. Zehntausende von Menschen, russische Fahnen über ihnen. Und dann eine Ansprache von Gleb Jakunin, einem Priester, der lange Jahre verfolgt war. Vor fünfzehn Jahren konnten wir ihn nur heimlich treffen, selbst seine Kirche hat ihn damals verstoßen. Heute erbittet er Gottes Segen für die Demokraten und für das russische Volk. »Jetzt sehen wir, was für einen standhaften Präsidenten wir gewählt haben«, sagt er. Und das Volk ruft: »Jelzin, Jelzin, Jelzin.« Und dann: »Rossija, Rossija«, Rußland, Rußland. Die Anrufung Rußlands gegen das kommunistische System. Die Anrufung eines alten Wortes, an das auch die Armee glauben kann.

Thomas Roth

Man hat den Eindruck, daß die Menschen wieder Mut geschöpft haben, sie glauben, daß sie es schaffen könnten. Die Junta kommt nicht durch. Davon sind alle, die sich hier auf dem Platz vor dem russischen Parlament versammelt haben, fest überzeugt:

»Natürlich kommen sie nicht durch, schauen Sie doch, wie viele Menschen hier sind. Sie kommen nicht durch. Nie im Leben. Nie im Leben kommen sie hier durch. Nein, sie werden nicht durchkommen.« Zwei Frauen, denen bei diesen Sätzen die Tränen in den Augen stehen.

Die vielen Tausend warten natürlich vor allem auf einen: Boris Jelzin. Er wird zur gleichen Zeit drinnen im Gebäude von einem skandinavischen Reporter gefragt, wie er die Lage in diesem Augenblick einschätzt: »Zunächst einmal ist es an der Zeit, daß die Junta endlich freiwillig zurücktritt. Viele westliche Regierungschefs fordern das ja wie wir, unter ihnen Präsident Bush, Präsident Mitterrand aus Frankreich und viele, viele andere. Es ist an der Zeit, daß die Junta gestürzt wird und auf den Müllhaufen der Geschichte kommt.« Auf die Frage, wieviel Zeit er der Junta noch gebe, sagt er: »Sie haben höchstens noch drei oder vier Tage, länger nicht, da bin ich sicher. Die Armee«, sagt Jelzin, »fürchten wir nicht. Sie wird, davon bin ich überzeugt, nicht mehr

Die Menge hält stundenlang im Regen aus.

gegen das Volk vorgehen, Teile der Armee sind ja schon zu uns
übergewechselt.«

Genauso siegessicher wie er sind die vielen Tausend draußen.
Als er dann kommt, verliert ihn auch unsere Kamera ziemlich
schnell aus dem Blick, denn die nervös gewordenen Leibwächter
schirmen ihn ab. Jelzin ruft die Menge auf, sich auf keinen Fall
provozieren zu lassen. Noch während er spricht, wird bekannt,
daß die Junta gegen ihn einen Haftbefehl erlassen hat. Sollte sie
den Haftbefehl tatsächlich durchsetzen wollen, so wäre das vermutlich das Ende des Protestes mit friedlichen Mitteln. Viele äußern die Befürchtung, daß die Armee nun heute nacht den Regierungssitz von Boris Jelzin stürmt, das aber würden sie nicht hinnehmen.

Gerd Ruge
[Während sich die Verteidiger am Weißen Haus versammelten,
kam Anatolij Blinow zu einem Gespräch ins ARD-Studio. Er
wurde uns auf unsere Anfrage von dem Leiter der Internationalen Abteilung des ZK, Valentin Falin, benannt. Er gab uns dieses
Interview in deutscher Sprache nicht im Namen der Partei, sondern als eine persönliche Erklärung.]

GR Anatolij Blinow, Sie sind der Deutschlandexperte der Inter-
nationalen Abteilung des Zentralkomitees der Kommunistischen
Partei der Sowjetunion. Darf ich Sie fragen, wie schätzen Sie die
Lage heute in der Sowjetunion ein?

Anatolij Blinow Ja, mit der Einführung dieses Ausnahmezustandes haben sich die Dinge sicherlich besonders zugespitzt. Es
sind Krisensituationen entstanden, bleiben wir ehrlich, in der
Hauptstadt, unserer Heimat Moskau, sowie in Leningrad und
den anderen Republiken, wo dieser Ausnahmezustand schon eingeführt worden ist. Wir freuen uns keineswegs über den derarti-
gen Gang der Ereignisse in der Sowjetunion, aber bleibt man auf
der Ebene der objektiven Einschätzung, war diese Entwicklung
unvermeidlich.

GR Man spricht hier von einem Staatsstreich, von einem kommunistischen Staatsstreich, offen gesagt.

AB Dieser Terminus, dieses Wort mundet uns eigentlich nicht, es entspricht nicht der Wahrheit. Es war auf jeden Fall nicht die Absicht der Kommunistischen Partei, das ist eine ausgesprochene Angelegenheit des sowjetischen Staates. Und der Staat handelt ja im Moment in Übereinstimmung mit der gültigen Verfassung. Deswegen möchten wir dieses Wort Staatsstreich meiden und sprechen einfach von dem Wort Machtwechsel. Es ist neutral und geruchlos.

GR Ja, das ist wahr. Aber meinen Sie nicht, daß es bei solchem Widerstand, wie man ihn in Moskau sieht, schließlich zu militärischen Auseinandersetzungen mit Jelzin und seiner Mannschaft kommen wird?

AB Legen wir die Hand aufs Herz, der russische Präsident ist leider auf Konfrontation gegangen mit dem jetzigen Komitee. Nun laufen im Moment die Verhandlungen mit der russischen Leitung, das heißt, zwischen dem russischen Präsidenten, dem Vorsitzenden des russischen Obersten Sowjet sowie dem russischen Ministerpräsidenten einerseits und dem Präsidenten des Obersten Sowjet der UdSSR, Lukjanow, und unserem Vizepräsidenten, Herrn Janajew, andererseits. Verhandlungen sind ja die beste Garantie, um vernünftige Lösungen aus der Sackgasse zu finden. Wir sind zuversichtlich, daß das Blutvergießen in Moskau vermieden werden kann, obwohl, wenn sich die Sache zuspitzt, wenn die Leute auf Barrikaden gehen und Aggression zeigen, wenn sie die Polizisten angreifen, wie es schon vor einiger Zeit der Fall gewesen war – fünf Polizisten sind von den Leuten von Boris Jelzin aus der Menge einfach angegriffen . . .

GR Das war vor längerer Zeit, oder?

AB Ja, das ist schon eine Geschichte, sagen wir, von vor 20 Stunden. Es hat auch ein Handgemenge in einem Moskauer Stadtbezirk gegeben, ganz spontan zwischen den Befürwortern und den Gegnern von Boris Jelzin und Gennadij Janajew. Also, die Sache muß sehr vernünftig vor sich gehen, man muß sich an die Anordnungen dieses Komitees halten – falls dieses Komitee während der bevorstehenden Tagung des Obersten Sowjet der UdSSR, die für den 26. August dieses Jahres anberaumt ist, gebilligt wird.

GR Zunächst einmal: der Ausnahmezustand. Wie lange kann der dauern?

AB Dieser Ausnahmezustand ist in der Sowjetunion teilweise eingeführt worden, er gilt nicht in allen Regionen und hat eine Frist von sechs Monaten. Nach Ablauf dieser Frist wird man entscheiden, ob dieser Ausnahmezustand verlängert oder aufgehoben werden kann.

GR Nun wird es zunächst einmal am 26. eine Sitzung des Obersten Sowjet geben, da wird entschieden, ob das Komitee quasi legalisiert wird. Und es wird ein Plenum der Kommunistischen Partei, des Zentralkomitees, geben, da geht es vielleicht auch um die Frage, ob Gorbatschow Generalsekretär bleiben kann.

AB Nach dem Statut der Partei darf auf der Plenartagung der Partei die Ablösung des amtierenden Generalsekretärs der Partei nicht entschieden werden. Das ist ja Angelegenheit eines Parteitages, und dieser außerordentliche Parteitag ist für den kommenden Dezember anberaumt. Was diese Tagung des Obersten Sowjet der UdSSR anbetrifft – ihr geht schon morgen die Tagung des Obersten Sowjet der russischen Föderation voraus, und dort wird man schon mit Entscheidungen rechnen können. Ich bin zuversichtlich. Herr Lukjanow hat sich eigentlich auch optimistisch geäußert, daß das Parlament der Sowjetunion die Handlungen des Komitees rechtfertigen würde. Die eigentliche Ursache für die Einführung des Ausnahmezustandes ist die Unzufriedenheit mit dem jetzigen Entwurf des Unionsvertrags und daß er an sich mehrere Punkte der Ergebnisse des Referendums [über die Erhaltung einer erneuerten Union] nicht berücksichtigt, die Präsenz des einheitlichen wirtschaftlichen Raums zum Beispiel nicht vorsieht, den einheitlichen Haushalt unseres Staates. Er sieht einfach die Existenz einer amorphen, einer losen Struktur von Staaten vor, weder eine Föderation, noch eine Konföderation, sondern eine Struktur, die wie ein Kartenspiel plötzlich auseinanderfallen kann.

GR Und das war, meinen Sie, der Anlaß dafür, daß man einen Machtwechsel vornehmen wollte? Weil Jelzin und Gorbatschow diesen Vertrag zusammen mit den Republiken unterschrieben hätten?

AB Das war einer der Anlässe, und es war der Hauptanlaß. Der zweite Anlaß war sicherlich der, daß durch die Superanstrengung, die Michail Gorbatschow in den letzten fünf, sechs Jahren unternehmen mußte, seine Gesundheit sich wesentlich verschlechtert hat. Ein medizinisches Gutachten wird noch gefällt. Es ist bekannt, daß Boris Jelzin die Weltöffentlichkeit aufgerufen hat, eine gemeinsame Beurteilung mit den Experten der Weltgesundheitsorganisation durchzuführen. Ich bin noch skeptisch, ob dies durchgeführt wird. Man wird aber in den nächsten Tagen der Weltöffentlichkeit sicherlich ein rechtliches Gutachten der sowjetischen Ärzte präsentieren.

GR Sie würden dann nicht annehmen, daß Gorbatschow in der Sitzung des Obersten Sowjet auftritt?

AB Das ist nicht auszuschließen, und während der gestrigen Pressekonferenz des amtierenden sowjetischen Präsidenten Gennadij Janajew wurde auch die Meinung geäußert, daß es nicht auszuschließen sei, daß, wenn sich die Gesundheit von Michail Gorbatschow und seine Fähigkeit, die qualitativen Beschlüsse anzunehmen, rehabilitiert, er wieder der sowjetische Präsident würde.

GR Danke schön.

Hans-Josef Dreckmann

Das ist das eine Lager. Armee-Einheiten und Spezialtrupps, die auf Weisung ihrer Spitze alle strategisch wichtigen Plätze Moskaus besetzt halten. Ginge es nach dem Willen ihrer Führung, so müßten sie mit all dem aufräumen, das sich demokratisch nennt. Arrogant und aggressiv reagieren die einen auf unsere Fragen. Was wir denn da von Putsch quatschten. Er wisse nichts von einem Putsch und habe auch nichts von einem Putsch gehört. Und wie wir, die Ausländer, die Geschehnisse in Moskau nennen, das sei ihm ohnehin egal. Aber zu dem Teil der Armee, auf den sich die Putschisten stützen, gehören auch viele jener jungen Burschen, die, so scheint es, gar nicht recht wissen, was hier geschieht, die eben so, wie sie es gelernt haben, den Befehlen gehorchen.

Und das ist das andere Lager. Angehörige von Elitedivisionen, einst der Stolz der Roten Armee, die sich den Putschbefehlen widersetzen und von Frauen mit kleinen Geschenken belohnt werden. Wir, so sagen diese Soldaten, wir beschützen das Volk. Noch kein halbes Jahr ist es her, daß sich die Rote Armee zu ihrem

Vor der Versammlung am Manege-Platz stoßen Demonstranten
auf die Sperrkette der Truppen des Innenministeriums.

73. Jahrestag als geschlossene, mächtige, selbstbewußte Kraft im
Staat darstellte. Mit der ersten Großdemonstration ihrer Geschichte wollte die Armee sich als letztes Bollwerk gegen Chaos
und Anarchie, gegen das, wie sie es nannte, immer lauter wer-
dende Gerede von Demokratie zur Wehr setzen. Eine unüber-
hörbare Warnung für Gorbatschow. Dabei könnte die Armee
sich, hätte sie denn politische Alternativen, durchaus im legalen
politischen Rahmen artikulieren. Im Obersten Sowjet, dem Parlament der UdSSR, fällt die Vielzahl der militärischen Abgeordneten schon beachtlich ins Gewicht. Aber vielen oder den meisten führenden Militärs mißfallen nicht einzelne Punkte der
Gorbatschowschen Politik, sondern die ganze Richtung: die for-
cierte Abrüstung, die Aufgabe Osteuropas, die neue Partnerschaft Gorbatschows mit dem früheren Erzfeind USA. Weite
Teile der Armee fühlen sich verachtet, verraten, mißbraucht.
Und so hat die Armeeführung die unselige Partnerschaft mit KP
und KGB in die Tat umgesetzt, um ihren Teil an der Macht des
Staates zu retten. Nur könnte es sein, daß die Rote Armee darüber zerbricht.

Gerd Ruge / live

Alles ruhig, wir können vom Studiofenster erkennen, daß auf der Brücke und vor dem Weißen Haus keine militärischen Bewegungen stattfinden. Vielleicht ist es die Stille vor dem Sturm. Ab 23 Uhr hat der Stadtkommandant die Ausgangssperre über Moskau verhängt, aber sein Befehl wird nicht befolgt von den vielen Tausenden am Weißen Haus. Für Jelzins Leute gilt sein Befehl nicht mehr, weil sich ja Jelzin bis zur Rückkehr Gorbatschows zum Oberbefehlshaber aller sowjetischen Truppen ernannt hat. Er hat den Stadtkommandanten von Leningrad abgesetzt, durch einen Vizeadmiral ersetzt, er gibt Befehle aus und erwartet, daß die Soldaten ihm folgen. Sie sollen in Zukunft auch von Rußland versorgt werden, sagt Jelzin und verspricht, sich um sie zu kümmern. In Moskau selber, ein eher komischer Akt des Bürgermeisters Popow: Er hat den Juntamitgliedern in ihren Wohnungen in der Stadt das Wasser und das Gas abstellen lassen. So werden auch sie in den Ausnahmezustand versetzt.

Warten auf den Angriff – mit der Losung:
»Der Faschismus kommt nicht durch!«

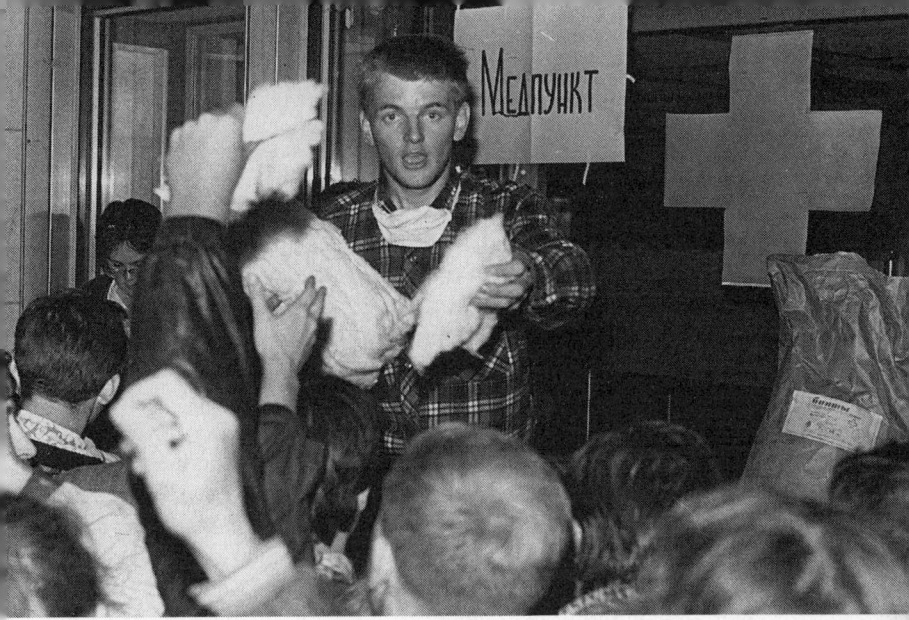

Am Weißen Haus wird Watte zum Schutz gegen Tränengas verteilt.

Gerd Ruge/live
Andreas Bönte Es wird ein Sturm auf das Parlament erwartet, kann man das bestätigen?

GR Viele Menschen rechnen damit, Zehntausende, die um das Weiße Haus stehen. Es gab offenbar Truppenbewegungen am Stadtrand, aber bisher sind keine militärischen Bewegungen in der Nähe des Weißen Hauses zu erkennen, und es ist nicht sicher, daß es zu einem solchen Sturm kommt. Der neu eingesetzte Stadtkommandant hat heute abend im Fernsehen auch abgewiegelt und gesagt, das seien alles nur Gerüchte. Natürlich kann das auch ein Täuschungsmanöver sein. Die ganze Lage ist hier völlig unübersichtlich. Die Meldungen sind ganz eigenartig: Der Ministerpräsident Pawlow zum Beispiel, der ein Mitglied dieses neuen Notstandskomitees ist, wird plötzlich krank gemeldet und soll in den ganzen letzten Tagen nicht politisch tätig gewesen sein. Der Parlamentspräsident Lukjanow, der als ein Hauptdrahtzieher des

Staatsstreichs gegolten hat, erklärt nun, er sei bis zum 18. August
überhaupt nicht in Moskau gewesen. Es scheint so, als ob sie eigentlich mit diesem Putsch schon nichts mehr zu tun haben wollen. Der Putsch war hastig organisiert und ist schlecht gelaufen,
scheint mir. Am ersten Tag kamen die Panzer erst drei Stunden
nach dem Appell des Notstandskomitees am Stadtrand an. Manche verfuhren sich in den Straßen der Stadtrandgebiete. Nun stehen die Panzer in der Stadt, und entweder müssen sie zuschlagen,
dann gibt es, wie man hier sagt, eine chinesische Lösung, also ein
Blutbad am Parlament, oder aber sie schlagen nicht zu, dann verliert dieses Notstandskomitee endgültig seine Glaubwürdigkeit.
Und es kann ja nicht so weiterleben wie jenes Komitee, das es in
Litauen seit Januar gibt, wo es nach dem Einsatz der Truppen die
Macht zwar angeblich ergriffen hat, ohne sie jemals zu bekommen, und wo seither eine Reihe von Gebäuden von sowjetischen
Truppen besetzt sind. So kann das in Rußland, in der ganzen gro-
ßen Sowjetunion, nicht gehen. Da muß es zu einer Entscheidung
kommen, und wenn sie nicht kommt, ist die Junta durchgefallen.

AB Jelzin hat sich zum Oberkommandierenden der russischen
Streitkräfte erklärt. Ist er der starke Mann?

GR Das wird davon abhängen, wie die Streitkräfte reagieren.
Jelzin hat erklärt, bis zur Rückkehr Gorbatschows ins Amt sei er
der Oberbefehlshaber aller Truppen in der Sowjetunion. Er hat
Befehl gegeben, alle Truppen aus Moskau abzuziehen, er hat den
Stadtkommandanten von Leningrad abgesetzt und einen neuen,
einen Vizeadmiral, ernannt. Er hat angekündigt, daß Rußland
nun die Versorgung der Armee übernehmen werde und daß er
die Befehle gibt – weder das Notstandskomitee noch der Verteidigungsminister Jasow, den er absetzte, weil er durch die Beteiligung an dem Putsch ein Staatsverbrecher sei.

AB Wie stark ist die Widerstandskraft der Bevölkerung? Wird
sie bis zum Letzten gehen?

GR Wissen Sie, das ist immer eine schwierige Frage. Die
Leute, die jetzt am Weißen Haus stehen, scheinen sehr entschlossen. Es stärkt sie natürlich auch, daß so viele Soldaten auf ihrer
Seite stehen. Truppen mindestens zweier Elitedivisionen, Fall-
schirmjägereinheiten und Luftlandetruppen. Und wenn man
sieht, wie die Soldaten in der Stadt mit den Bürgern sprechen,

wie die Bürger oder auch die Abgeordneten mit ihnen diskutieren, dann merkt man, die Soldaten sind doch sehr beeindruckt, sehr nachdenklich. Das Schießen wird ihnen nicht leichtfallen. Es kann sein, daß die Armee sich tatsächlich spaltet. Der Vizepräsident Jelzins, Oberst Rutzkoj, ein Held des Afghanistankrieges, ist nun zum Oberkommandierenden einer Nationalgarde Rußlands ernannt worden und wird eine eigene militärische Streitmacht aufbauen. Wenn das gelingt, ist Jelzin natürlich der starke Mann. Und davon, ob das gelingt, hängt auch ab, ob Gorbatschow zurückkehrt.

AB Wo ist er?

GR Wir haben nur eine einzige Meldung, und die ist nicht sehr genau, aber noch die glaubwürdigste: Er ist noch auf der Krim. Es gibt Gerüchte, er sei im Kreml und würde dort psychisch bearbeitet, damit er auf der Sitzung des Obersten Sowjet am 26. August auftritt und offiziell den Putsch legalisiert. Aber die glaubwürdigste Meldung, die wir haben, sagt, er sei immer noch auf der Krim. Dort sei er von KGB und Luftlandetruppen praktisch abgeschnitten worden. Man habe sein Flugzeug, eine TU 134, eingezogen, man habe ihm seinen Helikopter weggenommen sowie die ganzen Kommunikationsmittel, die Funkstation abgebaut. Er sitze da praktisch isoliert. Auch der kleine Stab, den er dort hat, sei praktisch nicht mehr in der Lage, mit irgend jemandem Verbindung aufzunehmen. Das ist das, was der stellvertretende Bürgermeister von Moskau, Sergej Stankewitsch, sagt.

AB Hat Jelzin Kontakt zu anderen Republiken, wie steht es mit dem Informationsfluß?

GR Das ist außerordentlich schwer zu übersehen, aber es beginnt wieder. Sehen Sie, es gibt zum Beispiel in Moskau wieder eine Zeitung. Sie wird von mehreren verbotenen Zeitungen gemeinsam gemacht und irgendwo geheim im Untergrund gedruckt. Es gibt in Moskau plötzlich wieder zwei Rundfunkstationen, *Echo Moskaus* und eine Station, die es früher nicht gab, die sich einfach *M N* nennt. Eine sendet wahrscheinlich direkt aus dem Weißen Haus. Sie reichen nicht sehr weit, die Verbindungen nach draußen sind schwierig, aber immerhin. Die Bergarbeiter haben in 26 Gruben des Kusbas zu streiken begonnen, in Workuta liegt fast die Hälfte der Gruben still. Das wird sich mor-

gen auf viele andere Gebiete fortpflanzen. Es wird schon landes-
weit organisiert, auch wenn niemand sagen kann, wie die Bereitschaft der Bevölkerung in den Provinzen ist. Aber was nutzt es
schon, wenn die Armee tatsächlich irgendwo Bergwerke besetzen
würde oder wenn sie in kleinen Städten die Rathäuser übernimmt
– das kann die Lage des Notstandskomitees, der illegalen neuen
Regierung, doch nicht wirklich verbessern.

Gerd Ruge

Jetzt ist die Stimmung am Weißen Haus erregter. Hier wollen die
Menschen Jelzin schützen. Und da kommt Eduard Schewardnadse. Er kommt, ihnen Mut zuzusprechen. Er sagt: »Dies ist
eine große Sache. Hier wird die Freiheit erhalten, die Demokratie, das Volk. Bleibt hier, trotz des schlechten Wetters. Hier verteidigt ihr unser Volk und unsere Heimat. In den nächsten Tagen

Eduard Schewardnadse auf dem Weg ins belagerte Weiße Haus.

Oben: Vizepräsident Rutzkoj trifft, von Leibwächtern begleitet, am Weißen Haus ein. *Unten*: Nachts im Weißen Haus: Naina Jelzin, der Präsident und Bürgermeister Popow.

entscheidet sich das Schicksal unserer Heimat, unserer Nation, die Sache der Freiheit.« Und dann: »Es lebe unser Volk, es lebe unsere Jugend! Die meisten hier sind ja junge Leute, ich grüße euch!« Eduard Schewardnadse, Sie wissen es, ist im Winter unter der Warnung vor einem Putsch von rechts zurückgetreten. Damals hatte er sich mit Gorbatschow überworfen, weil er glaubte, Gorbatschow gehe nicht entschieden genug dagegen vor. Hier feiern sie ihn, rufen Hurra, wenn er kommt.

In der Nacht vom 19. auf den 20. August um 2:39 Uhr morgens sprach Michail Gorbatschow heimlich eine Art politisches Testament auf eine Video-Kassette

Das, was ich Ihnen jetzt sagen möchte und sagen werde, ist Folgendes: Ich möchte, daß die Volksabgeordneten der UdSSR das hören, die Mitglieder des Obersten Sowjet der UdSSR und Vertreter der sowjetischen und der Weltöffentlichkeit. Ich kam zu dem Schluß, daß ich diese Erklärung abgeben muß, nachdem ich mir die Pressekonferenz im Fernsehen angeschaut habe, die Herr Janajew und die anderen Mitglieder des sogenannten staatlichen Notstandskomitees gegeben haben. Janajew berief sich darauf, daß der Präsident angeblich nicht mehr seines Amtes walten kann und übernahm das Amt des Präsidenten. Ich bin jedoch gesund, auch wenn ich noch nicht recht zur Erholung kam, selbst im Urlaub viel gearbeitet habe. Und ich war im Begriff, meinen Urlaub fortzusetzen. Deshalb unterstreiche ich: Alles, was gesagt wurde vom Genossen Janajew und veröffentlicht wurde in den Dokumenten des Komitees, das alles ist eine grobe Fälschung, eine Lüge. [. . .]

Am Sonntag, etwa um 17 Uhr, entdeckte ich, daß all meine Telefone mit direkten Regierungsleitungen ausgeschaltet worden waren. Selbst mein Fernsehgerät funktionierte nicht mehr. Nach wenigen Minuten wurde mir berichtet, daß aus Moskau eine Gruppe von Personen gekommen ist, die in aller Eile von mir empfangen werden will. Niemand hat mich darüber informiert, daß diese Herrschaften möglicherweise kommen würden. Weder ich noch meine Mitarbeiter hier auf der Krim wurden darüber in Kenntnis gesetzt. Mehr noch: Am frühen Nachmittag, zwischen zwei und drei Uhr, unterhielt ich mich mit Vizepräsident Janajew

telefonisch, und er fragte mich, wann ich nach Moskau zurückkehren würde, damit er mich empfangen könne. Und ich sollte
am 19. nach Moskau kommen, um an der Unterzeichnung des
neuen Unionsvertrages im Kreml in Moskau teilzunehmen. Diese
Gruppe, die mich besuchte, hat mich im Namen des sogenannten
Notstandskomitees aufgefordert, einen Erlaß zu unterzeichnen,
wonach Vizepräsident Janajew das Amt des Präsidenten übernehmen sollte. Ich habe aber dieses Ansinnen abgelehnt. Mehr
noch, da ich wußte und feststellte, wozu diese Leute das brauch-
ten, sagte ich, daß ich dagegen bin. Ich bin gegen die Verhängung
des Notstands- und des Kriegszustandes in unserem Lande, obwohl wir uns mit vielen Problemen konfrontiert sehen. Diese Probleme sind äußerst akut. Die Krise ist noch nicht gestoppt worden, und wir brauchen tatsächlich radikale, durchgreifende So-
fortmaßnahmen, was die Lösung dringender Fragen angeht, der
Lebensmittelfrage, der Finanzlage im Lande. All das muß wirklich gelöst werden. Und wir müssen auch andere Reformen
durchführen. Wir brauchen eine effiziente Staatsmacht. Das alles
muß aber auf der Basis des Einvernehmens durchgesetzt werden.
Wir sind auf diesem Weg kaum vorangekommen, wir müssen
aber nun diesen Weg beschreiten, denn die Konfrontation, deren
Gefahr wir im Winter und im Frühjahr verspürt haben, könnte
unsere Gesellschaft in eine Katastrophe stürzen. Dies dürfen wir
nie und nimmer zulassen. Aus diesem Grund habe ich dieses Angebot abgelehnt. Mehr noch. Ich habe betont, daß ich keinesfalls
teilnehmen werde an diesem Abenteuer, und ich verwies auf die
Illegalität dieser Handlungen. Ich schlug vor, da sich die Führung
des Landes ja einig sei, daß es in dieser Situation um wirklich
radikal durchgreifende, außerordentliche Maßnahmen geht, einen Volksdeputiertenkongreß oder den Obersten Sowjet einzu-
berufen. Dort müssen wir die Lage besprechen. Nur so lassen
sich die Probleme lösen. Das ist mein Vorschlag. Der andere
Weg, über Kriegs- und Ausnahmezustand, ist brutal, gefährlich,
führt die Gesellschaft in die Katastrophe, in den Bürgerkrieg.
Das darf nicht zugelassen werden. Das ist meine Position. Sie allerdings, und meine Forderungen, wurden nicht berücksichtigt.
Mehr noch. Man hat mich von der Gesellschaft isoliert, mir alle
Kommunikationsmöglichkeiten genommen. Das Flugzeug, das

mich nach Moskau bringen sollte, wurde zurückgerufen. Alle hier Anwesenden, alle meine Freunde, befinden sich de facto mit mir unter Hausarrest. [. . .]

[Die Kassette sollte mit zwei Kopien aus der Datscha von Foros herausgeschmuggelt werden.]

21. August

Gerd Ruge

Hier kommen die Tanks aus der Unterführung auf dem Gartenring, nach links runter geht es zum russischen Parlament. Die Panzer beginnen zu schießen, feuern in die Luft, versuchen, die Barrikaden wegzudrücken. Die jungen Leute springen mit Decken auf
sie, um den Fahrern die Sicht zu versperren. Einer fällt herunter,
wird überrollt, mehrfach, das ist der erste Tote. Da kommt ein
Panzer unter der Brücke herausgefahren. Molotowcocktails treffen ihn, von den jungen Leuten geworfen. Er fängt an zu brennen.
Dann springt vorn ein Soldat aus dem brennenden Panzer, reagiert
offenbar völig nervös auf die Menge, die ihn umschließt, und beginnt, in die Luft zu feuern. Mir scheint, er schießt in die Luft,
jedenfalls habe ich keinen durch Schußverletzungen Getöteten gesehen. Einen sah ich im Krankenwagen liegen mit schrecklich zer-
störtem Kopf. Es kam zu den Schüssen wahrscheinlich eher aus
Nervosität als gezielt. Begonnen hat es aber damit, daß man die
Barrikaden unter dem Feuer der Panzer wegräumen wollte. Und
nun sieht es so aus: Nach den Molotowcocktails auf den Panzern
brannten die Barrikaden quer über die Straße.

Gerd Ruge

Nachts waren plötzlich leichte Panzer angerollt, Schützenpanzer.
Sie gehörten zu einer KGB-Einheit oder zum Ministerium, nicht
zur Armee. Sie feuerten im Fahren über die Köpfe der Leute hinweg, versuchten, die Barrikade aus Autobussen niederzuwalzen,
töteten ein oder zwei Menschen. Dann wurden sie mit Molotowcocktails beworfen, in Brand gesetzt. Ein junger Soldat springt aus
dem brennenden Panzer und schießt mit der Kalaschnikow wild in
die Gegend. Da haben wir Angst um die Leute, nicht so sehr um
uns selbst, um die Leute, die hier stehen und auch um den jungen
Soldaten, daß der nicht verbrennt oder erschlagen wird. Drei Tote;
sie sind hier überfahren worden von Panzern. Die Menschen,
junge Leute, sind erregt, sie versuchen, die Soldaten aus den Luken des Schützenpanzers zu ziehen. Sie haben Flaschen mit Benzin
gefüllt und sind bereit, auf weitere Panzer zu springen, ihnen eine
Decke überzuwerfen, damit die Fahrer nichts sehen.

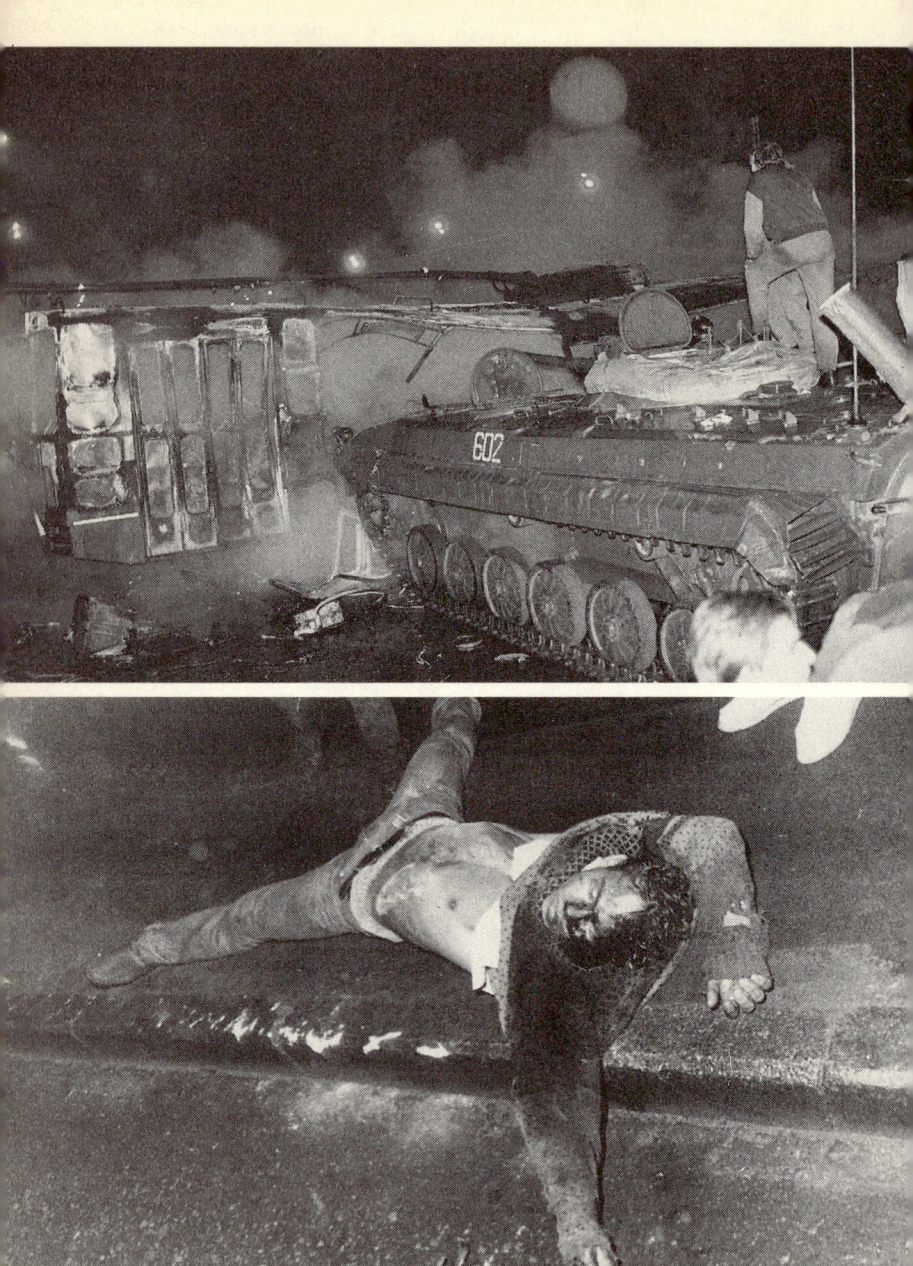

Links oben:
800 Meter vom Weißen Haus hat eine Panzergruppe versucht, die Barrikaden am Gartenring zu durchbrechen.

Links unten:
Einer der drei Männer, die beim Widerstand gegen die Panzer getötet wurden.

Rechts:
Molotowcocktails setzen die Panzer in Brand.

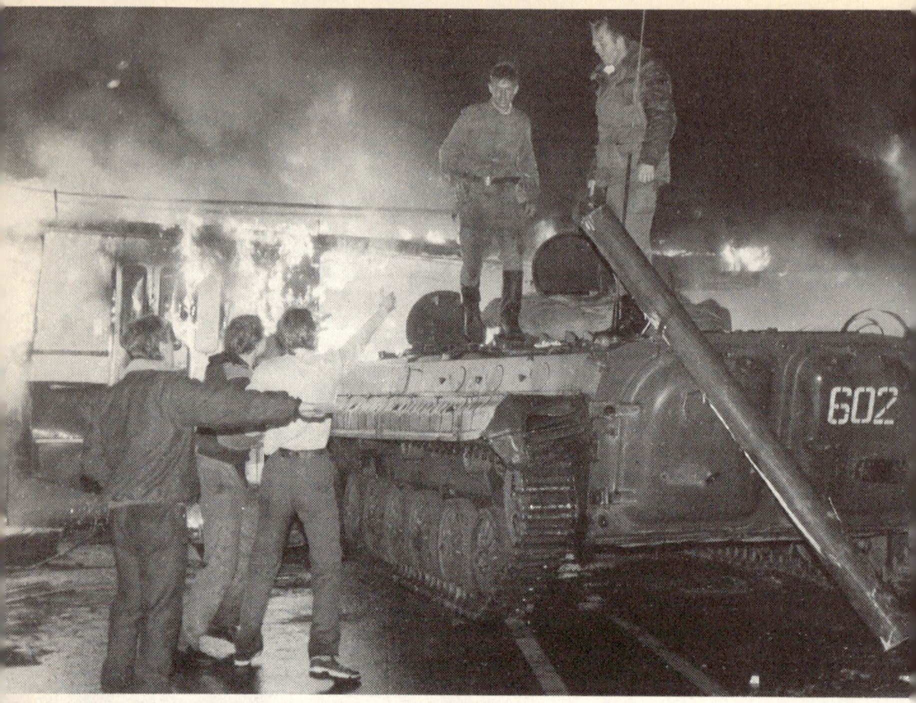
602

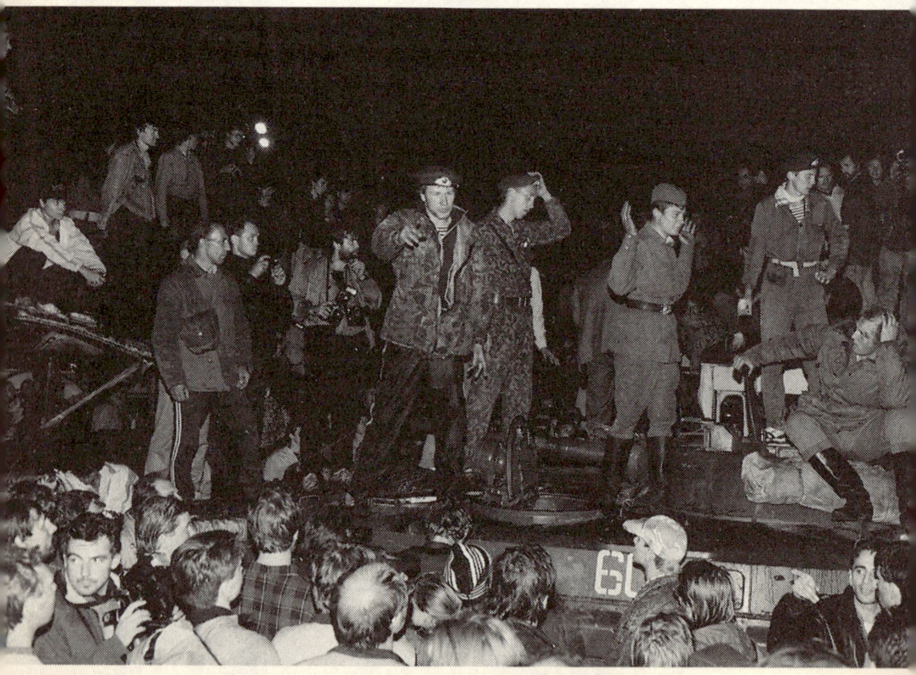

Links oben:»Mörder, Mörder«, rufen die Menschen den Panzerfahrern zu.
Links unten: Von der Menge eingeschlossene Panzer.   *Oben*: Panzerkommandant nach dem Tod der drei jungen Männer.   *Unten*: Versuch, die Panzerfahrer vor der erregten Menge zu schützen und ihren Rückzug zu ermöglichen.

Panzer auf dem Rückzug aus der Unterführung.

Gerd Ruge

Verregneter Morgen vor dem Weißen Haus in Moskau. Aber die Leute sind geblieben, weniger als gestern abend, aber noch genug. Die Sperren, sie sind nicht angetastet worden, hier in der Nähe des Weißen Hauses. Nur weiter da oben, dort hinter der zweiten Straßensperre, da sind sie gestern abend von den Panzern weggeräumt worden, ein Teil jedenfalls, und da ist es zu den Schießereien gekommen, da sind Menschen gestorben.

Gerd Ruge/live

Ulrich Wickert Gerd Ruge mit Informationen aus Moskau, vielleicht auch zur Zusammensetzung des Komitees, Herr Ruge?

GR Zur Zusammensetzung welchen Komitees?

UW Des Notstandskomitees, weil ja immer wieder spekuliert wird, ob es vielleicht doch in Auflösung begriffen ist?

GR Das Notstandskomitee ist offiziell noch so zusammengesetzt wie vorher. Aufgefallen ist nur, daß einige der Herren sich wegen Krankheit entschuldigen ließen, daß es immer wieder Gerüchte gab, Verteidigungsminister Jasow sei zurückgetreten, Pawlow sei erkrankt. Vielleicht waren das Gerüchte, mit denen sich Leute oben im Weißen Haus in der vergangenen Nacht Mut gemacht haben. Die Notstandssitzung des russischen Parlaments wird es in etwa zweieinhalb Stunden geben.

800 Meter vom Weißen Haus entfernt, auf dem Gartenring, ist die Stelle, wo die Panzer unter der Brücke herauskamen und wo Menschen umgekommen sind. Menschen, die unter die Panzer kamen. Ob sie auch erschossen wurden, konnten wir bisher nicht feststellen. Da ist auch ein Kreuz, wo die Toten lagen. Mindestens drei Tote. Gestern nacht hieß es, es seien vier Tote, jetzt sagt man, es sind mindestens drei Tote. Auf dem Film sehen wir die Busse, mit denen die Straße gesperrt war. Die Panzer haben versucht, sie zu überrollen, da liegen noch Patronenhulsen, da ist noch das Blut auf der Straße von der vergangenen Nacht, wo ein Junge ums Leben gekommen ist.

UW Herr Ruge, sind eigentlich die Sowjetbürger über diese Ereignisse heute morgen in Rundfunk, Fernsehen oder in den Zeitungen informiert worden?

Links:
Tagesanbruch an der Unterführung:
Hier starb einer der drei jungen
Männer.

Rechts:
Betroffenheit und Erregung
nach den Ereignissen der Nacht.

GR Nein, an Zeitungen gibt es ja nur noch die Parteizeitungen, alle anderen sind verboten. Die verbotenen Zeitungen haben zwar gemeinsam gestern ein Blatt herausgegeben und im Untergrund gedruckt, aber bisher haben wir noch keines vom heutigen Tag gesehen. Rundfunk und Fernsehen haben die letzte Nacht über nicht berichtet. Das Fernsehen ist ja offiziell gleichgeschaltet und der Rundfunk auch. Offiziell sind die anderen Rundfunksender auch verboten. Ich habe heute noch nicht gehört, ob es auf irgendeiner Welle wieder ein zusätzliches Programm, ein illegales Programm gibt, wie gestern.

UW Es gibt offenbar Kontakte zwischen dem russischen Parlament und dem Notstandskomitee. Es soll ja auch zugesichert worden sein, daß der Sturm auf das Gebäude nicht stattfindet. Ist das der Versuch, die Gesprächsbereitschaft aufrechtzuerhalten, um das Schlimmste zu verhindern?

GR Eine solche Zusage hat es nicht gegeben. Es gab nur gestern im Fernsehen eine Erklärung des neu eingesetzten Stadtkommandanten, der gesagt hat, es sei gar nicht geplant, das Weiße Haus zu stürmen. Das hat für gestern nacht auch gestimmt. Kontakte hat es gestern schon gegeben. Und auf der

Seite des Notstandskomitees hat man gern den Eindruck er-
weckt, als verhandle man schon mit der russischen Regierung, als
sei alles in Ordnung, es gebe gar keinen Widerstand. Damit wäre
ja das Notstandskomitee quasi legalisiert. Aber so ist es eben
nicht gewesen. Es hat Kontakte gegeben, mit dem Parlaments-
präsidenten Lukjanow, der als einer der Drahtzieher des Notstandskomitees galt – auch ein alter Freund Gorbatschows übrigens. Er behauptet nun, er sei erst am 18. August wieder nach
Moskau gekommen und habe sich sozusagen an gar nichts beteiligen können. Das ist das Eigenartige an diesem Notstandskomitee. Vom Ministerpräsidenten Pawlow heißt es, er
sei krank und habe sich an der Arbeit gar nicht beteiligen können.

Gerd Ruge
Junge Soldaten am Kreml. Sie diskutieren mit den Leuten, sie berufen sich auf den Befehl. Befehl ist Befehl, und am liebsten wäre
ihnen der Befehl, abzufahren. Und dann sagt einer: »Ich werde
nicht, ich werde nicht auf das Volk schießen.« Er steht auf dabei,

und er sagt es fest und sehr betont. Aber es gibt andere Soldaten, nicht weit davon, Omonzy-Spezialeinheiten des Innenministeriums. Kräftige Kerle, die gerne zuschlagen. Vor denen haben wir auch Angst, die filmen wir nicht gern von nahem.

<u>Hans-Josef Dreckmann, Dimitrowka</u>
Heute morgen um acht. Im Radio kündigt *Echo Moskaus*, der von den Putschisten für illegal erklärte Sender der Demokraten, gerade eine Rede Jelzins an. In Dimitrowka, 40 Kilometer außerhalb Moskaus, ist der Notsender der Demokraten nicht mehr zu empfangen. Hier zwischen Kolchose und Kirche sind die Menschen auf die Informationen angewiesen, die ihnen die offizielle Propaganda verkauft. Von dem jungen Priester des Dorfes wollen wir wissen, wie die Stimmung in Dimitrowka ist, angesichts der Ereignisse in Moskau.

»Ach wissen Sie, die Leute hier haben doch ganz andere Sorgen. Wir leben halt auf dem Land. Ohne stabile Verhältnisse, wie sie neue Leute an der Staatsspitze vielleicht bringen könnten, kommen die Menschen überhaupt nicht mehr zurecht. Das sind die Sorgen der Menschen hier, nicht die große Politik.«

In Dimitrowka leben noch etwa 500 Menschen. Früher waren es einmal viel mehr, aber die sind weggegangen nach Moskau oder anderswohin. Geblieben sind vor allem die Alten, und die schönsten Holzhäuser des Dorfes sind mittlerweile Datschen für gut Betuchte aus der Hauptstadt. Geblieben sind aber auch Resignation und Unzufriedenheit.

»Was der Jelzin da in Moskau treibt«, meint einer, »ist doch der Ausverkauf unseres Landes. Wenn das Volk den ablöst, ist das in Ordnung.«

»Ach Kinder«, sagt eine Frau, »was stellt ihr Fragen nach einem Putsch. Ich weiß von nichts. Was soll ich denn wissen? Ich habe niemanden mehr, der mit mir redet. Ich habe nur Angst um die Kinder, wenn man sieht, was da in Moskau passiert ist. Entsetzlich. Jetzt wird in diesem Land schon geputscht wie in Chile.«
Und andere meinen: »So genau wissen wir gar nicht, was da los ist. Moskau ist weit weg, da kommen wir einmal im Jahr nur hin.«

Hauptarbeitgeber von Dimitrowka ist die Kolchose, mit Vieh

und Milchwirtschaft. Aber die Geschäfte laufen nicht gut. Mal fehlt es an Benzin, mal an Ersatzteilen, mal an Baumaterial. Alles, so klagen die Leute, geht hier den Bach runter. Da verklärt so mancher Kolchosearbeiter die guten alten Zeiten, als in Dimitrowka noch alles in Ordnung schien, als man noch wußte, wo es langgeht.

»Es muß sich doch einmal irgend etwas ändern in diesem Land. Wir hier haben nichts mehr, und in Moskau an der Spitze, da hat sich auch nichts mehr getan. Da war es doch klar, daß es einen Umsturzversuch geben mußte«, findet einer der Arbeiter. Aber sein Kollege sagt:»Gorbatschow muß her.«

Wer in Dimitrowka nicht auf der Kolchose arbeitet, hat eine andere zeitraubende Beschäftigung: warten, daß es im einzigen Laden des Dorfes etwas zu kaufen gibt. Heute sind ein paar Wassermelonen eingetroffen, da lohnt es sich zu warten. Wein gibt es auch, aber der kostet 168 Rubel, das ist eine Rente. »Was soll ich zu dem Putsch sagen«, winkt eine Frau ab, »da sind doch die Regierenden alle schuld, nicht wir kleinen Leute. Wir wissen doch gar nicht, was die da oben tun. Die erzählen uns doch nur, was für sie selbst von Vorteil ist. Vielleicht erfahren wir ja irgendwann einmal, was da in Moskau wirklich passiert ist. Bei Chruschtschow hat es doch auch Jahre gedauert. Vielleicht aber sagt man uns ja mal die Wahrheit, wenn wir so lange leben.« »Erstens«, sagt eine andere Frau, »stehe ich schon zwei Stunden in dieser Schlange, und zweitens, es darf kein Blut mehr fließen.«

So ist das halt in Dimitrowka. Für die Menschen hier muß Politik ihre Glaubwürdigkeit erst noch gewinnen.

[Nach den tieferen Hintergründen des Putsches haben wir Otto Lacis befragt, er ist Mitglied des Zentralkomitees der Kommunistischen Partei, aber auch ein Publizist, der immer für Reformen eintrat.]

GR Mir scheint, Herr Lacis, dieser Putsch hat einen ganz tiefen Einschnitt in die sowjetische Entwicklung gebracht.

Otto Lacis Die sechsjährige Etappe der friedlichen Perestroika, der Perestroika der Kompromisse Gorbatschows, ist jetzt zu

Ende. In diesem Tauziehen, in diesem gewaltigen Kampf zwischen zwei Kräften, war Gorbatschow immer der Mensch der Kompromisse und des Friedens, das war seine Stärke und zugleich seine Schwäche. Auf diesem Weg hat er bedeutend mehr getan, als man ahnen konnte. Aber dann kam die Zeit, wo man nicht mehr so weitermachen konnte auf diesem Weg. Es gab Unzufriedenheit, und die Reaktionäre haben vielleicht richtig eingeschätzt, daß das Volk mit der Lage unzufrieden ist und daß Gorbatschows Autorität sinkt. Aber sie erwarteten, daß das Volk einen reaktionären Umsturz unterstützen würde, daß es begrüßen würde, wenn die Reaktionäre die Kompromißpolitik abbrechen. Doch das Volk war unzufrieden mit den Kompromissen zwischen den einander entgegengesetzten Positionen. Das Volk forderte, daß die Kompromisse mit der Reaktion aufhören.

GR Mir scheint, auch die Kommunistische Partei ist als Folge dieses Putsches schwer angeschlagen.

OL Die Ereignisse der letzten beiden Tage haben bewiesen, daß die KPdSU seit vorgestern, dem 19. August, de facto nicht mehr existiert, wenigstens nicht mehr in ihrer früheren Rolle. Janajew hat auf seiner Pressekonferenz erklärt, daß die Bildung des Komitees für den Ausnahmezustand ohne Beratung mit der Partei und ihrer Führung beschlossen wurde. Das bedeutet, daß sie keine Partei mehr ist. Zwei Tage lang war die Partei nicht in der Lage, eine Erklärung abzugeben zu der Verhaftung des Generalsekretärs der KPdSU, der auf dem Parteitag gewählt worden war. Das heißt, daß sie jetzt überhaupt keine Partei mehr ist.

GR Was, meinen Sie, hat diesen Staatsstreich schließlich ausgelöst?

OL Der Weg der konsequenten friedlichen Entwicklung, der Weg Gorbatschows, war bei allen seinen Fehlern, bei allen Widersprüchen doch ein Weg der Demokratie, und er führte langsam, aber sicher dazu, daß die bürokratisch-reaktionären Strukturen ihre Positionen verloren. Vor der Unterzeichnung des neuen Unionsvertrags haben sie gespürt, daß jetzt ihre letzte Chance ist, weil sie sonst alle Versuche aufgeben müßten, die Entwicklung umzudrehen und das totalitäre Regime wiederherzustellen. Und sie haben diesen letzten Versuch unternommen.

Thomas Roth

In der Nähe des russischen Parlaments: Panzer für Jelzin und gegen die Putschisten, gegen das sogenannte Notstandskomitee. Die Stimmung heute am Vormittag, ein paar hundert Meter vom Parlament entfernt, ist bestimmt von Erleichterung, ja, aber keine Euphorie, dazu sind die Menschen zu müde. Und außerdem, der Alptraum ist ja noch längst nicht zu Ende. Während die Leute hier um das russische Parlament herum warten, verkündet das sogenannte Notstandskomitee immer neue Erlasse. Jeder Stadtbezirk bekommt inzwischen seinen eigenen Militärkommandanten, doch bis jetzt sind das vor allem Verlautbarungen, an der Situation hier ändert sich nichts. Das Notstandskomitee hatte sich nicht entschließen können, kompromißlos durchzugreifen. Ganz sicher ein Zeichen beginnender Schwäche, sagen hier viele.

Hier an der ersten Barrikade am äußeren Verteidigungsring des russischen Parlaments hatte man den Durchbruch der heranrückenden Armeeteile befürchtet. Es ist nicht dazu gekommen. Gehalten wird diese Barrikade nach wie vor von Teilen der Garde-Division, die zu Boris Jelzin übergewechselt ist.

Kosaken, die auf Jelzins Seite stehen.

Nach der gefährlichen Nacht am Weißen Haus.

Gerd Ruge
Wieder Tausende von Menschen auf den Straßen und vor dem
Weißen Haus. Sie hören im Radio, was im Parlament gesagt wird.
Und da sind viele Soldaten dabei, einer vom Grenzschutz, der in
Afghanistan war, ein anderer ein Offiziersschüler. Sie sind ge-
kommen wie die Tausenden von Menschen, die sich hier in langer
Schlange anstellen, um die Verfassung und Jelzin und Gorbatschow zu verteidigen. Die Kosaken sind da, in alten Uniformen
von vor der Revolution, ganz russische Typen aus dem Kuban.
Das ist sehr wichtig, daß hier Rußland – »Rossija« – angerufen
wurde gegen den Apparat, gegen den Kommunismus, gegen das
Notstandskomitee. So wie hier oben hinter dem Weißen Haus auf
der Terrasse Geistliche stehen, die für Rußland beten. Die Menschenmenge bekreuzigt sich, das Ganze wirkt fast wie ein Dank-
gottesdienst dafür, daß die große Gefahr der Rückkehr des totalitären Systems abgewendet wurde. Abgewendet von den Menschen, die um das Weiße Haus standen, und auch von der Armee,
die nicht bereit war, auf diese Menschen, auf das Volk, zu schießen.

Thomas Roth
Spontane Kundgebung gegen 17.30 Uhr nicht weit vom Roten
Platz in Moskau. Die Nachricht, daß der ganze Spuk vorbei sein
könnte, verbreitet sich wie ein Lauffeuer. Offen sind jene Straßen, die noch heute nacht abgesperrt waren, und auf Plätzen wie
diesem hier, an dem Panzer standen, ist die Armee verschwunden. Die Menschen strömen noch heute abend ins Zentrum von
Moskau, und sie feiern, sie feiern, daß der Putsch nun zu Ende
ist. Sie kommen über den Platz, an dem das Hauptquartier des
KGB steht, des Geheimdienstes, vor dem viele immer noch
Angst haben. Er war schon lange vor dem Putsch ein Instrument
zur Unterdrückung. Während wir filmen, sagen viele immer wieder, das sei der Beginn der Demokratie. Sie rufen: »Rußland,
Rußland, Rußland.« Sie lassen keinen Zweifel daran, daß sie hinter einem Mann stehen, hinter Boris Jelzin.
    »Wie fühlen Sie sich denn?« »Ach, ich fühle mich gut. Endlich
sehen wir die Freiheit wieder.« Er hat Mühe, nicht zu weinen.

Am Nachmittag: Die Gefahr klingt ab, die Spannung bleibt.

»Ich fühle mich sehr gut, ach, wissen Sie, wir hatten Angst, daß
es wirklich einen großen Krieg gibt.«

Doch es war Krieg, als gegen 24 Uhr letzte Nacht plötzlich
leichte Schützenpanzer in Richtung russisches Parlament fuhren.
Panzer begannen zu brennen, Benzinflaschen flogen. Drei Menschen verloren das Leben. Aber die Armee wird nicht mehr wie-
derkommen. Das Komitee der Putschisten hat längst zu bröckeln
begonnen. Tausende von Anhängern Boris Jelzins hatten die
ganze Nacht über ausgeharrt, um ihren Präsidenten und das russische Parlament zu verteidigen. Die Putschisten hätten es nur er-
obern können, wenn sie ein grauenvolles Blutbad angerichtet
hätten. Ein Massaker hätte es sein müssen. Um die Mittagszeit
begann dann im Weißen Haus das russische Parlament zu tagen.
Boris Jelzin gab nähere Informationen über das Putschkomitee,
das ihm erste Angebote über Verhandlungen gemacht hat.
Gorbatschow, sagt er, gehe es gut, er könne ihn treffen, so sei das

Spontane Siegeskundgebung gegen 17.30 Uhr.

Angebot des Putschkomitees gewesen. Es wird immer deutlicher, die Putschisten haben verloren. Warum auch immer, sie haben Jelzin nicht gefangengenommen, und sie haben das russische Parlament nicht abgeschafft. Es blieb ein Bollwerk des Widerstands. Außerdem hätten sie mit der Gegenwehr von zwei zu Jelzin übergelaufenen Garde-Divisionen rechnen müssen, doch zu all dem kam es nicht mehr.

Thomas Roth

Mit einer Gedenkminute für die Opfer des Putsches begann eine Diskussionssendung am Abend im russischen Fernsehen. Es ist wieder von Knebelung, von Zensur befreit. Nachmittags waren Tausende in Richtung Roter Platz geströmt, noch zehn Stunden vorher wäre das nicht möglich gewesen. Hier wären sie nicht durchgekommen. Bei einer zweiten Kundgebung unmittelbar am Kreml ist es klar: »Wir haben es geschafft!« ruft ein Redner. »Wir haben es geschafft, das Putschkomitee ist am Widerstand des Volkes gescheitert. Etwas Wichtiges ist den Putschisten nicht gelungen, sie wollten, wie wir jetzt wissen, Jelzin auf seiner Datscha verhaften, dabei sind sie allerdings 20 Minuten zu spät gekommen. Er war schon weg. Wenn sie Jelzin gefaßt hätten, wäre vielleicht alles anders geworden«, sagt ein Redner. Er war Hauptmoderator im sowjetischen Fernsehen, bis er wegen zu kritischer Berichte herausgedrängt wurde. Viele Menschen sind gerührt.

Noch während Jelzin im Parlament spricht, zieht die Armee die letzten Panzer aus Moskau zurück, und Jelzin kündigt an, daß eine Kommission gebildet wird, um Gorbatschow am Flughafen in Moskau in Empfang zu nehmen. Er ist nämlich plötzlich wieder gesund, er kann nach Moskau kommen.

Gerd Ruge/live

Fritz Pleitgen Gerd Ruge, Sie haben gerade die Bilder gezeigt von diesen mutigen und entschlossenen Menschen, und Sie haben davon gesprochen, daß auch die Armee ihren Beitrag geleistet hat, daß es nicht zu einem Bürgerkrieg gekommen ist. Aber das kann doch nicht der einzige Grund gewesen sein, daß dieser Staatsstreich wie ein Kartenhaus zusammengefallen ist.

GR Doch. Die reaktionären Kräfte, die Leute, die an die Macht kommen wollten, wie Jasow und andere, waren einfach zu alt und dem Leben zu entfremdet. Sie haben immer gedacht, irgendwie sind die Menschen in der Sowjetunion sauer und verbittert, weil die Versorgung nicht klappt und weil spekuliert wird. Deshalb wollten sie auf den alten Kurs der Reaktion, des totalitären Regimes und der Gängelung zurückschwenken, weil ihnen das einen ärmlichen Lebensstandard einigermaßen sicherte. Das hat nicht hingehauen.

Es hat sich gezeigt, daß viel zu viele Menschen in der Sowjetunion, nicht nur in Moskau, auch in den Provinzen, gesagt haben: Mit dieser neuen Machtkonstellation wollen wir nichts zu tun haben, das sind nur die alten Pflaumen.

FP War es nicht aber auch die starke Rolle, die Jelzin dabei gespielt hat? Er war eine Figur, um die sich die Menschen scharen konnten.

GR Natürlich, ohne Jelzin wäre es nicht gegangen. Es mußte ja einer da sein, und ich habe immer gesagt, Jelzin ist nach Gorbatschow das größte politische Talent des Landes, in mancher Hinsicht das größere. Gorbatschow ist der große Taktiker, vielleicht auch der Klügere. Jelzin ist der, der emotionaler und direkter an die Menschen appellieren kann. Das hat er bei den letzten Wahlen bewiesen, und es hat sich jetzt wieder gezeigt.

FP Gerd Ruge, wird es eine andere Sowjetunion sein? Wird Gorbatschow seine alte Position wieder einnehmen, oder wird er mehr ein dekoratives Amt bekommen als Staatspräsident?

GR Das ist die große Frage, und das wird eine große Auseinandersetzung geben. Gorbatschow hat gerade erklärt, er habe die Macht wieder in die Hand genommen, und er habe den Streitkräften, dem Stabschef General Michail Moissejew befohlen, daß sie nur seinem Kommando gehorchen dürften. Man sieht also, da werden Machtansprüche angemeldet. Wir wissen aber gar nicht, welche Rolle Gorbatschow selber spielen will. Manche Leute fürchten, er wolle noch die Politik der Kompromisse mit den Rechten fortsetzen. Er war immer ein Mann, der auszugleichen versuchte, um – auch mit gewissem Erfolg, muß man ehrlich sagen – eine Politik der Demokratisierung vorantreiben zu können, aber eben doch auf Kosten seiner Glaubwürdigkeit. Nun ist das

Vertrauen bei vielen sehr gering, auch bei Schewardnadse, seinem alten Freund.

FP Darauf wollte ich Sie gerade ansprechen, denn ich habe ja das Interview gesehen, in dem Schewardnadse ganz merkwürdige Andeutungen gemacht hat, ob nicht Gorbatschow eventuell eine Doppelrolle gespielt habe.

GR Schewardnadse ist nun sicherlich jemand, der besonders emotional ist und mit Gorbatschow Schweres erlebt hat. So war es schon bei seinem Rücktritt, den er nie klar erläutert hat, als er zum ersten Mal vor der Gefahr eines Rechtsrucks, eines Putsches von rechts warnte. Aber nun hat er in dem Interview auch deutlich gefragt, ob Gorbatschow wirklich keine Kompromisse mit den Putschisten gemacht habe, ob er nichts geahnt habe von dem Putsch. Er will, daß Gorbatschow ganz deutlich und ganz klar sagt, daß er mit diesen Leuten nichts zu tun gehabt habe. Darauf warten viele.

FP Denken Sie, daß der Unionsvertrag, der ja eigentlich in dieser Woche unterzeichnet werden sollte, jetzt sehr schnell unter Dach und Fach gebracht wird?

GR Ich denke schon, in dieser Situation wird das möglich sein. Obwohl es so ist, wie Sie an dem Bild hinter mir sehen, daß die Leute der Sache noch nicht trauen. Das Bild von der Straße vor unserem Studio zeigt Panzer und Straßensperren.

FP Dann an Sie die Frage: Gorbatschow soll um 17.19 Uhr unserer Zeit von der Krim abgeflogen sein. Was weiß man von ihm? Ist er inzwischen in Moskau gelandet? Sieht man etwas in den Nachrichten? Was ist los mit ihm?

GR Wir haben ein Kamerateam im Pressekonferenzsaal des Außenministeriums. Dorthin hat man uns heute nachmittag eingeladen und gesagt: Wahrscheinlich kommt Dsassochow aus dem Politbüro. Da haben wir gesagt, das interessiert uns nicht, und da haben die im Außenministerium gesagt: Kommt auf jeden Fall, es gibt einen Überraschungsgast. Es riefen uns auch Kollegen vom sowjetischen Fernsehen an: Geht auf jeden Fall hin, das wird Gorbatschow sein. Aber ob er kommen wird, wissen wir noch nicht.

FP Wie ist das jetzt mit dem Militär? Glauben Sie, daß dessen Rolle inzwischen klar ist, daß sich also keiner mehr zu dem alten

System bekennen wird? Hat das alte System, hat die KPdSU aus-
gespielt?

GR Das nehmen wir zunächst einmal an. Das Militär ist immer noch eine konservative, aber eben auch eine russische
Macht, die nicht auf das Volk schießen will. Das Militär an sich ist
noch nicht demokratisiert, aber es ist bereit, mit dem russischen
Volk zu leben, es nicht zu unterdrücken und auf den Bajonetten
sitzen zu lassen.

FP Es gibt ja offensichtlich Unterschiede zwischen Stadt und
Land, und insbesondere zwischen Moskau und dem Land. Wie ist
denn das zu erklären?

GR Das soll man nicht so einfach sehen. Auf dem Land sind
die Leute nicht so reaktionär, wie sie manchmal reden, wenn sie
verbittert sind. Ich hab das hier während des Wahlkampfes erlebt, 300 Kilometer südlich von Moskau, bei Rjasan. Wir sind
von dort noch dreieinhalb Stunden auf schlechten Straßen gefahren. Da war eine Versammlung im Dorf, und da kamen die Fallschirmjäger und wollten Propaganda für die Rechten machen.
Die Bauern haben dagestanden und hatten etwas Angst, aber
wenn man sie einzeln fragte, haben sie gesagt, wir wählen zum
Schluß doch den Jelzin. Und sie haben ihn auch gewählt. Es ist ja
nicht so, daß nur die Städte unzufrieden waren mit dem Rechts-
drall der letzten Monate, auch die Bauern wollen, daß etwas
Neues kommt. Sie wissen nicht genau, wie das gehen soll, sie haben Angst vor der Marktwirtschaft – unsere Bauern sind schließlich auch nicht unbedingt für einen richtig freien Markt. Aber
auch die Bauern sind im Endeffekt dafür, daß hier etwas anders
wird. Das kann jemand wie Jelzin ihnen wahrscheinlich schließlich auch klarmachen.

FP Ich frage mich, was passiert nun mit den Putschisten. Offensichtlich ist da schon der Staatsanwalt eingeschaltet worden,
es kommen verschiedene Meldungen, sie seien angeblich verhaftet, angeblich nicht. Angeblich sind sie jetzt zum Bußgang unterwegs, auf die Krim. Rechnen Sie damit, daß es jetzt zu einer Generalabrechnung kommt?

GR Jelzin ist sehr vorsichtig. Er hat nie eine Generalabrechnung angekündigt, im Gegenteil, er hat immer den Leuten gesagt, wer sich anständig verhält, der wird auch hier weiter leben

und arbeiten können. Für die Führer des Putsches kann dies sicher nicht gelten. Wir haben hier unter unserem Fenster immer noch die Barrikaden, niemand ist ganz sicher, wie es weitergeht. Die Demokraten müssen sich wehren. Eben knallte es draußen. Wir sind ans Fenster gerannt, aber es war die Auspuffexplosion eines Autobusses. Und wenn ich etwas Persönliches sagen darf, vorhin waren ein paar russische Kollegen bei mir, Leute, die vor Monaten aus ihren Redaktionen rausgeschmissen wurden, weil sie zu offen, zu ehrlich berichteten, weil sie – wie ich sagen würde – die Ehre des sowjetischen Fernsehens retteten, als das offizielle Fernsehen ganz verlogen über die Toten in Litauen berichtete. Das haben sie damals gesagt, und dann sind sie geflogen. Ab morgen werden sie wieder beim Fernsehen arbeiten. Das ist doch auch was. Darauf haben wir einen getrunken und ein bißchen gelacht, ein bißchen geweint. Das war ein fabelhafter Tag, ehrlich gesagt, für uns hier, und auch für Sie, die Sie weiter weg sind, ein Tag für die Geschichte.

Im Weißen Haus und auf den Barrikaden war auch der russische Dirigent Mstislaw Rostropowitsch, zeitweise mit einer Kalaschnikow. Er erzählte:

Als ich nach Moskau flog, habe ich mein Cello nicht mitgenommen. Ich sagte, wenn ich von einem Panzer überrollt werde, dann soll wenigstens mein Cello erhalten bleiben. [. . .]

Als ich hierher kam, wußte meine Familie nichts davon. Ich sagte, ich muß in Paris zur Bank. Ich stieg aber in ein Taxi, fuhr zum Flughafen. Flog ohne Visum in die Sowjetunion. An der Grenze wurde ich angehalten. Ich sagte, ich bin zum Weltemigrantenkongreß gekommen, obwohl das nicht meine Absicht

Mstislaw Rostropowitsch,
der zur Verteidigung Rußlands aus Paris angereist war.

war, da ich keine Einladung hatte. Vom Flughafen fuhr ich direkt ins Weiße Haus, wo ich seit 21 Stunden bin. Ich bin über alle Maßen glücklich, denn ich verspüre, daß gerade in diesem Augenblick die Entwicklung in unserem Lande im Umbruch ist. Ich bin aber auch glücklich, weil ich viele Stunden in diesem Gebäude verbracht habe. Ich unterhielt mich stundenlang mit den Jugendlichen hier, das war ein wahrer Genuß, diese jungen Gesichter zu sehen, junge Menschen, die bereit waren zu kämpfen, zu widerstehen, zu kämpfen dafür, daß die eben schüchtern aufblühende Demokratie hierzulande erhalten bleibt, damit dem großen Volk in unserem Lande ein glückliches Leben voller Stolz und Menschenwürde möglich wird.

22. August

Gerd Ruge

Am Flughafen der Regierung um ein Uhr früh. Am Tor stehen zwei Generäle, die sich deutlich als russische Generäle bezeichnen, so als gäbe es schon eine Armee, die von Boris Jelzin befehligt wird. Und dann kommt ein Auto vorbeigefahren, wie es nur Präsidenten haben, früher hatte es nur Gorbatschow, mit all der Kommunikationstechnik, die mit allen Stellen im Lande Verbindung hält. Und es kommt wirklich, um Gorbatschow abzuholen, der nun wieder Präsident ist. Aber abgesperrt hinter Gittern können wir Journalisten das nicht miterleben. Da sind die Busse mit der Polizei, die niemand heranlassen, Schutzmaßnahmen für den Präsidenten, wie man sie sonst auch kannte. Klar, hier wird Gorbatschow ankommen, zurückgebracht von dem russischen Ministerpräsidenten Silajew. Der hat ihm abgeraten, sich auf der Krim mit den Juntamitgliedern zu treffen, die zu ihm gereist waren – in einem letzten Versuch, ihren Putsch zu legitimieren. Gorbatschow kommt als Präsident zurück.

Hans-Josef Dreckmann

Sichtlich gezeichnet von den vergangenen drei Tagen traf Präsident Gorbatschow gegen halb drei heute morgen in Moskau ein. Er wurde von engen Vertrauten, unter ihnen Außenminister Bessmertnych, begrüßt. Mit auf der Maschine waren neben Gorbatschows Frau auch eine Enkeltochter. In einer ersten Erklärung noch auf dem Flugfeld bezeichnete Gorbatschow das Scheitern des Putsches als einen großen Sieg der Perestroika. Er dankte dem sowjetischen Volk und vor allem auch dem russischen Präsidenten Boris Jelzin für ihre Unerschrockenheit und Treue zur Verfassung. Das Volk und die ganze Welt müsse erfahren, so Gorbatschow, was die Ziele der Putschisten waren, und was sie mit ihm, dem Präsidenten, im Sinne gehabt und von ihm verlangt hätten, ohne es zu bekommen. Man habe ihn brechen wollen, sagte Gorbatschow, aber das war den Aufrührern nicht gelungen. Und auch das Volk habe sich nicht auf einen Weg leiten lassen, der das Land in den Abgrund geführt hätte.

Die ganze Nacht hindurch und bis in den Morgen feierten die Moskauer das Ende des Alptraums und die Rückkehr Gorbatschows. Als gegen sechs Uhr heute morgen die letzten Panzer die Stadt verließen, da jubelten die Menschen den Soldaten und den russischen Fahnen zu, die die Panzer schmückten. »Danke, danke«, riefen die Menschen den abrückenden Soldaten zu.

Gerd Ruge

Da hängt noch die Gasmaske auf dem Stuhl aus der letzten Nacht, als man fürchten konnte, daß hier gestürmt werde. Dies ist das Vorzimmer von Boris Jelzin, auf den wir im Augenblick noch warten. Seine Mitarbeiter sind hier: unter ihnen der Generalleutnant, Oberkommandierender der Fallschirmjäger, der sich vorgestern geweigert hat, das Weiße Haus zu stürmen und den Marschall Jasow deshalb verhaften lassen wollte. Jelzins Mitarbeiter beobachten die Parlamentssitzung am Fernsehgerät: Forderungen nach dem Rücktritt Gorbatschows, der Absetzung aller, die den Putsch geduldet haben, sich ihm nicht widersetzten. Alexander Jakowlew warnt vor den neuen Helden, die sich um Gorbatschow scharen, um die alten Kompromisse zu machen. Jelzins Leute sind vorsichtiger, wenn sie über diese Frage reden, zurückhaltender.

Da kommt Oberst Rutzkoj, Jelzins Vizepräsident, mit der neuen russischen Fahne. Als er von Jelzin aufgestellt wurde, meinten manche Leute, das sei doch ein Militärkopf, wie könne Jelzin so einen auswählen. Nun war er der wichtige Mann während des Putsches, der Mann, der Verbindung zu den Militärs hatte, mit ihnen sprechen konnte, damit sie nicht stürmten.

»Natürlich, natürlich«, sagte er auf die Frage meiner russischen Kollegin, Tatjana Mitkowa, ob es für die russische Führung nun leichter werde. »Michail Sergejewitsch hat gestern bei sich auf der Datscha seine Meinung dargelegt über die Russen, den Obersten Sowjet und den Präsidenten Rußlands, Boris Jelzin. Der Präsident der UdSSR versteht sehr gut, wer zu seiner Verteidigung aufgestanden ist. Daß das die Menschen Rußlands waren.

Präsident Gorbatschow mit Frau und Enkelin bei der Rückkehr nach
Moskau.

Der Präsident Rußlands und Michail Sergejewitsch sagten ganz klar, daß sie jetzt gemeinsam vorgehen.«

»Ich brauche nicht mehr darüber zu reden, wer wer ist«, sagt Rutzkoj. »Boris Jelzin und ich machen alles, was wir dem Volk versprochen haben. Ich denke, beide Präsidenten sind imstande, die Perestroika zu Ende zu führen. Jetzt wird uns niemand mehr stören. Das hat jetzt aufgehört.«

Da kommt Boris Jelzin. Er küßt Tatjana Mitkowa die Hand, einer Fernsehmoderatorin, die wegen ihrer mutigen Berichterstattung aus dem Staatsfernsehen rausgeschmissen wurde. Sie bringt ihm Blumen, die ihr Frauen gegeben haben, damit sie sie Boris Jelzin überreicht. Und sie fragt, ob dies nun der sichere Weg zur Demokratie sei.

»Ich denke, diese drei Tage, diese 72 Stunden sind eine gewaltige Erfahrung, historische Tage für unsere Demokratie, für unser Rußland, für unser Land, für die ganze Welt«, sagt Jelzin. »Das zeigen Telefonanrufe aus fast allen Ländern der Erde, Glückwünsche, die wir zum Sieg erhalten haben. Rußland rettete die Demokratie. Wir müssen aus den Ereignissen Schlußfolgerungen und Lehren ziehen, damit sich so etwas niemals wiederholen kann.«

Ich frage Boris Jelzin, was nach diesen historischen Tagen die historische Aufgabe sei, was das Wichtigste, was das Schwierigste sei. »Jetzt ist das Wichtigste, loszugehen und den Menschen zu sagen, daß wir gemeinsam gesiegt haben.«

Boris Jelzin geht hinaus, um zu den Zehntausenden zu sprechen, die sich vor dem Weißen Haus versammelt haben. Die russische Fahne weht da schon. Die Leute rufen und winken, immer wieder fordern sie auch den Rücktritt Gorbatschows. Jelzin spricht entschlossen darüber, daß nun saubergemacht werden muß. Daß die Machtverhältnisse sich natürlich zu ändern haben. Daß man entschiedener die Veränderung der Gesellschaft und des Lebens vorantreiben muß.

Die Menschen jubeln ihrem Helden zu: Boris Jelzin. Das ist der Mann der Stunde, auch wenn Gorbatschow zurückgekehrt ist.

Hans-Josef Dreckmann

So feiert Moskau den Sieger. Kundgebung am Weißen Haus.

»Ernennen wir Boris Jelzin zum Helden der Sowjetunion«, fordert Moskaus Oberbürgermeister Gawriil Popow, und die Menge jubelt laut auf: »Jelzin, Jelzin, Jelzin.« Und der Volksheld, er gibt sich bescheiden und ist doch tief gerührt. Mehr als hunderttausend Menschen hatten sich heute mittag vor dem russischen Parlamentsgebäude versammelt, um den Sieg über die Putschisten laut herauszuschreien. Und natürlich ist der Jubel groß, als Jelzin ihnen mitteilt, daß der Platz, auf dem sie stehen, ab sofort »Platz des Freien Rußlands« heißen wird und daß Rußlands Fahne ab sofort wieder, statt Hammer und Sichel auf Rot, das alte Weiß-Blau-Rot sein wird.

Staatsmänner aus aller Welt, wie der amerikanische Präsident Bush, haben ihn angerufen, um zu gratulieren und um dafür zu danken, daß das russische Volk die Union, die Demokratie und die ganze Welt gerettet habe. Das ist es wohl, was die Menschen so lange vermißt haben, für eine Leistung auch anerkannt zu werden. Da wollen die Rufe »Rußland, Rußland, Rußland« gar nicht mehr enden.

Hart zur Sache, das heißt zur Politik, war es zuvor im Parlament der Russischen Republik gegangen. Nach einer Schweigeminute für die Opfer des Putsches wurde das Feuer auf die Führer des Aufstandes, auf ihre Hintermänner und auf ihre heimlichen Sympathisanten eröffnet. Und dabei wurde auch Gorbatschows engste Umgebung nicht verschont. Ein Staatsanwalt teilt mit, daß alle Putschführer verhaftet worden seien und daß einer von ihnen, Innenminister Boris Pugo, Selbstmord begangen habe. Und er sagt, weitere Untersuchungen seien bereits in die Wege geleitet. Gorbatschows alter Kampfgefährte und heutiger Kritiker Alexander Jakowlew warnt vor Opportunisten, die jetzt als Widerständler gegen den Putsch auftreten würden. Aber während in der Politik das Großreinemachen begonnen hat, gibt sich die Bevölkerung der herrlichen Erleichterung hin, einem Alptraum entronnen zu sein.

Präsident Jelzin mit der
Fahne Rußlands.

»Versammlung der
Sieger« am Weißen Haus.

Gerd Ruge

Gorbatschow sprach im Saal der Pressekonferenz und im Fernsehstudio, Jelzin stellt sich natürlich dem Volk. Jetzt fordert er nachdrücklicher als vorher einen neuen Republikenvertrag, mit mehr Macht für Rußland. Eine eigene Nationalgarde zur Verteidigung Rußlands, eine völlige Änderung der staatlichen Strukturen und schließlich die Vertreibung der Partei aus den Behörden und Betrieben. Hinter Jelzin stehen Gorbatschows ehemalige Mitarbeiter: der Bürgermeister von Moskau Gawriil Popow und Alexander Jakowlew. Fast mißtrauischer sind sie gegen Gorbatschow als sein alter Gegner Jelzin selbst. Ein früherer Wirtschaftsberater Gorbatschows, Stanislaw Schatalin, wird von Tatjana Mitkowa gefragt, was er denn meint, wenn die Leute, die früher Gorbatschow gefeiert haben, nun seinen Rücktritt fordern. Muß Gorbatschow wirklich zurücktreten?

»Wissen Sie, das ist eine schwere Frage für mich«, sagt Schatalin. »Ich habe mit ihm gearbeitet, er ist schuld daran, daß das 500-Tage-Programm der Wirtschaftsreform nicht durchkam. Ich gehöre auch zu den Leuten, die er verraten hat. Gorbatschow muß sich wieder mit anderen Leuten umgeben, unverzüglich, aber auf gesetzlichem Wege. Jetzt muß er als Symbol der legalen Kontinuität Präsident bleiben. Im übrigen: Heute liebe ich das Leben.«

Vor der Zentrale des KGB, des Geheimdienstes, da legt sich die Schlinge um den Hals von Felix Dserschinskij, dem Gründer des gefürchteten Geheimdienstes. Ein riesiger Kran, gebaut von der deutschen Firma Krupp, beginnt, den steinernen ersten Mann der Tscheka vom Sockel zu ziehen. Heute nacht noch wird er fallen, die Leute warten eigentlich nur darauf, daß mehr Licht fürs Fernsehen kommt. Und ein paar hundert Meter weiter entfernt blockieren sie das Zentralkomitee, damit ja keine Akten herausgetragen und vernichtet werden können. Der Putsch hat eine Revolution geboren.

Thomas Roth

Ein Fest der Demokratie. Ein Feuerwerk für die Freiheit. So war es angekündigt, und so kam es auch. Moskau heute, der Tag des Sieges über die Putschisten. Die Freude konzentrierte sich beson-

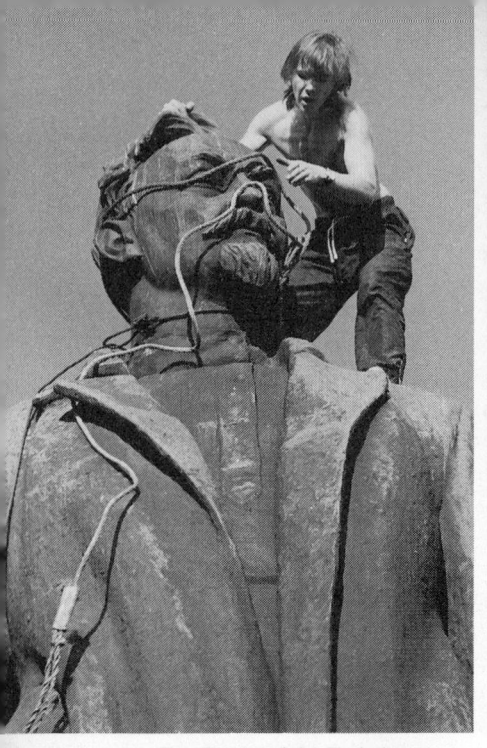

Das Denkmal des Tscheka-
Gründers Dserschinskij kurz vor
dem Sturz.

Der leere Sockel des Dser-
schinskij-Denkmals vor der
KGB-Zentrale.

ders auf einen Mann, auf Boris Jelzin, er ist das Symbol des Sie-
ges über das Putschkomitee geworden, aber wohl auch über die
Vergangenheit, die sie alle miteinander teilen und aus der sie alle
kommen, auch Jelzin: der Sieg über die Ära des Kommando-
Kommunismus. Vielleicht ist es wirklich heute für Jelzin und die
Tausenden hier der Tag des wirklichen, des unumkehrbaren
Durchbruchs zur Demokratie.

Die Fahne Rußlands, knapp zweihundert Meter vom Roten
Platz entfernt, auch sie ist zu einem Symbol des Widerstandes geworden. Die Putschisten haben den Prozeß, den sie eigentlich
stoppen wollten, nun ungeheuer beschleunigt. So wird diesen

Rechts oben: Erleichterung und Jubel.
Rechts unten: Die riesige Fahne Rußlands auf dem Roten Platz.

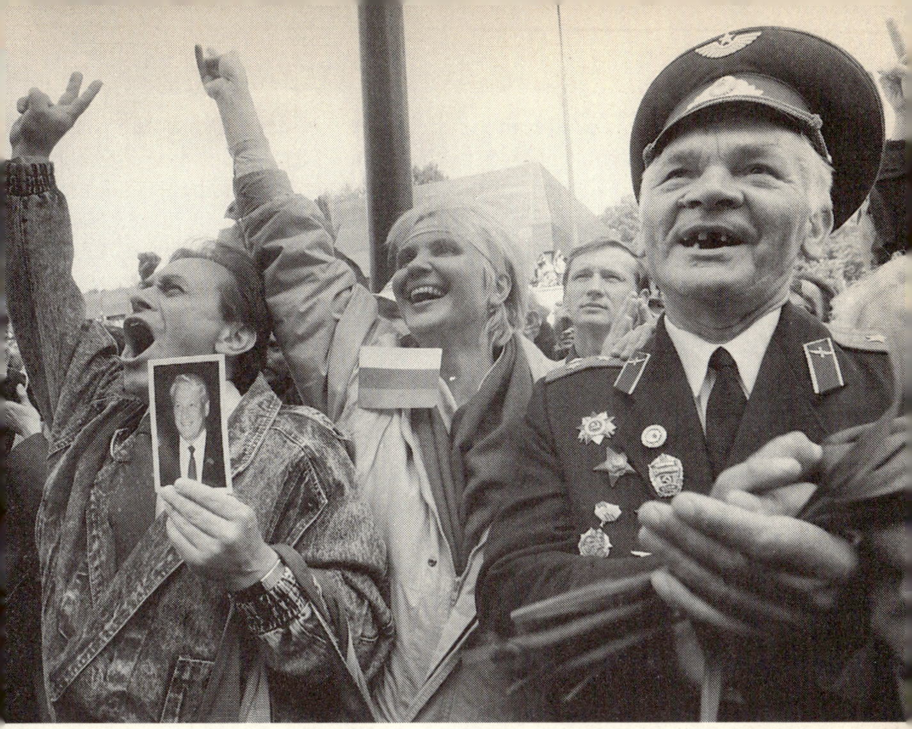

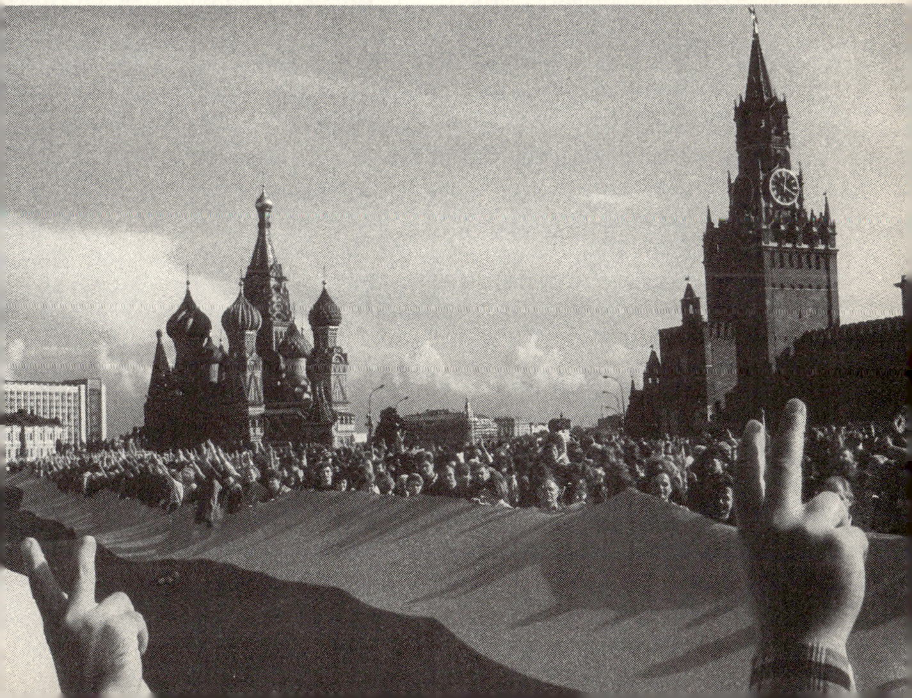

Prozeß wohl keiner mehr aufhalten können. Diese Menschen sind einfach nur noch glücklich. Der Faschismus kommt nicht durch, haben sie hier hingeschrieben, Jugendliche haben ein Lied auf jene Abgeordneten gedichtet, die mit ihnen in dieser Nacht am Parlament waren, als es wirklich gefährlich wurde. Überhaupt, als es wirklich kritisch wurde, da haben ausschließlich jüngere oder gar junge Leute den entscheidenden Teil des Widerstands getragen. »Kommt, stoßt mit uns an, wir haben das Parlament nicht dem Feind überlassen«, singen sie. Gefeiert wurden auch die Panzer jener Gardedivisionen, die zu Jelzin übergelaufen waren, als es wirklich gefährlich wurde. Sie seien der Kern einer echten Armee aus dem Volk, so jedenfalls haben es viele Leute gesagt.

Hans-Josef Dreckmann

Die letzten Tage haben ihn gezeichnet. Noch auf der Krim gab Präsident Gorbatschow vergangene Nacht eine erste Erklärung ab. Vier Tage lang sei sein Haus vom Land, aus der Luft und vom Wasser aus belagert worden. Jede Kontaktaufnahme nach außen sei unmöglich gewesen. Während dieser Tage habe seine Leibwache, die treu zu ihm stand, Befehl gehabt, auf jeden zu schießen, der sich dem Präsidenten habe nähern wollen. Die Behauptungen der Aufrührer, sein Gesundheitszustand sei schlecht, bezeichnete Gorbatschow als glatte Lüge. Und dann betonte er: »Eines kann ich sagen, ich habe mich auf keine Geschäfte eingelassen.« Er habe den Aufrührern gesagt, daß er für Abenteuer nicht zur Verfügung stehe. Statt dessen habe er die Einberufung des Obersten Sowjet gefordert. Wörtlich sagte Gorbatschow gestern nacht auf der Krim: »Hätte ich das nicht getan, dann müßte ich mir ja das Leben nehmen.«

Drei Menschen haben vorgestern nacht das Leben verloren, als sie die Panzer der Putschisten aufzuhalten versuchten. Waren wirklich nur die Pugos und Jasows verantwortlich? Im russischen Parlament wurde bereits zur Generalabrechnung mit den Dunkelmännern geblasen. Und selbst Freunde Gorbatschows räumen ein, daß die Anführer des Putsches doch die waren, die der Präsident selbst in Amt und Würden gebracht hatte. Männer, die sich offen und gern Gorbatschows Freunde nannten. In Moskau starben Menschen wie in Tiflis, wie in Wilnius. Aber diesmal sind offensichtlich die Kräfte stark genug, die rückhaltlose Aufklärung verlangen.

Gerd Ruge

»Wir haben eine schwere Prüfung hinter uns, die schwierigste seit dem Beginn der Reform unserer Gesellschaft im Jahr 1985«, sagt ein sichtlich von dem Erlebnis der Haft und des Umsturzes geprägter Gorbatschow auf der Pressekonferenz. Zeitweise spricht er ganz selbstsicher, geschäftsmäßig und sachlich, manchmal zögernd in Gedanken an diese letzten Tage. Er kündigt an, daß der Unionsvertrag mit den Vertretern der Republiken neu ausgehandelt werde, daß die reaktionären Elemente aus der Kommunistischen Partei entfernt werden müßten, aber er hält an der Idee einer reformierten Kommunistischen Partei fest und warnt vor einer Hexenjagd. Eine Hexenjagd wolle auch Boris Jelzin nicht, dem er ausdrücklich und hervorgehoben dankt. Gorbatschow verurteilt den Staatsstreich und die Männer, die ihn gemacht haben. »Es waren«, sagt er, »Männer, die ich selbst gefördert, denen ich vertraut habe, sie waren die Führer der Verschwörung gegen den Präsidenten, die Verfassung, die Perestroika, das Volk und die Demokratie.«

Und dann eine der vielen langen Pausen. Der Wissenschaftler Jurij Karjakin, ein ehemaliger Dissident, stellt die harte Frage, die viele beantwortet haben wollen, weil ihnen Gorbatschows Ausführungen über die Vorgeschichte des Putsches nicht genügen. Warum hat sich Gorbatschow Männer ausgewählt, denen auf der Stirn geschrieben stand, daß sie Schurken sind? fragt der Abgeordnete, das verstehe er nicht.

»Ich habe eben erst im Fernsehen gesagt, daß dies eine Lehre für mich gewesen ist. Ich sehe insbesondere ein, daß der Kongreß der Volksdeputierten recht hatte, als er den Vizepräsidenten Janajew im ersten Durchgang nicht wählte, sondern erst, als ich darauf bestand. Das ist mein Fehler, und nicht der einzige. Das

Präsident Gorbatschow zeigt auf der Pressekonferenz eines der heimlich
aufgenommenen, zu kleinen Päckchen zusammengerollten Videobänder.

sehe ich jetzt selbst und sage es Ihnen offen, weil es jetzt keine Grenze der Offenheit gibt. Ich habe besonders auf Jasow und Krjutschkow vertraut.«

Tatjana Mitkowa
[Eduard Schewardnadse, frühester Mitkämpfer Gorbatschows im Kampf um die Perestroika, dann als Außenminister zurückgetreten, steht auf der Terrasse des Weißen Hauses hinter Boris Jelzin.]

TM Die Leute rufen, Gorbatschow soll zurücktreten. Ist das richtig, sind Sie auch der Meinung?

ES Das ist im Augenblick eine sehr schwierige Frage. Vieles wird sich bei der Sitzung des Obersten Sowjet aufklären. Es hängt davon ab, wieweit Gorbatschow informiert war über diese Bedrohung, über diese Gefahr. Als ich ihn heute oder gestern traf, sprach er einen Satz aus, der mich sehr überraschte. Die Aufrührer hätten irgendwelche Boten zu ihm geschickt. Aber was für Boten? Worüber haben die mit ihm gesprochen? Wenn sie mit ihm über das gesprochen haben, was anschließend passiert ist, und wenn er geschwiegen hat, dann weiß ich wirklich nicht mehr weiter. Da ist noch sehr viel aufzuklären. Ich möchte hoffen, daß er es nicht gewußt hat.

TM Warum ist Gorbatschow nicht zur Kundgebung heute hier in Moskau gekommen?

ES Das ist ein Fehler von ihm. Vielleicht ist er nicht ganz gesund. Aber selbst ein kränkelnder Mensch hätte jetzt hierher kommen müssen. Ich denke, ein Präsident sollte immer bei seinem Volk sein, auch wenn es ihm schwerfällt. Selbst wenn sie ihn hier auspfiffen, er müßte kommen. Die Menschen hier vor dem russischen Parlament, die haben für das Land gekämpft, das ist das Volk.

TM Im Herbst haben Sie einen Staatsstreich vorausgesagt. Hat sich die Prophezeiung mit dem Putsch erfüllt? Haben Sie gerade dies vorausgesehen?

ES Das ist eine sehr ernste Lehre gewesen, aber eine sehr nützliche für die Demokratie. Wir dürfen jetzt nicht mehr solche Milde gegenüber diesen Elementen walten lassen. Alles steht uns ja noch bevor. Wir müssen bedenken, daß die Ressourcen des Landes gewaltig sind, doch die Ernte ist schlecht. Die Produktion steht still, die Inflation wächst. Ich befürchte gewaltige Schwierigkeiten für Herbst und Winter. Wir müssen jetzt die Kundgebungen und Demonstrationen beenden und mit konkreten Taten beginnen. Das Land, die Demokratie können nicht nur mit Worten gerettet werden, jetzt müssen Taten folgen.

TM Sind Sie auch der Meinung, daß Jelzin im Augenblick die stärkste Persönlichkeit ist?

ES Ja, der Meinung bin ich.

Gerd Ruge/live

Fritz Pleitgen Sie haben Boris Jelzin schon mehrfach begleitet. Offensichtlich wird dieser Mann jetzt als Weltstaatsmann entdeckt. Ist er plötzlich über Nacht so gereift, oder hat der Westen, haben wir ihn bislang völlig verkannt?

GR Na, erst mal würde ich ihn doch nicht als Weltstaatsmann entdecken, sondern als einen Staatsmann, der in der Sowjetunion enormes Ansehen gewonnen hat, und zwar in den letzten zwei Jahren. Als er uns zuerst auffiel, 1985, war er ein besonders kritischer und auf Reform drängender junger Kommunistenführer. Dann hat ihn die Partei rausgeschmissen, und er saß plötzlich allein im luftleeren Raum. Er ist damals fast zusammengebrochen und hat auch sehr viel getrunken. Manches Negative, was man im Westen von ihm erinnert, stammt aus der Zeit, bevor er Präsident wurde. Seit er Präsident ist, hat er ein ganz neues Gesicht, eine neue Autorität, und er hat auch keine Fehler mehr gemacht. Seitdem er Präsident ist, sind alle seine Entscheidungen richtig gewesen. Sie führten logisch und folgerichtig auf diesen Punkt hin, an dem er der Mann war, der die Entwicklung zur Demokratie verteidigen konnte. Wir haben ihn sicherlich zuerst unterschätzt, wohl auch ein bißchen zu lange, aber er selber ist eben auch noch gewachsen.

FP Hat er einen besonders guten Beraterstab um sich? Jetzt ist ja offensichtlich auch noch Jakowlew zu ihm gestoßen, oder woran liegt es, daß er so gereift ist?

GR Das eine war die persönliche Erfahrung und daß es ihm gelang, sich nach dem Sturz zu fangen. Das andere ist, daß er sich sehr gute Berater geholt hat. Jakowlew und andere Leute aus dem Kreis von Gorbatschow gehören eigentlich nicht zu seinen engeren Beratern, das sind so *elder statesmen*. Er hat einen größeren Kreis von jüngeren Leuten um sich, darunter Wirtschaftswissenschaftler, und einen Stab aus sehr gut organisierten Leuten. Hier sagt man natürlich, nun müssen wir hoffen, daß er auf sie auch hört. Denn es kann geschehen, daß Staatsmänner in Augenblicken großer Erfolge ein wenig schwerhörig werden, wenn ihre Ratgeber ihnen etwas anderes sagen, als sie selbst denken.

FP Er ist ja nun offensichtlich der Mann der Stunde. Wird er die nutzen, um sich auch gegenüber Gorbatschow noch mehr zu profilieren, um ihm noch mehr Zentralmacht abzunehmen?

GR Ich glaube nicht, daß er versuchen wird, Gorbatschow ganz in die Ecke zu drängen, aber es ist schon deutlich, daß der alte Republikenvertrag, so wie er am 20. August unterzeichnet werden sollte, von Rußland nicht mehr akzeptiert wird. Man will andere Bedingungen hineinschreiben, die Rußland sicherlich noch mehr Macht gegenüber der Zentrale geben. Dabei hat Jelzin natürlich die Unterstützung der Ukrainer oder des Präsidenten von Kasachstan. Es wird sicherlich noch darum gerungen werden, aber das ist, glaube ich, nicht ein reines Machtspiel zwischen den beiden. Die Schwierigkeit ist sicher die, daß Gorbatschow, obwohl er die Demokratie vorangetrieben hat, doch auch dem alten Denken und alten Vorstellungen verbunden ist – etwa der Idee, die Kommunistische Partei sei doch noch irgendwie reformierbar und könnte mit einem neuen Programm gesünder, wirklich fortschrittlich und ehrlich herauskommen. Jelzin glaubt das eben nicht mehr. Er hat Hammer und Sichel schon von der russischen Fahne entfernt. Gegenwärtig stehen Tausende von Menschen vor dem Zentralkomitee der Kommunistischen Partei im Herzen von Moskau, sie blockieren es, weil man fürchtet, daß Akten herausgeschafft werden. Da beginnt jetzt die Demontage der Kommunistischen Partei. Vor dem Geheimdiensthauptquartier, dem KGB-Gefängnis Lubjanka, wird das Denkmal von Felix Dserschinskij, dem Erfinder und Gründer der Tscheka, des sowjetischen Geheimdienstes, abgerissen. Die Kommunistische

Partei, glaube ich, ist seit langem politisch und moralisch viel tiefer zerstört, als Gorbatschow sich das vorstellen kann.

FP Glauben Sie, daß Gorbatschow mit seiner Darstellung des eigenen Verhaltens während des Putsches an Autorität wieder hinzugewonnen hat? Er war ja nicht besonders beliebt in den letzten Monaten. Wird er mit dieser Darstellung bei der sowjetischen und insbesondere der russischen Bevölkerung angekommen sein?

GR Ich glaube, er wirkte sehr ernst und auch überzeugend. Die Erschütterung war ihm anzumerken. Für Opfer, und Gorbatschow wäre da fast ein Opfer gewesen, haben die Russen immer sehr viel Verständnis. Was er sonst gesagt hat, schien mir nicht ganz so überzeugend, aber er hat inzwischen eine Fernsehansprache gehalten, in der er sehr viel härter über Maßnahmen gegen Regierungsbeamte spricht, die keinen Widerstand leisteten oder den Putschisten vielleicht sogar Sympathie schenkten. Er will keine Hexenjagd, aber sie sollen selber zurücktreten, sagt er. Ein paar sind schon ersetzt, darunter zwei amtierende neue Minister, die Gorbatschow erst gestern ernannte: der Verteidigungsminister, Generalstabschef Moissejew, und der für Inneres. Wer in Zukunft Minister wird, wird nicht nur im Parlament beschlossen, sondern muß auch mit Jelzin besprochen werden und mit den Präsidenten der anderen Republiken. Da haben sich die Gewichte verschoben.

FP Vorhin habe ich in der Pressekonferenz von Gorbatschow gehört, er könne es gar nicht glauben, daß sein alter Freund, der Parlamentspräsident Lukjanow, ein Drahtzieher des Putsches gewesen sei. Wirkt er da nicht ein bißchen sehr naiv, nachdem doch Boris Jelzin heute so entschieden aufgetreten war?

GR Das wird für ihn sehr schwierig werden. Lukjanow wird nicht mehr Parlamentspräsident sein, selbst wenn man ihn nicht unter Verfolgung stellt. Gorbatschow hat ja auch von dem stellvertretenden Generalsekretär der Partei, Iwaschko, und dem Politbüro-Mitglied Dsassochow gesagt, daß sie sich relativ anständig verhalten haben. Dabei hat die Partei keinen Finger für ihn gerührt. Man muß sich vorstellen, ihr Generalsekretär wird verhaftet, und die Kommunistische Partei kann sich drei Tage lang nicht entschließen, irgend etwas dazu zu sagen. Und diese Partei hält

Gorbatschow nun für leicht reformierbar. Das sind Schwierigkeiten in seinem Denken, in seiner Vorstellungswelt, die er noch nicht überwunden hat.

FP Könnte es dem KGB so ergehen, wie es der Stasi in der DDR ergangen ist? Daß er mit Schimpf und Schande ...

GR Der KGB möchte das natürlich verhindern und vermeiden. Er gibt sich auch gern eine neue Rolle als Bekämpfer des organisierten Verbrechens und hat in den letzten Tagen gerade auf diesem Gebiet zugeschlagen, indem er auf ziemlich wilde Weise viele Händler und Zwischenhändler verhaftete. Das Kollegium des KGB, also die führenden Männer, haben schon erklärt, alle Mitarbeiter des KGB seien tief erschüttert darüber, daß ihre Ehre durch den Vorsitzenden Krjutschkow beschmutzt sei, der sich den Verschwörern angeschlossen hatte. Der KGB möchte sozusagen unter neuem Vorzeichen weitermachen. Das wird ihm, glaube ich, nicht gelingen, weil sich die Leute das nicht gefallen lassen wollen.

FP Gorbatschow setzt ja offensichtlich weiter darauf, daß es Reformkräfte in der KP gibt. Nun muß er sich ja, wenn es zu dem Unionsvertrag kommt, einer Wahl stellen. Hat er überhaupt Chancen, wenn er als Kandidat der KPdSU antritt?

GR Nein, das glaube ich nicht, zumindest im Augenblick nicht. Aber vielleicht will er das ja gar nicht, vielleicht setzt er wieder auf eine Zwischenlösung und macht wieder seine Art Kompromisse. Er will die Kommunistische Partei nicht auflösen. Wenn ihre Mitglieder aber wirklich Demokraten sind, wie er sagt, dann könnten sie in andere Parteien gehen – warum sollen Sie in einer leninistischen bleiben? Gorbatschow denkt eben vielleicht wieder in seinen alten Vorstellungen. Die Videokassette, die er heimlich aufgenommen hat, als er auf der Krim war, ist ja auch ein erschütterndes Bekenntnis all seiner Fehler. Man merkt, wie tief erschüttert seine Vorstellungswelt in diesem Augenblick war, aber vielleicht setzt sie sich jetzt wieder in alten Bildern zusammen, so, wie es Jakowlew befürchtet.

FP Ich habe noch eine Frage. Sie haben vor wenigen Tagen ein aufsehenerregendes Interview gemacht mit einem Vertreter des ZK namens Blinow, der mir in Erinnerung ist als ein Mitarbeiter von Falin, dem ehemaligen Sowjetbotschafter in der Bundesrepublik Deutschland. Was ist mit Falin? Welche Rolle hat er gespielt? Ist er völlig abgetaucht? Gehört er zu den Reformern, gehört er zu den Konservativen, die den Putsch unterstützt haben?

GR Man kann nicht sagen, daß er den Putsch unterstützt hat, dafür haben wir keine Anzeichen. Daß er nicht zu den Reformern gehörte, die die Kommunistische Partei tiefgehend reformieren wollten und die wirklich Perestroika wollten, scheint mir ziemlich sicher. Er war doch eher ein Konservativer, jedenfalls in der Außenpolitik, die ihm gefährlich schien, als die Vereinigung Deutschlands kam. Falin ist – wenn sie so wollen – abgetaucht. Wir haben versucht, ihn zu erreichen, und hörten, daß er am Morgen des Putsches nach einer kurzen Sitzung des ZK-Sekretariats auf seine Datscha gefahren und zu Stellungnahmen nicht zu haben sei. Seitdem haben wir nichts mehr von ihm gehört. Der Mann, der zu uns kam, war Herr Blinow, der Deutschlandexperte in Falins Abteilung, und der hat sich ja einerseits vorsichtig ausgedrückt, sich aber letztlich doch im Sinne des Putsches aus dem Fenster gehängt.

Thomas Roth

Am russischen Parlament. Jeder Moskauer kennt es, jetzt sowieso, das Bollwerk des Widerstands, der Freude, heute aber auch der Platz der Trauer. Ein paar junge Leute haben für die drei Opfer des Putsches eine Gedenkstätte eingerichtet. Schweigen, Bedrückung und Anteilnahme. »Sie sind zwar nicht hier an genau dieser Stelle gestorben, aber sie sind trotzdem hier bei uns allen.« Das hat einer hingeschrieben. Sie geben Blumen, später Zigaretten, Brot, Salz und Wodka – so ist es russische Tradition, um die Toten zu ehren. Ein paar Jugendliche, erfahre ich, haben die Gedenkstätte ganz spontan eingerichtet. Sie waren in jener Nacht hier, als alle fürchteten, daß die Armee kommt und ein Massaker anrichtet. Für sie war es eine Begegnung mit dem möglichen Tod. Jetzt prägt diese Begegnung ihr Leben. Sie wollen hier an der Gedenkstätte ausharren, bis die Putschisten bestraft sind.

Ich entschuldige mich, als ich einen der Jugendlichen frage, wie ihm im Augenblick zumute ist: »Wenn Sie das wissen wollen, ich

Kerzen, Blumen und
Gedichte für die Opfer des
Putsches.

hab's da hingeschrieben, wie ich mich fühle. Ich bin traurig, so
geht es mir, und ich bleibe hier, bis die Täter bestraft sind.« Auf
Nachfrage sagt er aber auch, daß es ein Triumph der Demokratie
sei. Zwischen den Blumen der provisorischen Gedenkstätte hat
irgend jemand Gedichte hingelegt. Gedichte über den Kampf gegen die Putschisten:

»Die Handschrift der Panzerkette mit weißer Kreide / auf dem
Asphalt wie auf einer Schiefertafel. / Sie hielten die Panzer auf
mit dem Körper, / die schwarze Bitternis auf der Wange. / Ich
trinke den Wodka bis zur Neige im Gedenken an sie, / die in die
Nacht entschwunden sind.«

Daneben ein großes Blatt mit liebevoll ausgemalten kyrilli-
schen Buchstaben: »Wenn du irgendwo in dir einen Platz für sie
hast, / wenn du gehst, aber dabei stets noch einmal zu ihnen zu-
rückschaust, / dann werden sie nie mehr von uns gehen. / Sie haben etwas hiergelassen bei uns, / nimm es und laß es nie mehr los.
/ Und wenn die Menschheit einmal alle Kriege zu Wahnsinn erklärt, / wenn das so sein wird, / dann nimm dir einen Augenblick
Zeit / und umarme diese sanften Helden der Freiheit.«

Um die Gedenkstätte herum sieht es aus wie auf einem Schlachtfeld. »Wie nach einem Krieg« oder, so sagen manche, »wie nach einer wirklichen, diesmal tatsächlich einer wirklich demokratischen Revolution«. Ein paar Meter weiter singen andere Jugendliche ein Lied auf den Widerstand gegen die Putschisten. Sie haben es selbst geschrieben. Im Refrain heißt es:»Abgeordnete des russischen Parlaments, stoßt an mit uns, wir haben das Parlament nicht dem Feind überlassen!«

Ich versuche, aus dem Stadtzentrum herauszufahren. Der Verkehr ist halbwegs normal, sagt Schenja, mein Kameramann, der Moskau kennt wie seine Westentasche.

Auf dem Puschkin-Platz präsentiert sich gerade der neueste Verkaufsschlager: Man kann sich mit einer Polaroidkamera vor einer Pappfigur, die wie Michail Gorbatschow aussieht, fotografieren lassen. Viele Russen würden sich inzwischen natürlich lieber neben Jelzin stellen. Deshalb frage ich den Fotografen, wie das Geschäft so läuft. Jetzt, nach dem Putsch, und mit diesem Gorbatschow aus Pappe:»Erstens bin ich froh, daß alles vorbei ist, und zweitens bin ich sicher, daß der Andrang im Laufe des Tages größer wird, Gorbi ist immer noch populär«, behauptet der Fotograf. Aber wenn er statt Gorbi einen Jelzin aus Pappe hätte, wäre ihm das vermutlich lieber.

Im Park tritt eine Gruppe amerikanischer Christen auf. Sie singen vom neuen Leben. Ihr Lied bekommt am heutigen Tag plötzlich in Moskau einen sehr weltlichen, ja sogar einen politischen Sinn. Moskau, so ist immer mehr mein Gefühl, Moskau erwacht aus einer tiefen Depression. Alles scheint wieder normal, auch die zweihundert Meter lange Schlange vor jenem sehr beliebten Geschäft, bei dem es für sechs Rubel die eßbaren Dinger mit dem deutschen Namen gibt, die sogar in Moskau gelegentlich für normale Leute, die normale Bevölkerung, bezahlbar sind. Viele sehen in McDonalds ein Symbol erstrebenswerter westlicher Kultur. Die »Hamburger« sind äußerst beliebt. Doch wir stoßen vor dem McDonalds-Gebäude ziemlich schnell auf westliche Geschäftstüchtigkeit, gepaart mit charmanter Grobheit: Personal von McDonalds und ein Milizposten vertreiben uns von der Tür. Gedreht werden dürfe hier nicht, und die Straße samt Gehweg gehöre ebenfalls der Firma, das sei eben so. Verärgert steige ich ins Auto, es scheint sich wirklich alles zu normalisieren. Wir fahren zum Gorkij-Park. Viele Moskauer kommen vor allem am Wochenende hierher. Am Eingang stehen Mickymausfiguren und Palmen aus Plastik, vor denen sich die Kinder fotografieren lassen können, wenn die Eltern es bezahlen. Gorkij-Park, er wird in Liedern besungen, er ist fast schon eine Art Mythos, doch er ist eigentlich ein ganz normaler Erholungspark wie sonstwo auf der Welt, nur ohne Elektronik, ohne Videos. Ich persönlich vermisse das nicht. Statt dessen gibt es Pferde zum Reiten, Kinder fühlen sich hier vermutlich so gut oder so schlecht wie anderswo auf der Welt eben auch.

Ob sie, die Bonbonverkäuferin, irgendwas von dem Putsch gesehen oder bemerkt hätte? »Nein, eigentlich nicht«, antwortet sie. »Ich habe alles nur aus dem Radio gehört. Mal fuhr ein Panzer vorbei, das war aber eigentlich alles. Und jetzt fühl ich mich ziemlich erleichtert. Doch, stimmt.« Dann fällt ihr ein, daß sie doch zwei Panzer gesehen hatte. Wie gesagt, sie sei erleichtert. Nach außen scheint auch hier wieder alles normal. Doch erst wenn die Angst auch bei den Kindern im Gorkij-Park verschwunden ist, dann ist wirklich alles wieder normal.

Fernseherklärung Gorbatschows auf der Krim kurz vor seinem Abflug nach Moskau in der Nacht zum 22. August

Das Wichtigste: Die ganze Saat, die wir nach 1985 gesät haben, ist bereits aufgegangen, real aufgegangen. Die Gesellschaft, unsere Menschen, sind anders geworden, und dies war das größte Hindernis, das diesem Abenteuer im Wege stand. [...] Die Gesellschaft muß wissen, die ganze Welt muß wissen, was hier zusammengebraut werden sollte und was man mit mir tun wollte und was man von mir wissen wollte und was sie von mir nicht bekommen haben, ich werde noch darüber reden, morgen, spätestens übermorgen. Ich werde eine geeignete Konferenz zusammenrufen. [...] Dieses Häuflein wollte die Menschen veranlassen, einen Weg zu beschreiten, der unsere ganze Gesellschaft in die Katastrophe geführt hätte. Das ist aber mißlungen, und das ist der größte Sieg der Perestroika. Das, was man mit dem Präsidenten zu tun versuchte in diesen Tagen, mit seiner Familie, als man im Laufe von 72 Stunden den Präsidenten mit Heerestruppen und Marinetruppen umzingelte, und man den Präsidenten brechen wollte, das alles ist mißlungen. Ich möchte meinen Dank allen sowjetischen Menschen aussprechen für ihre prinzipienfeste Haltung, besonders den Bürgern Rußlands, dem russischen Präsidenten Boris Jelzin, dem Obersten Sowjet der russischen Föderation, allen Abgeordneten, allen Arbeitskollektiven, die diesen Abenteurern entschieden Paroli boten. Darauf können wir wirklich stolz sein. Wir haben viele Probleme, wir kennen sie. Diese Probleme bereiten uns Sorge, ich habe mich damit beschäftigt, als ich im Begriff war, auf Urlaub zu gehen. Im Laufe meines ganzen Urlaubs habe ich an der Lösung dieser Probleme gearbeitet, die Probleme der Lebensmittel, der Energie und des Brennstoffs, die ganze Frage unseres Rubels, die Lage auf dem Markt, das, was mit unseren Menschen morgen geschehen wird. Wir müssen all diese Probleme lösen. Aber: Diese Menschen haben die Schwierigkeiten ausgeschlachtet, die Schwierigkeiten der Übergangsperiode, der äußerst schwierigen, spannungsvollen gesellschaftlichen Lage. Diese Leute haben beschlossen, unter dem Druck dieser Schwierigkeiten ihre radikalen Pläne zu verwirklichen und unsere Gesellschaft ins Unglück zu stoßen. Es war ein Abenteuer. Ich habe es zurückgewiesen, als man einen Boten zu mir geschickt hat mit dem Vorschlag, dieses Abenteuer zu unterstützen. Ich habe gesagt, es wird sie alle und unser Land ins Verderben stürzen. Ich war entschieden dagegen. Ich forderte eine sofortige Einberufung des Parteitags oder des Obersten Sowjet. Über die Einzelheiten all dieser Ereignisse dieser Tage werde ich noch berichten. Der Präsident des Landes war abgeriegelt, isoliert vom Volk, vom Land, von der ganzen Welt, und er mußte verteidigen, alles verteidigen. Das Ziel war, den Präsidenten moralisch zu brechen, ihn zu brechen, auf seine Familie Druck auszuüben. Aber das ist mißlungen. Es mißlang vor allen Dingen, weil ich sicher war, daß es mißlingen mußte. Die Einzelheiten werde ich später erzählen.

Die von TASS am 22. August verbreitete Erklärung des Präsidenten der UdSSR

Michail Sergejewitsch Gorbatschow gab eine Erklärung für Fernsehen und Radio des Landes ab. Er unterstrich, daß er die Situation unter Kontrolle habe und daß die Verbindung mit dem Land, die infolge der abenteuerlichen Handlung einer Gruppe von Funktionsträgern unterbrochen worden war, wieder hergestellt sei. In den nächsten Tagen wird der Präsident seine Amtsgeschäfte in vollem Maße wieder aufnehmen. [...] M. S. Gorbatschow gab dem Chef des Generalstabs des Verteidigungsministeriums der UdSSR, Moissejew, die Anweisung, alle Streitkräfte an ihre Standorte zurückzuführen, und fortan nur den Anweisungen des Präsidenten der UdSSR Folge zu leisten. Am 21. August sprach M. S. Gorbatschow telefonisch mit dem US-Präsidenten Bush. [...] Die Präsidenten vereinbarten, in ständigem Kontakt zu bleiben und die Zusammenarbeit auf allen Ebenen und auf der Grundlage der erzielten Vereinbarungen fortzusetzen.

Jelzin am 22. August vor der »Versammlung der Sieger« am Weißen Haus

Liebe Landsleute!

In der vergangenen Nacht hat ein außerordentlich wichtiges Ereignis stattgefunden. Um 22 Uhr ist die Tätigkeit des ungesetzlichen Notstandskomitees eingestellt worden. [Die Menge ruft: »Hurra, Hurra.«]

Die Gruppe von Abenteurern ist verhaftet worden. Der Versuch, die Entwicklung unseres Landes einschneidend zu verändern, der Versuch, sich durch Gewalt und Willkür zu behaupten, ist gescheitert. Am dritten Tag ist der gegen Volk und Verfassung gerichtete Aufstand niedergeschlagen worden. In der kurzen Zeit der Existenz dieser »Diktatur der Acht« wurde überaus deutlich, was auf das Land und seine Bürger zugekommen wäre, wenn die Putschisten einen Sieg und damit die Macht errungen hätten. Von der ersten Minute des Putsches an war klar, daß grobe Gewalt das einzige Mittel der Putschisten war, sich zu behaupten [. . .]. Wieder wurden Soldaten aus den Kasernen herausgeholt, um mit Gewalt den friedlichen Bürger zu unterdrücken. Und wieder wurde das Land an den Rand des Bürgerkriegs geführt. Das Leben von Abertausenden von Menschen war bedroht. [. . .]

Die Hauptschläge der Verschwörer wurden gegen Moskau, gegen Leningrad, gegen das Baltikum geführt. Aber, wenn ich mich nicht täusche, war das Hauptziel der Putschisten Rußland, wegen der Haltung Rußlands zur Demokratie und zu den Reformen. Nach Moskau wurden Hunderte von Panzern und Truppenteilen entsandt. Das russische Parlamentsgebäude wurde umstellt mit dem Ziel, die Arbeit dort zu unterbinden und die Führung und den Präsidenten Rußlands zu verhaften. Wir aber wichen nicht von diesem Platz, der am 19., am 20. und am 21. der gefährdetste Platz in der Hauptstadt war. Viele Tausende von Moskauern bewiesen in diesen Tagen Unbeirrbarkeit, Hartnäckigkeit, Bürgerbewußtsein und Heroismus. Und ihnen bin ich im Namen der rus-

sischen Führung dankbar. Danke! Eure Waffe war der ungeheure
Wille, die Ideale von Freiheit, Demokratie und Menschenwürde
zu verteidigen. [Beifall brandet auf.] Dank dem Generalmajor
Jewdokimow, dem Kommandanten der Tamanskaja-Division,
der sich zusammen mit seinen Untergebenen weigerte, das frei
gewählte russische Parlament den Putschisten auszuliefern. Großer Dank allen Soldaten, den Angehörigen der Ordnungskräfte,
allen Sicherheitskräften und allen wahren Patrioten Rußlands,
die in diesen entscheidenden Stunden zu Hilfe kamen. [Beifall]
Auch die Rolle der Bevölkerung in vielen Städten Rußlands und
in vielen Dörfern beim Widerstand gegen die Aufrührer darf
nicht unterschätzt werden, darunter vor allem aber Moskau und
Leningrad..., die Bergarbeiter, die Kirche... [Beifall] Unsere
gemeinsamen Anstrengungen wurden von Erfolg gekrönt mit
dem entscheidenden Sieg über die Kräfte der Reaktion. Alle ungesetzlichen und verfassungswidrigen Handlungen des Notstandskomitees wurden durch den neostalinistischen Kern der
Führung der KPdSU für gut geheißen. Man darf die Tätigkeit der
KP Rußlands nicht als gesetzlich ansehen, da sie bislang noch gar
nicht registriert ist. Aus der Fülle schon jetzt bekannter Tatsa-
chen ist es zulässig zu behaupten, daß Lukjanow der Chefideologe dieses Putsches war. [Rufe: »Vor Gericht, vor Gericht.«]
Dies hat abermals auf die gewöhnlichen Parteimitglieder Schatten
geworfen, die, davon bin ich überzeugt, nicht die Verantwortung
für solche Taten tragen sollten. Zugleich wird jedoch deutlich,
daß acht Leute allein nicht eine Stunde lang einen Putsch hätten
aufrechterhalten können. Vielmehr hielten sich die Putschisten,
weil sie sich der parteidurchsetzten Staatsstruktur bedienen
konnten. Im Zentrum und in den lokalen Apparaten. Sie kontrollierten ebenfalls die Verbreitung der Informationen darüber, was
im Lande vorging. Sie bedienten sich einfach ihrer Leute in den
Massenmedien. Es zeigte sich mit aller Deutlichkeit, daß der Prozeß der Departisierung aller Staatsorgane [Auflösung von Parteiorganisationen in Behörden, Betrieben und Armee] unumgäng-
lich ist. [Beifall] Es wird noch einige Zeit brauchen, bis wir ein
vollständiges Bild der Vorgänge haben, Journalisten und Parlamentarier werden dem nachgehen. Aber das genügt nicht. Es ist
ein schwerwiegendes Staatsverbrechen begangen worden, und

die Verbrecher und Volksverräter müssen vor Gericht gestellt werden. Der Generalstaatsanwalt hat Strafantrag gestellt. [»Bravo, Bravo.«] Um einer höheren Gerechtigkeit willen, auf daß sich niemals mehr so etwas in unserem Land wiederholt. [...] Die demokratischen Prozesse im Lande sind unumkehrbar geworden. Sie stellen sich demjenigen in den Weg, der sie zurück-zudrehen versucht. Das ist eine Lehre für uns alle, besonders eine Lehre für den Präsidenten des Landes, Gorbatschow. [Beifall] Wieder zeigte sich die Größe unseres Volkes. [...]

Die Erfahrungen dieser Tage zeigen, daß Rußland ohne seine eigene Nationalgarde schutzlos ist. Der Vizepräsident Alexander Wladimirowitsch Rutzkoj ist schon beauftragt, sich dieser Frage zuzuwenden. Wir sind heute aufmerksamer gegenüber der Frage, wie sich die Unabhängigkeit Rußlands auch ökonomisch absichern läßt. [...]

Gestern ist der Erlaß unterschrieben worden, der alle auf russischem Gebiet befindlichen Betriebe unter die russische Jurisdiktion stellt. Ebenso haben die Putschtage gezeigt, daß die Massenmedien, so wie sie bislang verfaßt sind, eine Achillesferse für die Demokratie darstellen. In allerkürzester Frist müssen wir Maßnahmen treffen, die die Arbeit der Massenmedien auf dem Gebiet der Republik sichern und garantieren. [...] Es wird die unverzügliche Umgestaltung der Machtorgane auf Unionsebene gefordert. Sie sollen umstrukturiert werden, um fortan jeden Versuch der Machtusurpation auszuschließen. Weitere Fragen betreffen eine Reihe von Parteien, die Massenmedien und Machtorgane während des Putsches. Man kann die ungesetzlichen Handlungen nicht durchgehen und verfassungsfeindliche Tätigkeiten nicht ungestraft lassen, ungeachtet dessen, wer sie begangen hat. Gestern hat mich der Oberste Sowjet Rußlands beauftragt, Personalentscheidungen in bezug auf jene Regionen Rußlands zu treffen, in denen örtliche Machthaber das Notstandskomitee unterstützten. [Beifall] Auch früher schon haben diese Leute einen kalten Krieg gegen die russische Regierung geführt. Jetzt sollen sie von ihren Posten gehen. Ein Ukas, der sie ihrer Posten enthebt, ist heute nacht unterschrieben worden. [Beifall]

Verehrte Mitbürger,

die Lage im Land normalisiert sich. Die schändlichen Tage der

Putschisten in hohen Ämtern sind vorüber. Aber dafür haben wir einen zu hohen Preis gezahlt. Auf immer sind menschliche Leben verloren, die Leben jener, die während des Putsches umgekommen sind. Die Volkswirtschaft hat schweren Schaden genommen. Dennoch bleibt es das Wichtigste, daß der Putsch niedergeschlagen wurde. Das Land erhebt sich aus der selbstverschuldeten Krise, und die Kräfte, die diese Krise organisiert haben, sind von der Geschichte verurteilt worden. Und dies vor allem deswegen, weil das Volk seine Wahl bereits getroffen hat und hiervon nicht mehr abzuweichen bereit ist. Das Volk hat sich von jener Angst befreit, die ihm noch bis vor wenigen Jahren in den Knochen saß. Ich rufe alle Mitbürger dazu auf, im Namen der nationalen Einheit an die Aufbauarbeit zu gehen, die auf die Wiederherstellung und Gesundung Rußlands gerichtet ist – für den Sieg der Demokratie über die Reaktion und, wie es in Rußland zum Schluß immer heißt: Hurra. [Hurra-Rufe, langer Beifall, »Jelzin, Jelzin, Jelzin«]

Ansprache Alexander Jakowlews
am 22. August vor dem Weißen Haus

Liebe Genossen,

früh am Morgen des 19. August sagte ich, daß eine bolschewistische Konterrevolution durchgeführt werde, und heute kann ich mit Ihnen gemeinsam voller Stolz sagen, die Volksrevolution ist vollbracht, die wahre Revolution ist vollbracht. Endlich, endlich siegte heute die Demokratie, siegte die Freiheit. 1985 begann die Perestroika, begannen die Veränderungen, aber zum gleichen Zeitpunkt begann auch die schleichende Konterrevolution, die schließlich in die offene Konterrevolution mündete. Weder in Rußland noch im ganzen Lande wird sich das wiederholen. Aber wir alle müssen sehr wachsam sein. Ich persönlich verspürte Ekel, als ich die Personen im Fernsehen sah, die gestern den Präsidenten auf dem Flughafen empfingen. Wir müssen diejenigen in Erinnerung behalten, die diese Konterrevolution ideologisch untermauert haben durch ihre Appelle ans Volk, durch ihre Artikel und durch ihre Sendungen. Wir rufen nicht zur Rache auf, wir sind nicht rachsüchtig. Die Demokratie ist nicht rachsüchtig. Sie darf aber nie vergessen, wer in diesen Tagen welchen Standpunkt vertrat. Ich bin ganz der Meinung von Präsident Jelzin, daß wir heute auf einmal sehr viele Helden erblicken – sehr viele Helden, die wir gestern nicht gesehen haben, und die gleichen Menschen können versuchen, allmählich wieder heimtückisch, treuebrüchig und niederträchtig die Demokratie und die Freiheit in unserem Lande zu untergraben. Deshalb müssen wir jetzt unsere Wachsamkeit verdoppeln. Ich rufe Sie alle dazu auf. Generäle, viele Generäle, hunderte Generäle müssen heute abtreten. Alle Aktivitäten des KGB, die gegen das Volk gerichtet sind, müssen eingestellt werden. Unsere Massenmedien müssen tatsächlich dem Volk gehören. Sie müssen zum Sprachrohr der Volksfreiheit und des Freiheitsstrebens unseres Volkes werden. Ganz aufrichtig beglückwünsche ich Sie alle noch einmal und wünsche jedem von Ihnen Ruhe, Wohlstand, Familienglück und persönliches Glück. Vielen Dank.

Eduard Schewardnadse
im Moskauer Stadtsowjet
am späten Abend des 22. August:

Ich glaube, daß Michail Gorbatschow, sehr gelinde gesagt, Schlampereien durchgehen ließ. Wieso wußte er das nicht? Für mich ergeben sich sehr viele Fragen. Während der Pressekonferenz sprach er von irgendwelchen Boten, die zu ihm geschickt wurden, was für Boten waren das eigentlich, worüber haben sie sich mit ihm unterhalten? Er sprach von der Notwendigkeit von Sitzungen des Volksdeputiertenkongresses oder des Obersten Sowjet. Na gut, aber warum, aus welchem Grunde? Wurde ihm etwas über den Staatsstreich gesagt oder über den Notstand? Ja, es wurde ihm etwas über den Notstand erzählt. Warum hat er dann nicht sofort ein Flugzeug bestellt und ist nach Moskau geflogen? Außerdem – er hätte überhaupt lieber nicht auf Urlaub gehen sollen. Er durfte nicht in Urlaub gehen. Die Situation war ja tatsächlich explosiv. Am 18. hat er nicht von ungefähr den Schluß gezogen, daß ein Rechtsputsch eine reale Gefahr darstelle. Also war er in der Lage, diesen Schluß zu ziehen.

23. August

Thomas Roth

Gestern, später Vormittag. Die beiden Panzergardedivisionen, die zu Jelzin übergelaufen waren, ziehen aus Moskau ab. Von den Moskauern wurden sie in den letzten beiden Tagen gefeiert als demokratischer Kern einer neu zu bildenden Nationalgarde der Republik Rußland. Das Vorbild dieser beiden Gardedivisionen sei ein Beispiel dafür, daß der Keim der Demokratie doch in der Armee aufgegangen sei, deren Tradition in der Tat alles andere als demokratisch ist. Vor ein paar Monaten präsentierte sich die Rote Armee zum 73. Jahrestag ihrer Gründung als geschlossene Macht auf dem Roten Platz. Sie sei da, sagten die Generäle, um die in ihren Augen entstehende Anarchie, das beginnende Chaos zu bekämpfen. Gorbatschow, so weiß man jetzt, hat diese Warnung nicht ernst genug genommen. Hintergrund ist natürlich, daß die Mitglieder der Armee, vor allem die Führung, ihre Stellung gefährdet sahen. Die von Gorbatschow forcierten Abrüstungsverhandlungen, die Vernichtung ganzer Waffengenerationen – für die höheren Offiziere war es nur noch eine Frage der Zeit, es ging auch um ihre persönliche Karriere und damit um persönliche Privilegien. Also ließen einige von ihnen dann in diesem allerdings höchst dilettantischen und letztlich doch unentschlossenen Versuch die Panzer aufmarschieren. Damit lösten sie den eigentlichen Durchbruch aus, denn im Widerstand gegen die Panzer auf dem Roten Platz im Zentrum Moskaus wurde die Bevölkerung aus ihrer Lethargie gerissen.

Hans-Josef Dreckmann

Als Gorbatschow gestern nach Moskau zurückkehrte, da klatschte sein Außenminister Bessmertnych noch zögernd Beifall. Heute trat er zurück. In Moskau hat das Großreinemachen begonnen. So hatte es schon symbolhafte Bedeutung, als vergangene Nacht unter dem Jubel der Bevölkerung der Gründer der

Tscheka, Felix Dserschinskij – genannt der Eiserne Felix – von seinem Sockel geholt wurde. Und die Menge läßt Boris Jelzin hochleben. Denn er, nicht Gorbatschow, ist es, der sich darangemacht hat, aufzuräumen. Er hat heute den früheren sowjetischen Innenminister Bakatin, einen Reformer, den Gorbatschow unter dem Druck der Rechten entließ, zum neuen KGB-Chef ernannt – sicher, damit er aufräumt, denn der KGB war tief in den Putschversuch verwickelt. Und Jelzin war es, der heute alle politischen Organe in der Armee auf russischem Boden verbot, und er war es, der heute die KP-Zeitung *Prawda* und fünf andere kommunistische Zeitungen in Rußland verboten hat. Die Bevölkerung dankt es ihm. Auf dem leeren Sockel des Eisernen Felix schwenkten heute Nacht begeisterte Jugendliche die russische Fahne.

Thomas Roth
Moskau heute mittag. Die Fahne Rußlands weht über dem Kreml und dem Roten Platz, dort, wo vorher die rote Fahne mit Hammer und Sichel flatterte, ein nun wirklich nicht mehr zu übersehendes Zeichen dafür, daß es mit dem kommunistischen System rasch zu Ende gehen dürfte. Politisch erst jetzt, wirtschaftlich war es schon lange am Ende. Im schönsten staatlichen Kaufhaus gegenüber vom Kreml, im GUM, gab es nie auch nur annähernd so viel Ware und eine solche Warenvielfalt wie in westlichen Ländern. Doch die Stimmung bei den Kunden an einem Tag wie heute ist trotzdem nicht schlecht. Viele glauben an einen neuen Aufbruch. »Die ökonomische Situation ist gar nicht so wichtig, wichtig ist, daß wir jetzt begreifen, daß es an uns selbst liegt. Wenn wir arbeiten, klappt es, wenn wir hart arbeiten, wird es klappen, und sonst klappt es eben nicht«, sagt ein Verkäufer. In den staatlichen Lebensmittelgeschäften – und vor allem dort kaufen die normalen Moskauer ein – gibt es mal mehr und mal weniger, meistens weniger. Und doch, zumindest die Grundnahrungsmittel sind vorhanden. »Ich weiß nicht, was werden wird«, sagt eine Frau. »Hoffentlich wird's besser.«

Fleisch gibt es auf den staatlich organisierten Märkten immer und zum Teil in guter Qualität. Das liegt daran, daß hier private Kleinunternehmer verkaufen dürfen, aber das macht die Ware er-

Unter dem Jubel der Bevölkerung
ziehen die Panzer aus Moskau ab.

Wadim Bakatin wird wieder Innenminister. Gorbatschow unterstellt
ihm den KGB.

heblich teurer. Ein Kilo Schweinefleisch kostet 50 Rubel, ein Viertel des Durchschnittsgehalts. Ein Glas Honig gibt es für 60 Rubel, das ist für viele schon ein unerreichbarer Luxus. Trotzdem, das weiß dieser Händler, wird es keinen anderen Weg als den der Privatisierung geben. Seine Kunden wissen das auch. Sie kaufen hier bei ihm, denn nur hier gibt es jene Waren, die im staatlichen Geschäft höchstens gelegentlich zu sehen sind. Nein, der Honigverkäufer ist im Grunde zufrieden, und er ist überzeugt davon, daß es besser wird. Jetzt, wo die Putschisten verloren haben, wird es schon klappen, meint er.

Heute mittag, das Kaufhaus Moskwitschka, »Die Moskauerin«, ebenfalls in der Innenstadt. Staatlich organisiert, mit durchschnittlicher, erschwinglicher Ware. Hierher kann jeder gehen und einkaufen. Hier hat man sich sogar etwas Mühe gegeben, die Ware auch halbwegs ansprechend zu präsentieren. »Ja, ich habe Hoffnung, daß es jetzt wirklich aufwärts geht. Daß sich die Dinge wirklich verändern und daß es uns hier so gut geht wie den anderen Menschen in anderen Ländern drüben im Westen«, sagt eine junge Frau. Heute mittag war diese Hoffnung überall zu spüren. Bei manchen aber merkt man jetzt die Angst vor Enttäuschung.

Thomas Roth
Gorbatschow und hinter ihm Boris Jelzin, das war der Auftakt zu einer hoch spannenden Sitzung des russischen Parlaments. Sie zeigte die gewaltige Verschiebung der politischen Kräfte, die sich inzwischen in der Sowjetunion abzeichnet.

Der spürbar angeschlagene Präsident Michail Gorbatschow bedankte sich gleich zu Beginn der Sitzung bei Boris Jelzin für den Widerstand gegen die Putschisten. Das habe ihn gerettet, doch jetzt ist klar, daß Gorbatschows Kampf um sein politisches Überleben damit nur noch dramatischer wird. Der Beifall des Parlaments gilt immer Jelzin, der nach dem Sieg über das Putschkomitee politisch stärker ist als je zuvor, anders als Gorbatschow. Gorbatschow entläßt zwar seine gesamte Regierung wegen fehlenden Widerstands oder wegen Beteiligung am Putschkomitee, und er erhält diesmal dafür Beifall, aber er sagt, diese Maßnahme habe er mit Jelzin vorher abgesprochen, und damit wird klar, wer

inzwischen die Fäden in der Hand hält – nicht mehr Gorbatschow. Das zeigt sich in einer Szene, wie sie sich im Parlament
der Republik Rußland so noch nie abgespielt hat. Vor vielen Millionen Fernsehzuschauern wird der Staatschef der Sowjetunion
von Boris Jelzin gezwungen, laut Dokumente zu verlesen, die
Licht in das Dunkel um den Putsch und die Verschwörer bringen.

»Sie lesen das jetzt!« sagt Jelzin, und es gefällt den Abgeordneten, daß ihr Mann inzwischen der Stärkere ist. Aber damit noch
nicht genug. Gorbatschow, dem es wegen dieser Vorgänge regelrecht die Sprache verschlägt, muß sich anhören, wie Jelzin sagt:
»Zur Entspannung unterzeichne ich jetzt einen Erlaß über die
Einstellung aller Aktivitäten der Russischen Kommunistischen
Partei.« Eine Maßnahme, die Gorbatschow besonders hart trifft,
denn er hielt die Kommunistische Partei noch immer für reform-
fähig. Wenn sie freilich nicht mehr auf dem Gebiet der Republik
Rußland aktiv sein kann, und damit im weitaus größten Teil der
Sowjetunion, dann ist sie politisch so gut wie tot. Es war nichts
weniger als eine politische Hinrichtung, die sich heute nachmittag
im russischen Parlament abgespielt hat, und damit prägen in Zukunft vor allem Jelzin und die Republik Rußland den Kurs der
Sowjetunion. Sie werden die Bedingungen stellen für einen
neuen Unionsvertrag, und Gorbatschow hat zwei Möglichkeiten:
Er kann zustimmen, oder er kann abtreten. [Der wörtliche Text
der Auseinandersetzung zwischen Gorbatschow und Jelzin ist auf
den Seiten 169–174 abgedruckt.]

Hans-Josef Dreckmann
Im Zentralkomitee der KPdSU war heute niemand mehr zu erreichen. Und wo in diesem Gebäude noch Licht brennt, da hat nur
die Putzfrau vergessen, es auszumachen. Das Gebäude ist geschlossen, sagt der Polizist an der Ecke, und in der Tat, Boris Jelzin hat diese Schließung angeordnet. Und so sieht es auch in den
Gebäuden aller nachgeordneten Parteiorganisationen aus. »Ver-

Rechts oben: Die Präsidenten Gorbatschow und Jelzin betreten
das russische Parlament.
Rechts unten: »Sie lesen das jetzt!«

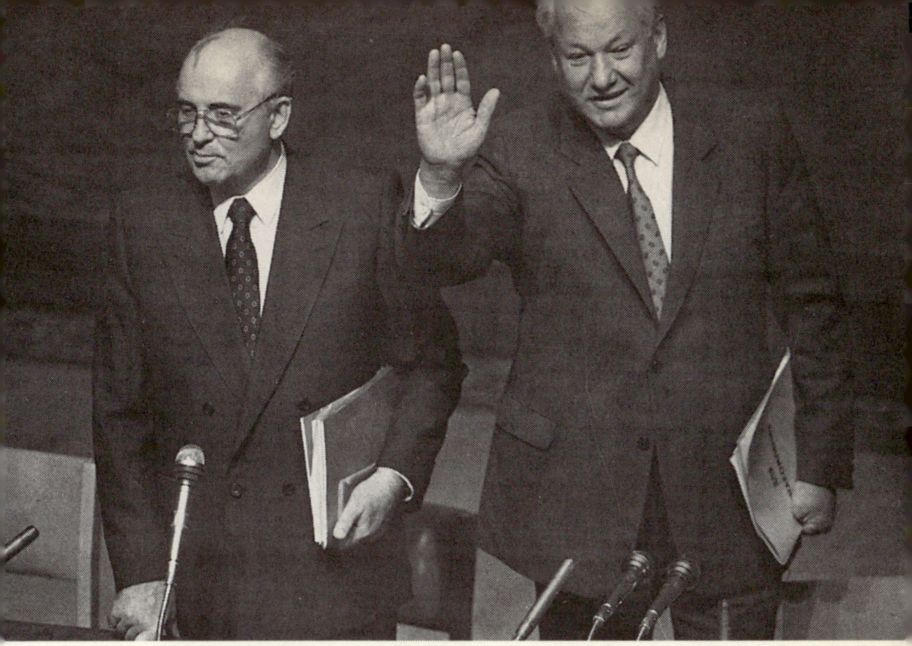

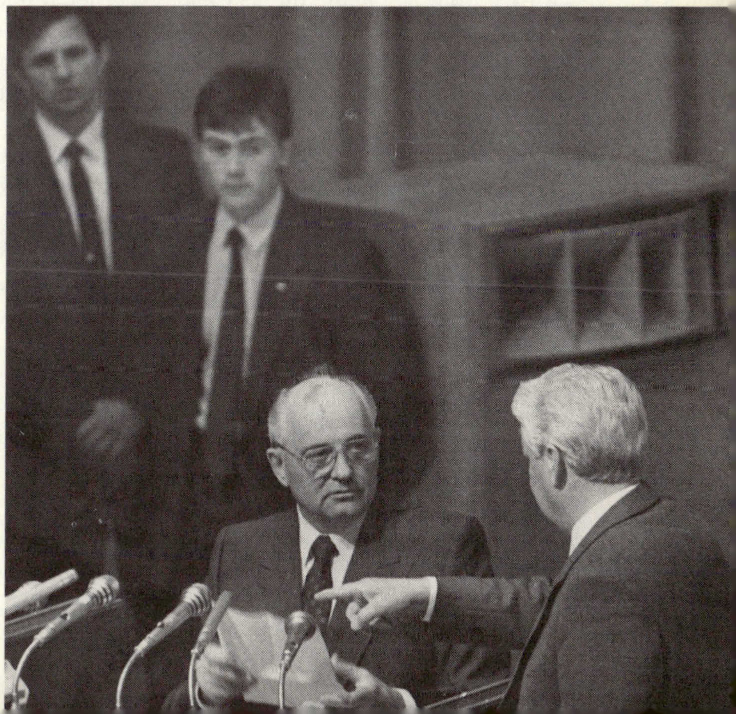

siegelt« steht einfach an den Türen, hinter denen früher einmal die Macht saß, die Jelzin sich anschickt ein für allemal zu brechen. Und an einem Fenster steht: »KP nach Nürnberg«. Ein neues Komitee soll dafür sorgen, daß die Hintergründe der Kommunistischen Partei aufgedeckt werden und die Rolle, die sie beim Putschversuch gespielt hat. Die Staatsanwaltschaft hat Anordnung, die Akten der Partei jetzt gründlich zu untersuchen.

Unterdessen gibt es auf den Straßen vor den Gebäuden der einst so allmächtigen Partei erregte Diskussionen. Natürlich geht es um die Rolle der KP beim Putsch, aber es geht auch um die Rolle, die Gorbatschow in den vergangenen Tagen gespielt hat. Blitzschnell hatte es sich heute in Moskau herumgesprochen, daß Rußlands Präsident Boris Jelzin zum harten Schlag gegen die Kommunisten ausgeholt hatte mit einem Verbot der Partei und ihrer Zeitung.

Die Menschen sind stolz auf ihren Jelzin und ein bißchen auf sich. Ein russischer Lehrer sagt:»Ich wurde in einem Land der Sklaven geboren. Dieses Land brachte nur das Böse der ganzen Welt: Tschechoslowakei, Afghanistan... Ich schämte mich, daß ich Russe bin, ich haßte dieses Land. Aber jetzt, nach diesen Tagen, bin ich glücklich, daß ich Russe bin. Ich bin stolz darauf. Mein Sohn – er ist jetzt drei Jahre alt, er heißt Mischa –, ich bin glücklich, daß er in einem freien Land, im freien Rußland leben wird.«

Spannung herrschte heute abend auch vor dem Gebäude des KGB, der berüchtigten Lubjanka. Denn neben der KPdSU und einem Teil der Armee war der KGB ein Standbein der Putschisten. Wachmannschaften Jelzins, die bereits das Parlament geschützt hatten, stehen nun bereit, um einen Sturm auf das Gebäude zu verhindern.

Gerd Ruge

Die rote Fahne sinkt auf dem Dach des einst allmächtigen Zentralkomitees der Kommunistischen Partei. Wer hätte je gedacht, ein solches Bild zu sehen. Jelzins Leute haben sie einholen lassen.

Die Menschenmenge fordert, daß das ZK-Gebäude versiegelt und die rote Fahne eingeholt wird.

»Versiegelt« steht an der Tür des Moskauer Stadtkomitees der KPdSU.

»Rußland, Rußland«, rufen sie begeistert, als die Fahne sink
Und dann wird Rußlands neue Fahne ohne Hammer und Sich
angebracht an der Tür des Zentralkomitees.

Das Steuerungszentrum des riesigen Landes ist das Zentralk
mitee. Dies war das Gehirn der allmächtigen großen Kommun
stischen Partei. Aber was sie alle, was wir alle nicht gemerkt ha
ten: Dieser riesige Körper der Partei war bereits hirntot. Fern de
Realität, unfähig einzugreifen, für oder gegen den Putsch, leb
nur noch der Körper, hilflos und nun am Ende.

Die rote Fahne sinkt. Die Leute, die im ZK arbeiteten, auc
die höchsten Führer des Politbüros, müssen an den stählerne
Gittertüren des Hinterausgangs durch Reihen von Menschen hi
durch, durch einen menschlichen Korridor. Hier müssen Jelzir
Männer sie schützen. Jelzins Wachmannschaften, die das Parl
ment verteidigt haben. Sie stehen hier und passen auf, daß
kein Pogrom, keine Schlägerei, keine Verfolgung gibt. Das ve
stehen sie nicht, die Kommunisten. Und man sieht ihnen an: S
haben auch nicht begriffen, daß sie nicht mehr mächtig sind.

Gerd Ruge / live

Fritz Pleitgen Ist die KPdSU quasi schon tot? Beginnt nun die Abrechnung mit der Partei und auch mit dem KGB?

GR Die Abrechnung beginnt, aber nicht als Hexenjagd, sagt Jelzin. Sicher gibt es eine scharfe Verfolgung all derer, die am Putsch beteiligt waren sowie eine Abrechnung mit denen, die in der Partei bisher dem Reformkurs entgegentraten, ja mit der Partei überhaupt. Es gibt aber wohl auch eine Abrechnung zwischen den beiden Männern. Gorbatschow hat Jelzin einmal schwer gedemütigt, als der Gestürzte ihn darum bat, doch zu Lebzeiten politisch rehabilitiert zu werden. Damals sagte ihm Gorbatschow: Dich lasse ich nie in die Politik zurückkehren.

Nun hat sich das Blatt gewendet. Das war auch kein schönes Bild im Parlament, dieser gedemütigte Gorbatschow, ein gebrochener Mann. Gestern glaubte er noch die Macht wieder zu übernehmen, heute beginnt er zu verstehen. Er ist ohnehin immer noch angeschlagen, immer noch entsetzt über den Zustand seiner Frau, der wohl bedrohlich sein muß. Aber Jelzin weiß, warum er Gorbatschow im Parlament so bloßstellte. Er will den Kommunisten den Weg der Rückkehr zur Macht verbauen, und zwar mit allen Mitteln. Eine Hexenjagd, glaube ich, wird es nicht geben, aber eben eine schwere Abrechnung, und bei der werden die ausgeschaltet, die noch einmal einer demokratischen Entwicklung im Wege stehen könnten.

FP Jelzin hat mächtig aufgetrumpft. Ist Gorbatschow eigentlich nur noch eine Marionette, die nach Bedarf dann wieder in den Fundus zurückgeschickt werden kann?

GR Das kann man im Augenblick schwer sagen. Zunächst einmal sieht man eine menschliche Tragödie. Dieser Mann ist wirklich gebrochen, wahrscheinlich von dem Schock, den er in der Haft dort auf der Krim erlebt hat. Sein ganzes Weltbild ist zerstört, und nun paßt eben nichts mehr zusammen. Er hat gedacht, daß er die Veränderung von oben dekretieren könnte durch die

Folgende Seite:
Der Präfekt vom Moskauer Zentralbezirk, Musikantzkij, verkündet der Menge, daß die rote Fahne auf dem ZK-Gebäude eingeholt wird.

Partei, durch den Apparat, mit dem er immer arbeiten konnte, und nun sieht er, daß das alles gar nicht mehr existiert. Gestern abend in der Pressekonferenz merkte man, daß er das noch gar nicht verstanden hatte, jetzt versteht er es. Ist er eine Marionette? Er ist jedenfalls im Augenblick niemand, der noch aktiv Politik bestimmen kann.

FP Nun, es sind ja noch die Verhandlungen mit den Republiken über den Unionsvertrag zu führen. Wird ihn da Jelzin reaktivieren, damit er in der Zentrale jemanden hat, den er in der Hand behält?

GR In der Hand behält – damit unterstellt man Jelzin, daß er Gorbatschow entmachten und als leere Marionette benutzen wird. Vielleicht wird es nicht ganz so schlimm kommen. Als Präsident sichert Gorbatschow die konstitutionelle, die verfassungsmäßige Kontinuität, und das ist es, was Jelzin will. Gerade im Hinblick auf die Verträge mit den Republiken braucht er den Präsidenten der Union, der diese Verträge unterschreibt. Aber Verträge werden den Republiken dann weit mehr Macht und Selbständigkeit geben, als das der erste Entwurf vorsah, und damit wird die Sowjetunion ein völlig anderes Land, ein lockerer Staatenbund vielleicht.

FP Wie kommt Jelzin eigentlich im Land an? Wie kommt er bei den anderen Republiken an? Nachdem sie vorher die Zentrale haben fürchten müssen, müssen sie nun das mächtige Rußland fürchten?

GR Das ist sicher eine Sorge, die es gibt. Eine Sorge, die auch die Mitarbeiter von Jelzin, wie ich weiß, teilen. Sie haben ihren Chef nicht kontrollieren, ihn nicht um Zurückhaltung bitten können. Ihm kam es darauf an, diesen großen, starken Auftritt im Parlament zu haben, einmal aus eigenem emotionalen Bedürfnis und zum anderen auch aus der Kenntnis des politischen Bewußtseins des russischen Volkes. Dieses Land ist ja doch nicht so einfach in die Hand zu kriegen, da muß man ein starker Mann sein, und das hat Jelzin demonstriert. Die anderen Republiken werden das nicht gerne sehen, aber wenn es einen Republikenvertrag gibt, in dem tatsächlich ein hohes Maß von Unabhängigkeit für alle festgeschrieben wird, dann werden sie damit leben können.

FP Gerd Ruge, es fängt ja etwas umstritten an mit dem Verbot der Partei. Muß man daraus nun folgern, daß die Demokratie da auf dem falschen Bein beginnt?

GR Nein, das glaube ich eigentlich nicht. Wenn man jetzt die Tätigkeit der Kommunistischen Partei für den nächsten Zeitraum einstellt, scheint mir das einleuchtend, schon damit sie – das hat mir ein Mitarbeiter von Bürgermeister Popow gesagt – sich nicht alles unter den Nagel reißt, was sie an Vermögen gehortet hat. Damit sie das nicht ins Ausland verschiebt und auch nicht Dokumente beiseite schafft, mit denen dann die schlimmsten Schurken der vergangenen Zeit relativ anständige Menschen in Schwierigkeiten bringen, indem sie ihnen Informationstätigkeit und KGB-Mitarbeit vorwerfen. Das ist das eine. Das andere, was man bei Gorbatschow sah, ist: Wie ein Mann mit lebenslang einstudierten Formeln um die Rechtfertigung seines politischen Lebens kämpft, ein Leben, das mit diesem Putsch und seinen Folgen gescheitert ist, wie mir scheint.

Gorbatschow vor dem russischen Parlament am 23. August 1991

Um 15.30 Uhr bittet Jelzin, der die Sitzung eröffnet hat, um Aufmerksamkeit für Gorbatschow, der zu einer Begegnung mit den Abgeordneten ins Parlament gekommen sei. Den Präsidenten begrüßt schwacher Beifall.

Gorbatschow: »Ja, ich fange mit dem an, was ich bereits in diesen Tagen zu sagen versuchte, als ich das Geschehene analysierte und bewertete, was wer in diesen Tagen getan hat, und dabei auch die Position der russischen Föderation gebührend würdigte. Damit will ich beginnen. Denn in erster Linie waren es die Russen in ihrer überwältigenden Mehrheit sowie der Oberste Sowjet, der die Interessen und Rechte der Russen zum Ausdruck gebracht hat, war es die russische Regierung, die sich geschlossen den Verschwörern in den Weg gestellt hat. [. . .]«

Anschließend breitet Gorbatschow eine Viertelstunde lang seine politischen Vorstellungen von der Zukunft der Union und der Partei aus. Schließlich kommt er zu aktuellen Problemen:

»Im Moment müssen wir Fragen lösen, die mit dem Funktionieren des Kabinetts der UdSSR zusammenhängen. Ich bin folgender Meinung: In seiner Mehrheit hat dieses Kabinett sich direkt oder indirekt, in der einen oder anderen Form [der Satz bleibt unvollständig] – bisher sind mir zwei Fälle bekannt, der eine Fall ist über alle Zweifel erhaben, im zweiten Fall habe ich gewisse Zweifel – da haben sich die Mitglieder des Kabinetts geweigert, die Linie der Verschwörer zu verfolgen. Der Kulturminister ist zurückgetreten, Gubenko, er verzichtete darauf, mit diesem Komitee weiterzuarbeiten. Er sprach auf der Sitzung des Kabinetts, und er ergriff Partei gegen diese Linie. Mir wurde das gesagt, aber ich muß es noch präzisieren, denn im letzten Augenblick erhalte ich Informationen, wonach das nicht ganz der Wahrheit entspricht. Aber dessenungeachtet sage ich, daß er auf die

eine oder andere Weise Kritik übte. Und auch Wladimir
Schtscherbakow war der gleichen Meinung, oder?«

Unmutsäußerungen aus dem Saal. Jelzin, Silajew und Chasbulatow am Präsidententisch blicken unbewegt nach vorne.

Gorbatschow:»Sehen Sie, Boris Nikolajewitsch, . . .«

Noch immer Unruhe im Saal.

Jelzin tritt ans Rednerpult.

Gorbatschow (zu ihm):»Nein, nein, Moment, gleich . . .«

Jelzin:»Bitte, hier haben Sie das Dokument.«

Gorbatschow:»Boris Nikolajewitsch hat mir, als wir uns vorhin
trafen, eine kurze Darstellung der Sitzung des Kabinetts gegeben, aber ich habe sie noch nicht gelesen.«

Jelzin, noch am Pult, hebt den Finger:»Sie lesen das jetzt!«

Heiterkeit, Gelächter, Beifall.

Gorbatschow:»Sie haben ganz zu Recht darauf verwiesen. Herr
Primakow sagte mir, der stellvertretende Vorsitzende Woronzow
habe seinen negativen Standpunkt zu den Beschlüssen des Komitees ganz klar zum Ausdruck gebracht.«

Jelzin hebt am Präsidiumstisch den Zeigefinger. Gorbatschow
blickt zu ihm hinüber.

Jelzin:»Lesen Sie bitte das Dokument vor! Das ist eine kurze
Mitschrift der Sitzung des Unionskabinetts, am 19. August um 18
Uhr, zu dem Zeitpunkt, als der Sturm gegen das Haus des Sowjet
beginnen sollte.«

Gorbatschow:»Ja, einen Augenblick, gleich tue ich das. Ich habe
es selbst noch nicht gelesen. Zuerst werde ich meine Gedanken

zu Ende bringen und dann vorlesen. Ich erhielt Informationen, unterschiedliche Informationen über das Verhalten des Außenministers. Heute gegen Morgen hatte ich schon nähere Informationen darüber, daß der Außenminister zumindest lavierte oder keinen deutlichen Standpunkt bezogen hat, deshalb habe ich ihn seines Amtes als Außenminister enthoben.«

Beifall.

Gorbatschow: »Ich rede von Alexander Alexandrowitsch Bessmertnych. Folglich denke ich, daß wir eine richtige Herangehensweise darlegen werden. Diese Regierung muß geschlossen zurücktreten.«

Großer Beifall.

Gorbatschow: »Und wir müssen heute, wenn wir im Rahmen der Neun [Vertreter der Republiken] Meinungen austauschen, wir müssen ganz sorgfältig herangehen an die Frage der Bildung eines neuen Kabinetts. Unter Berücksichtigung der Kompetenz, der Treue der politischen Ansichten, der Treue zur Demokratie und zum Wandlungskurs und der Vertretung in erster Linie der Republiken, damit dieses Kabinett sowohl repräsentativ als auch aktiv und arbeitsfähig ist, denn, ehrlich gesagt, steht uns doch ein großes Stück Arbeit bevor. Schon heute, und morgen noch mehr, müssen wir so schnell wie möglich unsere Probleme lösen, denn das Volk erwartet das von uns. Ich werde darauf noch zu sprechen kommen, deshalb...«

Zwischenrufe: »Vorlesen!«

Gorbatschow: »Ja, ich lese, ich lese. Deshalb gehe ich dann später zu den Fragen über und werde zuerst vorlesen. Wir vereinbarten, nach unserem Meinungsaustausch Vorschläge zur Herausbildung eines einheitlichen Herangehens herauszuarbeiten, um, wie Alexander Nikolajewitsch Jakowlew gestern sagte, zu vermeiden, daß sich uns Lumpen anschließen.«

Viele Zwischenrufe aus dem Saal.

Gorbatschow:»Ja, Gauner. Alles eine Sorte . . .«

Gorbatschow fährt weitere zwanzig Minuten in der Darlegung politischer Grundsatzpositionen zur Reform von Staat und Partei fort. Die Abgeordneten folgen mit unbeteiligten, dann mißmutigen Gesichtern und Zwischenrufen.

Gorbatschow:»Ich werde Ihre Fragen beantworten, nachdem ich das von Boris Nikolajewitsch erhaltene Dokument vorgelesen habe: ›Aufzeichnungen von der Sitzung des Kabinetts der UdSSR am 19. August.‹ Das war ja an *dem* Tag . . . (zu Silajew) Iwan Stepanowitsch, waren Sie auf der Kabinettssitzung?«

Silajew, zuckt die Achseln:»Es war eine geschlossene Sitzung, die auch nicht protokolliert wurde.«

Gorbatschow:»Dann hat wohl einer der Teilnehmer diese Aufzeichnungen gemacht?! ›Um 18 Uhr fand eine erweiterte Sitzung der Regierung der Sowjetunion statt, die von Ministerpräsident Pawlow geleitet wurde. [. . .]‹«

Gorbatschow liest die Aufzeichnungen vor. [Siehe Auszug auf Seite 175]. Man hört ihm gespannt zu. Gorbatschow zeigt sich überrascht und betroffen über die Stellungnahmen der Minister, versucht aber, aus einzelnen Äußerungen Anzeichen des Widerstandes herauszulesen.

Gorbatschow:»Aber wissen Sie, ich muß jetzt erst noch vieles studieren, ich habe doch ganze vier Tage lang überhaupt nichts gewußt. Boris Nikolajewitsch hat mir heute morgen ein ganzes Paket mit Entscheidungen zugeleitet, die Sie getroffen haben. Ich habe sie alle durchgesehen, und als er mich gestern fragte, ob die Erlässe gesetzmäßig oder gesetzwidrig seien, sagte ich, in einer solchen Situation, in die das Land und die russische Führung geraten waren, sehe ich keine andere Methode und Verfahrensweise. Alles, was der Oberste Sowjet, der Präsident und die Regierung getan haben, wurde durch die Umstände diktiert und war gesetzeskonform.«

Stürmischer Beifall.

Als Präsident der UdSSR kündigt Gorbatschow an, mit einem eigenen Erlaß die Beschlüsse der russischen Regierung ausdrücklich zu bestätigen und beginnt, die Fragen der Abgeordneten ausführlich zu beantworten. Nach mehr als 20 Minuten kommt er wieder zu aktuellen Problemen.

Gorbatschow: »[. . .] Was die Umsetzung des Unionsvertrags betrifft, so bestätige ich, wie mit Boris Nikolajewitsch vereinbart, daß nach der Unterzeichnung des Unionsvertrags ein Präsidentenerlaß über das Eigentum verabschiedet werden soll. Dieser Erlaß wird für alle Republiken bindend sein, und danach soll der Umsetzungsprozeß dieser Idee beginnen. Das ist eine große Aufgabe, die wir so lösen müssen, daß in einem Augenblick, da unsere Wirtschaft mit großen Schwierigkeiten konfrontiert ist, diese Schwierigkeiten nicht noch größer werden. Und sofort nach der Unterzeichnung des Vertrags werden wir diesen Erlaß verabschieden. Daran wird jetzt gearbeitet.«

Bevor er den nächsten Fragenden aufruft, sagt Präsident Jelzin: »Genossen, gestatten Sie mir, zur Entspannung einen Erlaß über die Einstellung aller Aktivitäten der Russischen Kommunistischen Partei zu unterzeichnen.«

Stürmischer Beifall.

Gorbatschow: »Boris Nikolajewitsch, Boris Nikolajewitsch . . . bitte . . .«

Der Beifall und die Ovationen dauern minutenlang an. Jelzin unterschreibt.

Jelzin: »Der Erlaß ist unterzeichnet. Das Wort hat der Abgeordnete am zweiten Mikrophon.«

Gorbatschow spricht weiter: »Ich denke, ich glaube, daß es für Sie von Interesse sein sollte… Ich weiß nicht, was darin steht und wie er heißt, wenn er so heißt, wie Boris Nikolajewitsch gesagt hat, so hätte der Oberste Sowjet, der so viel geleistet hat und vor dem noch mehr Aufgaben liegen, dem Präsidenten Boris Nikolajewitsch, den ich sehr schätze, in diesem Falle eher nicht folgen sollen. Nein, einen Augenblick bitte. Nicht die ganze Kommunistische Partei Rußlands hat an der Verschwörung teilgenommen. Nicht alle Kommunisten haben die Verschwörung unterstützt. Deshalb: Wenn festgestellt wird, daß das Komitee der Russischen KP und irgendwelche anderen Gebietsparteikomitees sich mit diesem Putschistenkomitee solidarisch erklärt haben, dann würde ich diesen Erlaß unterstützen. Aber die KP zu verbieten, das ist meiner Meinung nach ein glatter Fehler seitens eines so demokratischen Obersten Sowjet und eines so demokratischen Präsidenten Rußlands.«

Gorbatschow zu Jelzin: »Wie heißt der Erlaß genau?«

Jelzin: »Michail Sergejewitsch, es handelt sich nicht um ein Parteiverbot, sondern um die Einstellung der Aktivitäten der russischen KP, bis die Justizorgane ihre Verwicklungen in den Putsch überprüft haben. Das ist durchaus legitim. Um so mehr, als die russische KP beim Justizministerium Rußlands noch immer nicht registriert ist.«

Gorbatschow: »Bleiben Sie bitte bis zum Ende Demokraten. Und dann werden alle an Ihrer Seite sein, wahre Demokraten und alle vernünftig denkenden Menschen. Nun, gibt es noch weitere Fragen?«

Zu weiteren Fragen kommt es nicht. Gorbatschow setzt sich neben Boris Jelzin. Der Präsident Rußlands dankt ihm für seine Ansprache und drückt die Hoffnung aus, daß Gespräche des Unions-Präsidenten mit dem russischen Parlament zur Tradition werden. Die Sitzung endet um 16.45 Uhr.

Auszug aus den Aufzeichnungen eines Teilnehmers an der Sitzung des Kabinetts der UdSSR am 19. August

Um 18 Uhr fand eine erweiterte Sitzung der Regierung der Sowjetunion statt, die von Ministerpräsident Pawlow geleitet wurde.

Pawlow: »Wie werden wir unsere Arbeit im Zusammenhang mit dem Ausnahmezustand gestalten? Sind Sie bereit, das Land aus der Krise herauszuführen? Werden Sie das Präsidium des Obersten Sowjet in der Frage des Unionsvertrags [d. h. der Ablehnung des Vertrags] unterstützen? Wie beabsichtigen Sie, die Industriezweige und Betriebe zu führen? Ich bitte Sie um eine eindeutige Stellungnahme. Unterstützen Sie das GKTschP [das Staatskomitee für den Ausnahmezustand]?«

Die erste Stellungnahme kam von dem Minister für Außenwirtschaft Katuschew. »Die Mitarbeiter des Ministeriums haben heute morgen um zehn Uhr die Lage erörtert und sich voll auf die Seite des GKTschP gestellt. Wir haben sämtlichen Handelsvertretungen im Ausland Anweisungen zur Verwirklichung der Politik des Komitees gegeben.«

Finanzminister Orlow: »Wir haben einen speziellen Arbeitsplan aufgestellt, wir sind dafür. Gemeinsam mit den Banken haben wir die in das System eingegliederten Unternehmen telegrafisch über die Unterstützung des GKTschP benachrichtigt.«

Der Vorsitzende des Staatskomitees für Standardisierung, Sytschew, spricht dem GKTschP seine entschiedene Unterstützung aus und bietet seine Dienste bei der Umsetzung von dessen Politik an.

Insgesamt sprechen sich 13 Kabinettsmitglieder für die Unterstützung des Notstandskomitees aus. In Einzelfällen gibt es Diskussionen, etwa mit dem Minister Stroganow, der sich eindeutig auf
die Seite des Komitees gestellt und sich bereits an die Maschinen-
baubetriebe gewandt hat, um sie zur Unterstützung des Komitees
zu veranlassen. Dies wird von anderen Ministern als eine Einmi-
schung in ihre Kompetenzen gerügt. Der Bergbauminister
Schtschadow erklärt sich eindeutig für das Notstandskomitee und
fordert, daß im Kemerowo [dem Gebiet der großen Bergarbeiter-
streiks] unverzüglich der Ausnahmezustand verhängt werde.

Fünf Kabinettsmitglieder scheinen unschlüssig. Der Kulturminister Gubenko weist darauf hin, daß er am nächsten Tage eine Zu-
sammenkunft mit Intellektuellen habe, die für das Komitee wahrscheinlich kein Verständnis aufbringen würden. Der stellvertretende Ministerpräsident Masljukow sagt, die bisher veröffentlichten Erklärungen des Komitees zeigten keinen Ausweg aus der
Krise des Landes. Er legt fünf Fragen vor, über die es einen hefti-
gen Wortwechsel mit Ministerpräsident Pawlow gibt. Der stellvertretende Ministerpräsident Schtscherbakow sagt voraus, daß
es eine Wirtschaftsblockade geben werde. Innerhalb von drei bis
vier Tagen müßten deshalb alle Fragen und Vorschläge zum Einsatz der Mobilisierungsreserven ausgearbeitet sein. Die Import-
lieferungen würden ausfallen, deshalb müsse man sich nach
Ausweichmöglichkeiten innerhalb des Landes umsehen. Seine
Einstellung zum Notstandskomitee formuliert er noch nicht eindeutig, da sich die Ansichten des Notstandskomitees geändert
hätten. Daher sei es zu diesem Zeitpunkt nicht möglich, die
eigene Position klar zu definieren. Zwei Komiteemitglieder,
Tisjakow oder Starodubzew, kenne er aber gut genug, um nichts
Positives von ihnen zu erwarten.

24. August

Hans-Josef Dreckmann
Rußlands alte Fahne in Weiß, Blau und Rot war allgegenwärtig,
als vor einer Stunde auf dem Manege-Platz die Trauerfeier begann für die drei jungen Menschen, die ihr Leben verloren haben, als sie sich Dienstag nacht den Panzern der Putschisten ent-
gegenstellten. Sie werden auf dem Wagankowskoje Friedhof beigesetzt werden, wie viele große Russen vor ihnen. Auch Präsident Gorbatschow ist zu den Trauerfeiern gekommen, tief gezeichnet von den vergangenen fünf Tagen.
»Im Namen des ganzen Volkes«, so sagte Gorbatschow, »verneige ich mich tief vor den drei jungen Menschen. Sie haben sich
jenen entgegengestellt, die unser Land rückwärts führen wollten
auf einen Weg in die Hölle.« Allen, so sagte Gorbatschow, falle
es schwer, den unwiderruflich eingeschlagenen Weg der Perestroika zu gehen. Aber für die, die diesen Gang hätten stoppen
wollen, für die Putschisten werde es kein Verzeihen geben. Und
dann sagte der sowjetische Präsident: »Die drei Opfer des Putsches ernenne ich heute zu Helden der Sowjetunion.« Der Putsch
und die Opfer, die er gefordert hat, haben die Sowjetunion von
Grund auf verändert.

Thomas Roth
Moskau trauert. Moskau trauert um die Opfer des Putsches, die
heute begraben werden. Schon am Morgen hatten sich viele Tausende auf dem Manege-Platz im Zentrum Moskaus eingefunden.
Ein von den Ereignissen des Putsches und den Tagen danach
schwer gezeichneter Michail Gorbatschow hält eine schleppende
Rede. Er habe soeben einen Erlaß unterzeichnet und die Opfer
des Putsches zu Helden der Sowjetunion ernannt. Die Führung
der Putschisten, das Putsch-Komitee, werde vor Gericht gestellt
und seiner Strafe zugeführt. Gorbatschow ist nach wie vor der
Präsident der Sowjetunion, nur macht er selbst inzwischen den

Die Menschen sammeln sich zur Trauerfeier.

Eindruck eines gebrochenen Mannes. Außer Gorbatschow reden an diesem Vormittag vor allem jene, die im Volk inzwischen weitaus beliebter sind als er. Unter ihnen Jelena Bonner, die Witwe des vor einem Jahr verstorbenen Dissidenten und Friedensnobelpreisträgers Andrej Sacharow. Die Opfer, so sagt sie, haben ihr Leben nicht umsonst gegeben, wenn wir daraus lernen, daß die Armee nicht eine Armee von Mördern sein darf.

Gerd Ruge
Dies ist die Brücke am Gartenring, an der die drei jungen Männer nachts starben, als die Putschisten sich zum Sturm auf das Parlament rüsteten. Drei junge Männer, die heute von ganz Moskau, von ganz Rußland zu Grabe getragen werden. Drei Männer, die auch für ganz Rußland stehen können. Einer der Sohn eines Admirals, der andere ein Junge vom Dorf, der in Afghanistan gekämpft hat, der dritte ein junger Jude. Auf der Brücke stehen orthodoxe Geistliche unter der russischen Fahne. Dies ist Rußland. Die ganze Stadt, das ganze Land trauert, und alle sind auch stolz, daß es diese Jungen gegeben hat.

Von der Brücke, an der sie starben, geht der Zug zum Weißen Haus am Fluß, zum Parlament, wo Boris Jelzin auf den Trauerzug wartet. »Verzeiht eurem Präsidenten, der euch nicht vor dem Tode schützen konnte«, sagt Jelzin dort. »Ihr habt den Weg freigemacht, den wir nun entschlossen gehen werden.«

Hans-Josef Dreckmann
Alexej II., der Patriarch der russisch-orthodoxen Kirche, zelebrierte auf dem Wagankowskoje Friedhof die Totenmessen für zwei der Opfer, für Christen. Die Toten, so sagt der Patriarch, haben sich für ihr Vaterland geopfert.

Gleichzeitig findet draußen vor der Kirche die Totenfeier für das dritte Opfer nach jüdischem Ritual statt. Es ist eine Ausnahme gemacht worden, denn nach dem jüdischen Glauben darf eine Beisetzung normalerweise nicht am Sabbat stattfinden. »Der Sabbat ist für den Menschen da, nicht der Mensch für den Sabbat«, hat Rabbi Sinowij Kogan, der Ilja Kritschewskij bestattet,

Präsident Gorbatschow ernennt Wladimir Usow, Dmitrij Komar und
Ilja Kritschewskij posthum zu »Helden der Sowjetunion«.

gesagt. Seine Eltern wollten, daß die Toten, alle drei, zusammen
begraben werden. Es ist wichtig für die Juden in der Sowjetunion, daß auch diese Feier live übertragen wird.

<u>Gerd Ruge</u>
Blicken wir auf die letzten Tage zurück: Gestern im russischen
Parlament stand Gorbatschow wie versteinert dabei, als Jelzin ein
Dekret unterzeichnete, das die Partei verbietet, deren Generalsekretär Gorbatschow immer noch ist. Von der Krim, aus der Ge-
fangenschaft, war er erleichtert, froh winkend zurückgekehrt,
aber auch nicht wissend, wohin er eigentlich ging. Da begrüßten
ihn Leute, von denen er nicht wußte, ob sie ihn verraten hatten.
In der vorgestanzten Sprache, die er seit seiner Jugend lernte,
sagte er bei der Ankunft: »Das Wichtigste: Die ganze Saat, die
wir seit 1985 gesät haben, ist bereits aufgegangen.« Er weiß nicht,

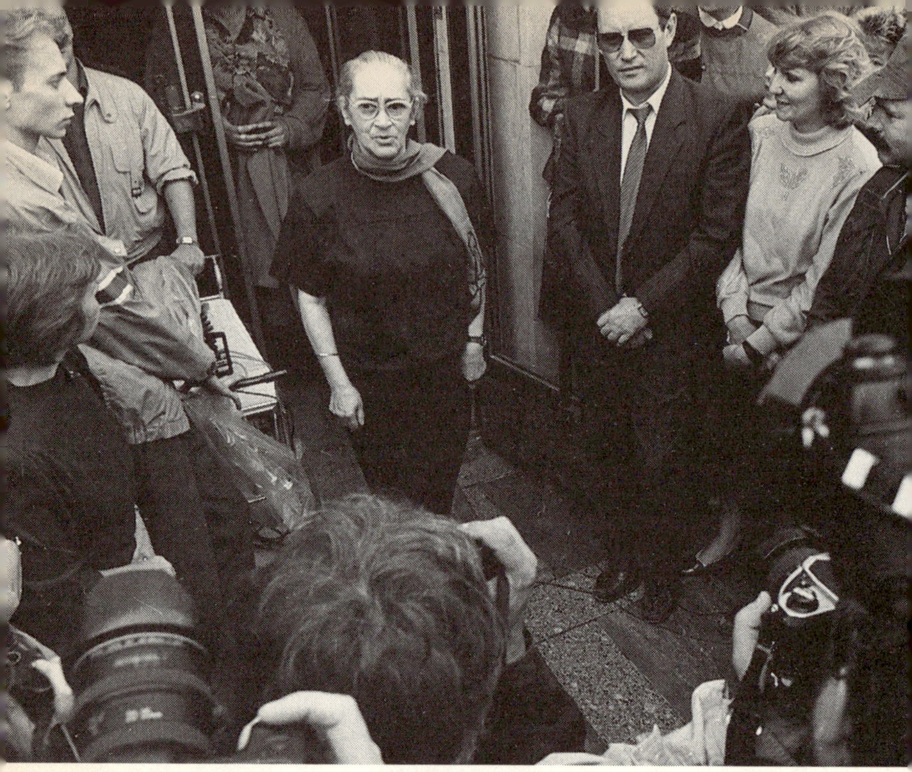

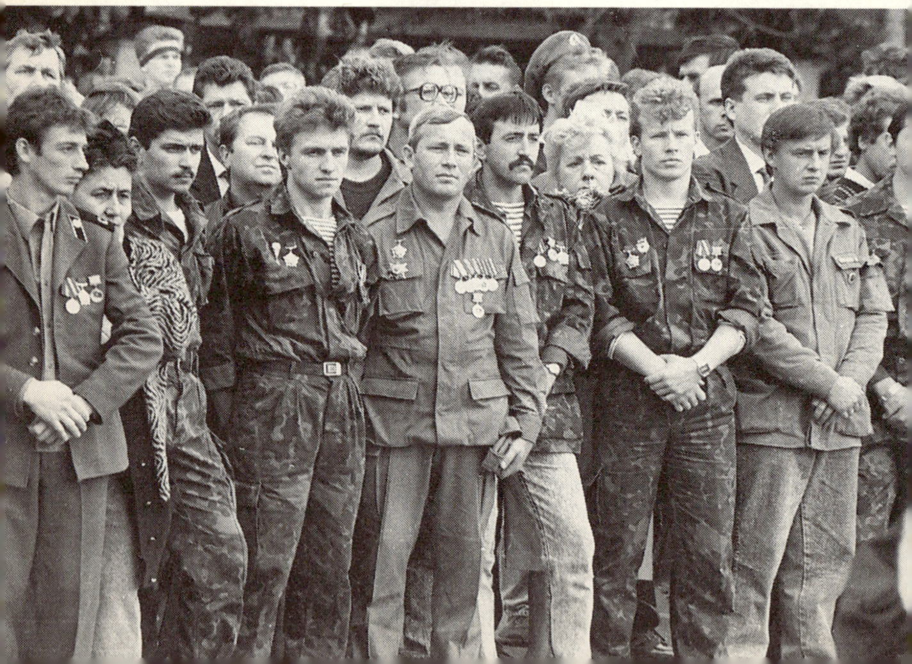

wohin er gekommen ist. Auf der Pressekonferenz ist Gorbatschow ganz Präsident. Nun hat er die Macht wieder inne. Nun wird er auch als Generalsekretär die Partei reformieren, ihr ein neues Programm geben, sie zu einer guten, einer besseren Partei machen. Alles, so scheint ihm, geht weiter. An einen Machtkampf mit Jelzin denkt er gar nicht, er ist der Präsident, er hat die Macht wieder in der Hand. Das scheint ihm auch die Reaktion des Auslands zu bestätigen. Er empfängt die Botschafter der Europäischen Gemeinschaft, die die Grüße, die guten Wünsche der Staatschefs vieler Länder zu ihm bringen. Gorbatschow sieht sich wieder als Herr im Kreml und außerdem immer noch als Generalsekretär der Kommunistischen Partei. Wie angeschlagen sie auch sein mag, sie ist ein riesiger Apparat. Und er glaubt nicht, daß ihre Fahne sinkt.

Das Zentralkomitee, früher die Kommandobrücke der Sowjetunion, nun eingeschlossen, nun ausgeschaltet. Die Mitarbeiter gehen hinten aus dem Haus, auch sie haben zum Teil noch gar nicht begriffen, was passiert ist. Finden es eher komisch, wenn ihnen die Menge Verwünschungen zuruft. Drinnen haben sie Akten aufgearbeitet, aus denen hervorgeht, welches Eigentum die Kommunistische Partei gemeinsam mit ausländischen Firmen unterhält, und sie brachten die Vermögenswerte in Sicherheit. Langsam beginnen sie zu begreifen, was geschehen ist, aber richtig verstehen können sie nicht, daß sie als kommunistische Funktionäre nun keine Macht mehr haben.

Auch der junge Jelzin war Jahrzehnte ein kommunistischer Funktionär, ein Mann des Machtapparats, aber einer, der sehr früh schon nach einer Reform des Parteiapparats rief. Damals, als die alten Herren noch alle an der Macht waren, die alten Chef-Funktionäre, die Gorbatschow dann entmachtete, weil sie die reaktionäre, orthodoxe Politik der Partei fortsetzen wollten. Nur Gorbatschow ist von ihnen geblieben. Die Partei verstieß den Radikalreformer Jelzin 1987 aus dem Politbüro, und schließ-

Links oben: Unter den Rednern der Trauerfeier: Jelena Bonner, die Witwe Andrej Sacharows.
Links unten: Ehemalige Afghanistan-Kämpfer, die das Weiße Haus verteidigten, bei der Trauerfeier.

Beisetzung der Opfer auf dem Wagankowskoje Friedhof.

lich, als er Rußlands Präsident wurde, trat er endgültig aus der
Partei aus. Gorbatschow schien damals fast befriedigt darüber.
Er konnte sich nicht vorstellen, daß Jelzins politisches Leben weitergehen würde, daß es ein Leben außerhalb der Partei geben
könne. Aber Jelzin hatte besser verstanden als Gorbatschow, daß
die historische Epoche der Parteiherrschaft zu Ende ist.

Jelzins Ansprache auf der Trauerfeier vor dem Weißen Haus

Meine teuren Verwandten und Bekannten von Dmitrij Komar, Wladimir Usow und Ilja Kritschewskij! Landsleute! Moskauer!

Heute nehmen Millionen Moskauer, nimmt ganz Rußland Abschied von unseren Helden, von unseren Verteidigern, von unseren Rettern. Natürlich nehmen wir keinen Abschied von ihren Namen, da ihre Namen fortan für Rußland stehen. [...] Es war ja vor allem die Jugend, es waren unsere Kinder, die sich dafür einsetzten, die Ehre Rußlands, seine Freiheit, seine Unabhängigkeit, seine Demokratie und schließlich auch sein Parlament zu schützen. Und von nun an wird dieser Platz, von dem aus drei Tage lang der Kampf geführt wurde, auf dem drei Tage lang Tausende und Zehntausende von Moskauern Wache hielten, »Platz des freien Rußlands« heißen. Der Feind ist grausam und, natürlich, blutdürstig. Und dies gilt um so mehr für jenen Feind, der wohl weiß, daß er nach seiner Niederlage, wenn die Anführer des Putsches verhaftet und dem Gericht übergeben sind, damit rechnen muß, das zu erhalten, was ihm gebührt. Wie zynisch klingen die Worte des verhafteten Krjutschkow, der sagte, wenn er heute noch einmal von vorne beginnen könnte, dann würde er ein bißchen schneller, ein bißchen entschiedener vorgehen, vor allem aber Rußland enthaupten. Diese Verschwörung, dieser Putsch – und das müssen wir uns vor Augen halten – war vor allem gegen Rußland, die Föderation, gegen das Parlament, gegen die Regierung, gegen den Präsidenten gerichtet. Aber ganz Rußland hat sich zu seiner Verteidigung erhoben. Moskau, Leningrad, der Ural, der ferne Osten, der Kusbass, praktisch alle Regionen. Und die Führer jener Gebiete, die dem Notstandskomitee Folge leisteten, werden heute bereits strafrechtlich verfolgt. [...]

Aber dadurch können wir die Toten nicht wieder zum Leben erwecken, die hier am Weißen Haus zu Tode Gekommenen. Wir verneigen uns vor ihrem Mut, vor den verstorbenen »Helden der

Sowjetunion«. Ich verneige mich vor den Müttern und Vätern vom Dmitrij, Wolodja und Ilja, und ich spreche ihren Verwandten und Bekannten mein tiefes Beileid aus – und verzeiht Eurem Präsidenten, der Euch nicht vor dem Tode schützen konnte. In dieser über ganz Rußland liegenden nationalen Trauer müssen wir uns einmütig versammeln, um so energischer weiter handeln zu können. [...] Es ist uns heute sehr schwer ums Herz. Aber es hätte noch schlimmer sein können. Denn die Feinde, die einander heute wie Kakerlaken in einem Schraubglas beschuldigen, die Hauptverantwortlichen dieser Verschwörung gewesen zu sein, hatten eine Liste, eine Todesliste mit den ersten zwölf Namen: Wer in welcher Reihenfolge, zwischen 23.00 und 24.00 Uhr in der Nacht beim Sturm auf das Weiße Haus, umgebracht werden sollte. Es ist nicht falsch, wenn man sagt, daß die Moskauer hier die Ehre Rußlands verteidigt haben. Wir werden für immer Euer Andenken bewahren. Der Verlust wiegt schwer, und deshalb, unsere Helden, ruhet in Frieden. Möge die Erde Euch leicht wie Flaum sein.

Einer der drei Jungen, die beim Angriff der Panzer auf die Barrikaden ihr Leben verloren, war Ilja Kritschewskij. Die Korrespondentin Monika Kemen sprach mit den Eltern

Marat Kritschewskij: »Ilja stand eigentlich der großen Politik sehr distanziert gegenüber. Er gehörte auch keiner politischen Partei, Fraktion oder Organisation an. Er war auch kein Zeitungsleser, politische Auseinandersetzungen interessierten ihn nicht. Aber er war ein sensibler Junge, immer hilfsbereit. Er konnte keine Ungerechtigkeiten ertragen. Er war einfach ein guter Mensch. Nicht gerade das, was man eine starke Natur nennt, nicht sehr zielstrebig, immer noch auf der Suche... Also, wenn er auch nicht politisch engagiert war, so hat ihn doch eins sehr beschäfigt: unsere Vergangenheit. Da kam ja jetzt erst die Wahrheit ans Licht – und die hat ihn sehr aufgebracht! Was ihm wirklich an die Nieren ging, war der *Archipel Gulag*.«

Iljas Mutter Inessa Kritschewskaja fügt hinzu: »Außer Solschenizyn las er auch Warlam Schalamows *Lagererzählungen*. Der Stalinismus – Millionen Opfer und Millionen Täter... Er sagte zu mir: ›Mama, wie kannst du von mir verlangen, daß ich ein ganz normales bürgerliches Leben führen soll, nach allem, was bei uns geschehen ist?‹ Er las sehr viel und intensiv. Er kannte auch die Lieder von Wyssotzkij und Galitsch auswendig, Protestlieder. Und er liebte Rockmusik, Heavy Metal zum Beispiel. Uns war diese Musik viel zu laut, aber er sagte immer: ›Mama, hör dir das doch mal an.‹ Und letzten Endes habe ich verstanden, was er an dieser Musik findet, daß auch sie erschüttern kann. In der Nacht zum 21. August, gegen halb elf, sagte Ilja: ›Ich geh ein bißchen an die frische Luft.‹ Ich wollte ihn zurückhalten, wegen der angekündigten Ausgangssperre, verhängt von den neuen Machthabern. Aber er lachte nur und ging. Nicht spazieren, wie er gesagt hatte.«

Bis zum Weißen Haus kam Ilja nicht mehr. Da, wo sich Gartenring und Kalinin-Prospekt kreuzen, sah er, wie die erste Panzer-
kolonne anrückte und die Barrikaden durchbrechen wollte.
Hatte die Attacke begonnen? Er gehörte zu den vielen, die sich
zwischen den Betonmauern der Straßenunterführung im gespen-
stischen Scheinwerferlicht der Tanks dem Putsch in den Weg stellten. Er hatte seinen Militärdienst in einer Panzerdivision geleistet
und konnte nicht glauben, daß die Armee gegen das eigene
Volk vorgeht. Mit dem Ruf – manche sagen, er hatte ein Mega-
phon – »Nicht schießen! Ich bin unbewaffnet!« springt er auf den
Panzer 536, reißt die Luke auf, will offenbar mit der Besatzung
reden, schwingt sich hinein. Die Antwort – ein tödlicher Schuß.
Blutend hängt er da, halb drinnen, halb draußen. Dmitrij Komar
und Wladimir Usow versuchen, ihn zu retten. Vergeblich – unter
den Panzerketten verlieren auch sie ihr Leben. Ein Jude und zwei
Russen.

Verbitterung ist in den Zügen Marat Kritschewskijs und seiner
Frau nicht zu erkennen, wenn sie über das Schicksal ihres Sohnes
sprechen. Nur Trauer und die Frage: Warum Ilja? Eins seiner vielen hinterlassenen Gedichte liest sich heute wie eine Vorahnung
des Schicksals, sagt sein Vater. Und er spricht – ohne daß ihm die
Stimme versagt – die Verse, die sein Sohn geschrieben hat:

Sterben wirst du anders, als du denkst.
Halt dich nicht mit Illusionen auf –
bequem durchs Leben kommen hier auf Erden ...
Offenen Auges bist du blind,
noch eher wird ein Blinder sehend werden.

Auf weitem Feld
bist du allein.
Es legte sich der Wind.
Und nur der halben Hoffnung
Spiegel
spricht zu dir:
»Nun geh, mein Kind!«

25. August

Thomas Roth
Boris Jelzins Regierungssitz am frühen Abend. Den Tag über waren Tausende Moskauer hier, teils um mal vorbeizuschauen, teils um das Gebäude zu schützen. Gegen Mittag war es noch einmal zu einer Panikreaktion gekommen, Barrikaden wurden wieder aufgebaut, weil angeblich Truppen des KGB im Anmarsch seien, um das Gebäude zu stürmen, die gefürchtete Division »Felix Dserschinskij«. Aber da waren nur fünf Lastwagen mit unbewaffneten Soldaten zu ihrem Standort zurückgefahren. Da kamen die Menschen schon zu Hunderten zurück zum Weißen Haus. Ein Soldat der Miliz von Boris Jelzin gibt nun Entwarnung. Die Polizei hat inzwischen weitere Kabinettsmitglieder verhaftet. Das russische Fernsehen zeigte den verhafteten sowjetischen Ministerpräsidenten Valentin Pawlow, einen der Anführer der Putschisten.

»Morgen tagt der Oberste Sowjet. Wenn Gorbatschow morgen nicht entschiedener gegen die anderen Drahtzieher durchgreift, dann braucht ihn das Volk nicht mehr«, sagt ein junger Mann vor dem Weißen Haus.

Morgen wird das nächste Kapitel auf dem Weg zum Zerfall der bisherigen Sowjetmacht aufgeschlagen, denn morgen tagt der Oberste Sowjet, das Parlament der Sowjetunion, im Kreml. Und dann wird untersucht werden, ob nicht der Parlamentspräsident selbst einer der heimlichen Drahtzieher des Putsches gewesen ist. Auch deshalb erwarten viele die morgige Sitzung mit Spannung.

Hans-Josef Dreckmann
Vor dem Gebäude des ZK fragen wir Passanten, was sie vom Rücktritt Gorbatschows als KP-Chef halten.

»Das ist völlig in Ordnung«, sagt ein Mann. »Viel früher hätte Gorbatschow schon diesen Schritt tun und diese Bande von Partei auflösen müssen.«

»Morgen im Parlament«, so sagt ein anderer, »muß Gorbatschow beweisen, daß er wirklich zu den Reformern steht, das ist seine letzte Chance.«

»Gorbatschow ist eine tragische Figur«, sagt einer nachdenklich. »Unsere kranke Gesellschaft ist im Umbruch, und für diesen Übergang steht Gorbatschow.« Und dieser Mann sagt: »Es war richtig, daß Gorbatschow endlich die Partei verlassen hat. Er soll schon Präsident bleiben, schließlich ist er international anerkannt, aber er sollte sich auf ein beschränktes symbolisches Amt zurückziehen, vielleicht so wie die englische Königin.«

Gerd Ruge

Man kann nicht sagen, daß der Putsch schlecht organisiert war, sagt Boris Jelzin. Die KGB-Truppen, die das Weiße Haus stürmen sollten, waren schwer bewaffnet. Es war die Sondergruppe Alpha des KGB, die zur Terrorismusbekämpfung ausgebildet ist. Sie sollte in die unteren Etagen des Weißen Hauses einsteigen, zu Jelzin vordringen und ihn verhaften oder wenn nötig am Arbeitsplatz erschießen. Die Gruppe Alpha weigerte sich, auch als sie von der KGB-Leitung mit schwerer Strafe bedroht wurde. Die Gruppe verschob den Sturm immer wieder. Und nachts um drei Uhr war es dann zu spät, so schildert Jelzin die Gefahr der vergangenen Nacht. [Siehe auch das Interview mit dem Kommandeur der Gruppe Alpha Seite 200.] Und dann sagt er über Gorbatschow: »Der Präsident ist mit schuld an diesem Putsch, denn er hatte sich diejenigen zu Vertrauten gewählt, die den Putsch gemacht haben.«

Hans-Josef Dreckmann

Präsident Gorbatschow ist von einer Mitschuld an dem gescheiterten Putsch nicht freizusprechen. Diese Ansicht vertrat heute abend im sowjetischen Fernsehen der russische Präsident Boris Jelzin. Jelzin sagte: »Wer hat denn die Verantwortlichen ausgesucht, das war doch er. Und wer hat sie im Amt bestätigt? Er tat es. Und diese ganze Regierung hat Gorbatschow verraten.« Und dasselbe, so Jelzin, habe auch Parlamentspräsident Lukjanow ge-

tan, der, so Jelzin, Chefideologe des Putsches. Und dann nannte
Jelzin erstmals Details des Umsturzversuches: Es sei geplant gewesen, ihn selbst und elf weitere russische Führer am vergangenen Montag, dem ersten Tag der Verschwörung, zu verhaften.
Alle Türen und Fenster der beiden unteren Etagen des Parlaments sollten unter Feuer genommen werden, um einer KGB-
Truppe den Weg freizuschießen. Jetzt komme es darauf an, die
Bürger des Landes zu beruhigen und die Euphorie zu dämpfen.
Man müsse sich an den Wiederaufbau der Wirtschaft machen, das
sei jetzt vor allem wichtig. »Wir müssen uns jetzt als wahre Demokraten beweisen«, sagt der russische Präsident. »Wir dürfen
jetzt nicht von einem Extrem ins andere fallen. Gesetz ist Gesetz.
Wir dürfen uns jetzt nicht dazu hinreißen lassen, Rache zu nehmen.«

Der erst am Freitag ernannte neue Verteidigungsminister
Jewgenij Schaposchnikow gab am Abend im Fernsehen bekannt,
daß 80 Prozent der Führungskräfte der Armee ausgewechselt
werden. Junge loyale Männer kämen an ihre Stelle, Männer, die
zu einem Putsch nicht bereit seien.

Unterdessen überschlagen sich in der gesamten Sowjetunion
die Ereignisse. Zwei Beispiele: In Leningrad schießen Soldaten
mit Kalaschnikows auf die Embleme von Hammer und Sichel an
öffentlichen Gebäuden, und Oberbürgermeister Sobtschak kündigt an, in wenigen Tagen bereits werde Leningrad wieder St. Petersburg heißen. Gewaltige Demonstrationen gab es in Kiew, der
Hauptstadt der Ukraine, wo die Unabhängigkeit ausgerufen
wurde. Die Menschen wollen einfach nicht mehr warten. Und
überall in Rußland hört man den Ruf nach dem neuen Hoff-
nungsträger Jelzin.

Gerd Ruge
Das ist der Vorspann der Nachrichtensendung *TSN*, des Fernseh-
nachrichtendienstes im zentralen Fernsehprogramm. Eine erst-
klassige Informationssendung war das, genau, objektiv und mu-
tig, deshalb hat man ihr im März einen Maulkorb umgehängt.
Tatjana Mitkowa hat während der blutigen Tage von Wilnius im
Januar die verlogenen offiziellen Nachrichten durch eine Spre-

cherin verlesen lassen und gesagt, daß man diese offiziellen Meldungen bringen müßte. Aber dann hat sie erzählt, was ausländische Sender und Agenturen über den Einsatz der Armee, über die Toten berichteten. Im März hat das sowjetische Staatsfernsehen sie und ihren Kollegen rausgeschmissen. Am Morgen nach der Nacht, in der man den Sturm auf das Parlament fürchtete, stand sie mit mir in Jelzins Vorzimmer. Die Leute draußen hatten ihr Blumen geschenkt, für sie und für Boris Jelzin. Jelzin gab ihr das erste Interview an diesem historischen Tag. Für uns berichtet sie über die Rolle der sowjetischen Journalisten während des Putsches und danach.

Tatjana Mitkowa

Es wäre logisch, eine Geschichte über die Massenmedien in der Redaktion einer Zeitung oder in einem Fernsehstudio zu beginnen. Doch ich will es hier tun, im Zentrum Moskaus, wo während des Putsches die Panzer gestoppt wurden und Menschen starben. Sie verteidigten unter anderem auch die Glasnost, eine der wenigen Errungenschaften der Perestroika. Das Wort Glasnost trat vor sechs Jahren in unser Leben und gab uns die Möglichkeit, die Wahrheit über unsere Vergangenheit und Gegenwart zu erfahren. Doch bald stellte sich heraus, Glasnost und das, was man im Westen freie Meinungsäußerung nennt, sind verschiedene Dinge.

Diese Zettel an den Barrikaden und Wänden, die so aufmerksam gelesen, gleichsam mit den Augen aufgesogen werden, sind vielleicht der Anfang der neuen Freiheit, die Machthaber öffentlich zu kritisieren. Diese Wandpresse warnt: »Die Rechten sind nicht geschlagen. Bakatin darf nicht KGB-Chef werden. Gorbatschow wird versuchen, die Verschwörer zu verteidigen.«

Diese improvisierte Zeitung klebt an den Barrikaden. Sie wird mit ihnen auch verschwinden. Was werden diese Menschen dann lesen? Was werden sie im Fernsehen sehen, und an wen und was werden sie glauben?

Wohl kaum denen, die im Fernsehgebäude in Ostankino arbeiten. Hier sendet der erste Kanal des staatlichen sowjetischen Fernsehens. Ein Journalist nannte es das Lügenlaboratorium. Am 20. August, dem zweiten Tag des Putsches, sagte ein Mitarbeiter des Hauptnachrichtenprogramms, daß Janajew, Jasow,

Pugo und die anderen Mitglieder des Putsch-Komitees gesetzlich korrekt gewählt worden seien und wir sie nicht Verschwörer oder Verräter nennen dürften. Den ersten Fernsehkanal nennt man in unserem Land den Präsidentenkanal. In den Tagen des Putsches haben hier viele ihren Präsidenten verraten. Also, wem kann man glauben?

Das Gebäude des Russischen Fernsehens. Die TV Rossija entstand vor drei Monaten als Alternative zum staatlichen sowjetischen Programm, doch bald wurde es zu einer Opposition, die Gorbatschow beschimpfte und Jelzin lobte. Sechs Stunden am Tag wird gesendet, fast ohne jede Technik und gegen den Widerstand der Unionsbehörden. Nach dem Scheitern des Putsches hoffen hier viele auf eine Verbesserung der Arbeitsbedingungen. Dennoch, die Stimmung in der Redaktion ist nicht so euphorisch, wie man vermuten könnte.

»In den letzten Tagen mußten wir zweimal von hier ausziehen. Die Faxgeräte funktionieren bis heute nicht. Wir spüren auch den Widerstand derjenigen, die offen den Putsch unterstützt haben. Die Lage im Russischen Fernsehen und im Land gibt mir keine Hoffnung auf eine Verbesserung«, sagt Oleg Gabardejew, der Chef der Nachrichtenredaktion.

Seinen Pessimismus teilen hier viele, doch aufgeben wollen sie nicht. Trotz aller Schwierigkeiten und trotz allen Drucks von oben. Die freie Meinungsäußerung in der Sowjetunion entsteht unter Schmerzen, aber sie ist diese Schmerzen auch wert.

Ein größeres Sitzungszimmer war in der Zeit des Putsches ein Studio. Hier wurde trotz Verbot der neuen Machthaber gearbeitet. Der Chefredakteur erzählt, daß der Militärkommandant Moskaus, Kalinin, den Befehl gab, die Arbeit des Russischen Fernsehens wie die anderer Fernseh- und Radiostationen einzustellen. Er drohte mit einer Haftstrafe von 100 Tagen.

So also sehen heutzutage Glasnost und freie Meinungsäußerung von innen aus. Übrigens, ich persönlich glaube nicht an eine Freiheit, bei der man der Polizei einen Ausweis vorzeigen muß, wenn man eine Redaktion verläßt – wie hier beim TV Rossija, wie bei allen Zeitungen.

Und die Presse? Die Zeitungen, die die Putschisten unterstützt haben, sind jetzt erst einmal von Jelzin verboten worden. Die an-

deren, die in den Tagen des Putsches verboten waren, können
jetzt wieder arbeiten. In 70 Jahren Sowjetmacht ist das Wort Unabhängigkeit aus dem Wortschatz der sowjetischen Menschen
verschwunden, wie auch die Unabhängigkeit selbst. Am 21. Dezember des vergangenen Jahres erschien die erste Nummer einer
Zeitung mit einem provozierenden Namen: *Die Unabhängige*.
Übrigens: alles in dieser Welt ist relativ, auch die Unabhängigkeit.

Die Redaktion der *Unabhängigen Zeitung* teilt sich eine Etage
mit einer anderen Organisation. Noch vor kurzem standen hier in
diesem Raum Werkbänke, und die Journalisten schrieben ihre
Reportagen unter fürchterlichem Krach. Der Chefredakteur der
Unabhängigen Zeitung ist Witalij Tretjakow. »Witalij, mir
scheint, die Arbeit der sowjetischen Medien kann man etwa in
drei Etappen einteilen: Weg zum Putsch, während des Putsches
und die Zeit danach. Wie sehen diese Etappen Ihrer Meinung
nach aus?« »Bis zum Putsch arbeitete unsere Zeitung unter den
Bedingungen der Pressefreiheit«, sagt Tretjakow. »Andere ließen
sich durch die Glasnost einschränken. In der Zeit des Putsches
stand ein Teil der Zeitungen auf der Seite des Volkes, ein anderer
zog es vor, sich zu beugen. Ich würde selbst eine Wiederholung
des Putsches nicht ausschließen, und dann werden wir von neuem
vor der Wahl stehen.« Der Chefredakteur meint, daß in seiner
Zeitung freie Meinungsäußerung herrsche. Ich persönlich glaube
nicht an freie Meinungsäußerung in nur einer Zeitung. Wie schon
lange niemand mehr von uns an den Aufbau des Sozialismus in
nur einem Land glaubt.

Eine Stationsansage im Radio. »Guten Abend, liebe Hörer in
Moskau. Sie hören die unabhängige Radiostation *Echo Moskaus*,
am Mikrofon Sergej Grossman.«

»Was meinen Sie, Sergej? Ersticken wir nicht an der Freiheit,
die über uns hereingebrochen ist?« »Freiheit gibt es nie genug.
Ich glaube, uns droht ein neuer Bolschewismus. Festnahmen von
Kommunisten, Parteienverbote, uns kann eine Welle des Hasses
überfluten. Und dann ist jegliche Freiheit zu Ende.«

Viele suchen jetzt eine Antwort auf die Frage, ob bei uns freie
Meinungsäußerung überhaupt möglich ist. Bis zur Perestroika haben Fragen immer nur die beantwortet, die an der Macht waren.

Seit April 1985 schauen wir auf der Suche nach Antworten öfter in die Zeitungen, hören Radio und schalten den Fernseher an. Wem und was werden wir nach dem August 1991 glauben?

Gerd Ruge

Der Schriftsteller und Journalist Alexander Kabakow steht hier an den Resten der Barrikaden ums Weiße Haus. Während des Putsches hat er die meisten Stunden in einem kleinen Hinterzimmer im Zentrum Moskaus verbracht. Er war einer der Sprecher des illegalen Rundfunksenders *MN*, der dreimal gezwungen wurde, seine Sendungen einzustellen und trotz schwerer Strafandrohungen jedesmal wieder zu arbeiten begann, um die Moskauer mit Informationen über die Widerstandsmaßnahmen, die Erklärungen der demokratischen Politiker und die Reaktion des Auslands zu informieren.

Alexander Kabakow hat im vergangenen Jahr einen satirischen Roman veröffentlicht, *Kein Zurück*. Es ist die Geschichte Moskaus nach einem Militärputsch. Und jetzt hat er ein neues Buch geschrieben, zwei Folgen sind schon in Fortsetzungen erschienen. Darin geht es um einen Militärputsch, da kommen acht Leute als Verschwörer vor, einer mit Glatze erschießt sich, fast, als ob er alles gewußt hätte.

GR In Ihrem neuen Buch haben Sie das alles vorhergesehen?

Alexander Kabakow Ja, in meinem neuen Roman beschreibe ich, was jetzt in der Sowjetunion passiert ist. Er wurde schon im Winter geschrieben und erscheint gerade jetzt erst. Die Verschwörer haben aber einen Fehler gemacht. Sie haben nur die ersten zwei Fortsetzungen gelesen, die schon in einer Zeitschrift veröffentlicht waren. Sie haben leider den dritten Teil noch nicht gelesen, leider oder zum Glück für uns. In dem Roman treten auch acht Leute auf, ein ehemaliger Komsomol-Sekretär, ein Typ vom KGB, ein General, alles wie in Wirklichkeit. Und der einzige von ihnen, der zum Schluß eine Kugel in den Kopf kriegt, ist ein Glatzkopf. Alles, was ich geschrieben habe, war natürlich nicht ganz ernst gemeint, und ich halte mich auch nicht für Nostradamus, nicht für einen Wahrsager.

GR Daß die konservativen Kommunisten im Lande versuchten, das Regime der eisernen Hand wieder zu errichten – würden Sie sagen, das hat damals in der Luft gelegen?

AK Ja, das hat tatsächlich in der Luft gelegen. Wenn ich, als ich damals den neuen Roman zu schreiben begann, im Oktober letzten Jahres, mir so etwas ausdenken konnte, dann finde ich, konnten die professionellen Politiker erst recht um die realen Voraussetzungen eines militärischen Umsturzes wissen. Übrigens, weitaus mehr als das interessiert mich jetzt unser Leben nach der Niederschlagung des Putsches, und ich muß sagen, daß mich da durchaus nicht alles freut. Leider zeugt sehr viel davon, daß die Psychologie der Bolschewiki oder, wie Mereschkowski sie einmal nannte, »der dynamischen, aktiven Schurken« weiter wirkt. Wir haben es in diesen Tagen eilig, den Antikommunismus aufzubauen. Den Kommunismus bauten wir und blieben bei Null stehen. Jetzt haben wir uns schon wieder vorgenommen, etwas zu bauen – den Antikommunismus. Und das ist praktisch dasselbe. Man darf nicht einfach Zeitungen verbieten, schon gar nicht, wenn der Ausnahmezustand bereits vorbei ist, ohne gesetzliche Grundlage. Man darf keine Partei verbieten, erst recht nicht, wenn der Generalsekretär dieser Partei auf dem Rednerpult eines Parlaments steht. Und einen Präsidenten duzt man nicht, und man schreit ihn auch nicht an, während er spricht, egal, was er für ein Präsident ist. Wir sind noch immer eine revolutionäre Gesellschaft, aber ich hoffe trotzdem, daß die Revolution, die sich in den vergangenen Tagen abgespielt hat, die letzte war. Solange wir nicht aufhören, eine revolutionäre Gesellschaft zu sein, solange wir das revolutionäre Bewußtsein nicht Schritt für Schritt aus unserem öffentlichen Leben verbannen, so lange werden wir keine wirklich freie, keine wirklich zivilisierte Gesellschaft werden.

Thomas Roth
Am Ende der Woche. Noch einmal lassen wir Bilder und Eindrücke an uns vorüberziehen.

Ein Soldat im Tarnanzug. Er war in der Nacht des Putsches bei der Panzertruppe, die zu Jelzin überlief. Jetzt singt er zur Gitarre

vor Zigtausenden von Moskauern, die gestern nachmittag vor
dem Weißen Haus ihren Sieg feierten und zugleich noch einmal
der Opfer gedachten. Er hat für die Opfer des Putsches ein Lied
geschrieben:

»Ihr liegt unter dem dreifarbenen Himmel, / euer Opfer werden wir nicht vergessen. / Wir setzen euch ein ewiges Denkmal, /
ein ewiges Denkmal für die Demokratie.«

Auch der Sänger selbst wird von den Moskauern als Symbol
der neuen Demokratie gesehen: ein Offizier bei der Armee – und
doch nicht Teil der alten Macht. Sein Lied ist kein Lied zum Mar-
schieren, sondern steht in der Tradition des Widerstands gegen
das Regime. Viele solcher Lieder mußten lange Jahre heimlich
gesungen werden.

Trotz des Nieselregens kommt ein Brautpaar, sie ganz in Weiß.
Bisher war es Tradition bei den Moskauer Brautpaaren, zum offiziellen Denkmal des Unbekannten Soldaten an der Kremlmauer
zu gehen. Auch das hat sich geändert. Jetzt gehen manche von
ihnen zum Platz vor dem russischen Parlament, wo Jugendliche
spontan Gedenkstätten für die Opfer des Putsches eingerichtet
haben. »Wir und die Gedenkstätte, wir bleiben hier, bis die Täter
bestraft sind.« Die jungen Leute, die das hingeschrieben haben,
übernachten in Schlafsäcken neben der mit Blumen bedeckten
Betonplatte, die als Mahnmal dient. Außerdem: überall ist der
Hunger nach Information, der Hunger nach der Wahrheit spürbar.

Wandzeitungen neben dem Eingang des Weißen Hauses: Wie
ist dieser Putsch abgelaufen? Die Putschisten hatten ja noch einmal die alte Propagandamaschinerie angeworfen, noch einmal
dieser gespenstische Versuch, mit plumpen Lügen und Panzern
dem Volk das Gefühl für die Wahrheit auszutreiben. Neben dem
Weißen Haus steht nach wie vor ein bronzenes Denkmal des Sieges der Leninschen Revolution. Muskulöse Proletarierhände
stützen eine triumphierende Siegesgöttin. Verordnete und ver-
kitschte Parteikunst, die heute noch verlogener wirkt. Dieses
Denkmal aber ist inzwischen eingekreist vom sichtbaren Ausdruck der jetzigen Revolution: den Barrikaden um das russische
Parlament. Sie sind nun ein Wallfahrtsort und beginnen sich in
einen künstlerischen Gegenstand zu verwandeln, der politisch

und ästhetisch eine ganz andere, eine viel spontanere und freiere Sprache spricht, als es verordnete Kunst je könnte. Schon gar nicht mit Gewalt verordnete Kunst. Vielleicht eine Ironie der Geschichte, daß ausgerechnet an dieser Stelle vor dem heutigen russischen Parlament während der Leninschen Revolution vor 74 Jahren heftig gekämpft worden sein soll. Um ein Haar hätte es hier jetzt noch einmal ein Blutbad gegeben: im Namen der Diktatur. Jugendliche und junge Künstler bewachen die Barrikade noch immer Tag und Nacht. Sie werden aus den Barrikaden ein Denkmal für ihre Revolution gestalten. Eine Revolution, die in den gefährlichen Tagen vor allem von Jugendlichen getragen wurde. Sie wissen das, und sie haben daraus ein neues Selbstbewußtsein gewonnen. Trotzdem sind ihre Lieder poetisch und melancholisch zugleich.

»Die Nacht hat die unruhige Welt in ihre Umarmung genommen. / Die Freunde haben ein Mahl zusammengetragen, / der Wein in den Farben der Nacht ist in die Gläser verteilt, / und der Wind geht umher als schläfrige Wacht. / Wir trinken aus einem Krug, / aber jeder trinkt allein, / und jeder trinkt nur für sich. / Und doch, verloren geht langsam der Geschmack, immer unterwegs sein zu müssen. / Einmal kommen wir an.«

Sie wirken, wie sie hier am Feuer sitzen, inzwischen etwas müde und abgekämpft, nach alldem, was in den letzten sieben Tagen geschehen ist. Die Frage nach ihrer Stimmung aber beantworten sie alle gleich: »Es ist ein schöner Tag, ein sehr schöner Tag.« Doch eine junge Frau sagt ebenso eindeutig, daß sie für Gorbatschow nichts, aber auch gar nichts übrig hat. »Der hat uns mit seinen Kompromissen bloß verkauft. Nein, er ist kein Präsident für mich, nein!«

Er, vielleicht zwanzig Jahre alt, macht ein sehr ernstes Gesicht: »Heute ist ein feierlicher Tag, weil die Demokratie gesiegt hat. Wenn der Putsch geklappt hätte, gäbe es das alles hier nicht mehr. Und vielleicht hat der Putsch uns sogar zu einem neuen Aufbruch verholfen, zur Geburt eines neuen Rußland.«

Eine Tanzgruppe in russischen Trachten bereitet sich zum Auftritt am Weißen Haus vor. Eine der Tänzerinnen: »Ich freue mich für mein Volk; am Ende haben wir doch unsere Kraft und unseren Stolz gezeigt. Was die Wirtschaft angeht, hoffen wir, daß es besser wird. Aber wir wissen auch, daß alle Probleme noch vor uns liegen.«

Am Abend ein Feuerwerk vor dem Weißen Haus. Zur gleichen Zeit spielt auf dem Manege-Platz neben dem Kreml eine bekannte russische Pop-Band vor rund hunderttausend Fans. Viele Musiker konnten lange Jahre nicht öffentlich auftreten, denn die Partei hatte nicht nur eine politische, sondern auch eine Diktatur des Geschmacks errichtet. Eine Atmosphäre wie diese so dicht am Kreml, am Symbol der Macht, eine solche Atmosphäre habe es in Moskau noch nie gegeben, sagen viele. Im September werden im übrigen die Rolling Stones hier spielen, und überhaupt – es soll hier alles einmal so sein, wie sie es sich in London, Berlin oder Paris vorstellen. Dort wollen sie außerdem endlich mal hin. Und sie sind der Meinung, daß die drüben sich darüber auch freuen. Hoffentlich haben sie recht.

Auszüge aus einem Interview der *Literaturnaja Gaseta* mit dem Kommandeur der Gruppe Alpha, Generalmajor des KGB Viktor Karpuchin, am 28. August

Am Abend des 19. August fand im Verteidigungsministerium der UdSSR eine geschlossene Besprechung statt. Der Leiter war General Otschalow, Moissejew und Achromejew waren anwesend. Jasow kam mehrmals herein. Ich bekam den Befehl, den Putsch anzuführen. Insgesamt 15 000 Mann wurden meinem direkten Befehl unterstellt. [. . .]

Wir wurden dauernd durch Filmaufnahmen aus dem Weißen Haus und dessen Umgebung informiert. Unsere Agenten waren ständig unter den Verteidigern des Weißen Hauses und innerhalb des russischen Parlaments. General Lebedew und ich sind nachts alle Barrikaden abgefahren. Offen gesagt, das waren Spielzeugbarrikaden, man hätte sie mit minimalem Aufwand einnehmen können. [. . .]

Um drei Uhr nachts sollten Omonzy-Einheiten den Platz vor dem Weißen Haus räumen, die Menge mit Hilfe von Gas und Wasserwerfern zerstreuen. Dann sollte unsere Einheit nachrükken, aus der Luft und vom Boden aus, unter Einsatz von Hubschraubern, Gewehrgranatwerfern und anderen technischen Mitteln. Wir sollten das Gebäude einnehmen. Meine Jungen sind so gut wie unverwundbar. Das alles hätte nicht länger als etwa 15 Minuten gedauert... In dieser Situation hing alles von mir ab. Gott sei Dank habe ich keine Hand gerührt. Es hätte ein Gemetzel, ein Blutbad gegeben. Ich habe mich geweigert.

[Es gibt aus den Tagen nach dem Putsch eine Reihe ähnlicher Aussagen von KGB-Offizieren und Funktionären, die sich rühmen, durch ihr Verhalten den Sieg des Notstandskomitees verhindert zu haben. Welche Befehle gegeben oder verweigert wurden, wird erst in den bevorstehenden Prozessen geklärt werden können.]

26. August

Thomas Roth

Heute morgen auf dem Roten Platz vor dem Kreml. Eine kleine Gruppe von Demonstranten fordert nachdrücklich ein politisches Großreinemachen, den Rücktritt des gesamten Parlaments und schließlich den Rauswurf aller, die auch nur im Ansatz am Putsch beteiligt gewesen sind.

Dieser Mann gehört zu der weit rechts angesiedelten Gruppe »Einheit«. Sie steht in dem Geruch, beim Putsch vielleicht sogar die Finger im Spiel gehabt zu haben. Doch er windet sich, weist alles zurück und will damit nichts zu tun gehabt haben.

In der Lobby des Obersten Sowjet ist die Spannung groß. Niemand weiß so recht, was die Debatte bringen wird und wann Gorbatschow überhaupt zum Reden kommt. Jemand hat noch einmal Fotos vom Putsch an die Wand geklebt, zur Erinnerung und zur Warnung.

Sergej Stankewitsch gehört zu den Reformern und ist ein einflußreicher Berater Boris Jelzins. Er hat Gorbatschow vorgeworfen, durch zu große Kompromisse mit den Reaktionären den Putsch überhaupt erst ermöglicht zu haben. Doch Gorbatschows Rücktritt verlangt er zumindest bis jetzt noch nicht.

»Wir brauchen ihn noch als verfassungsmäßigen Präsidenten der UdSSR«, sagt er. Die Betonung liegt auf dem Wörtchen »noch«.

Es folgen eine mehrstündige Geschäftsordnungsdebatte und für Außenstehende kaum noch verständliche politische und unpolitische Manöver, bis schließlich Gorbatschow selbst spricht.

Gerd Ruge

Seit fast zwei Stunden ist der Oberste Sowjet in eine Tagesordnungsdebatte verstrickt, eine endlose Reihe von Rednern diskutiert zum Beispiel, ob dies eine Debatte über den Staatsstreich sei oder ob sie Debatte über den versuchten Staatsstreich heißen müsse – Vorschläge aller Art bis zur Selbstauflösung des Ober-

Der Vorsitzende des Obersten Sowjet, Anatolij Lukjanow, muß zurücktreten.

sten Sowjet. Gorbatschow wird über die Ereignisse vom 19. bis 22. berichten. Das wird nur mit mäßigem Interesse erwartet, da ist schon viel gesagt worden. Die Entlassung der Regierung ist auch nur ein formaler Akt. Parlamentspräsident Lukjanow, seit 40 Jahren ein enger Freund Gorbatschows, ist zurückgetreten. Er gilt als der Ideologe des Putsches. Nun möchte er sich weißwaschen. Das versuchen eine Menge Abgeordnete, die in den kritischen Tagen nicht gemuckt haben. Nur die Minderheit ist demokratisch gewählt worden, in Wahlen, in denen es Gegenkandidaten gab. Viele sind vom Parteiapparat oder von anderen Organisationen ernannt worden. Am 2. September erst kommen die entscheidenden Tage, wenn der Kongreß der Volksdeputierten tagt, das höchste parlamentarische Gremium der Sowjetunion. Dann geht es um neue politische Machtstrukturen, um einen völlig neuen Staat, und weil das so ist, können die Abgeordneten hier auch ausführlich über die Tagesordnung reden.

Hans-Josef Dreckmann

Spannend wurde es im nach wie vor von den Konservativen be-
herrschten Obersten Sowjet erst, als Präsident Gorbatschow ans
Pult trat. »Wo waren Sie während des Putsches, und warum sind
Sie nicht sofort nach Moskau geeilt?« fuhr Präsident Gorbatschow das Parlament der UdSSR an. Die Antwort wußte er
selbst – weil dieses Parlament von den Konservativen beherrscht
wird und Parlamentspräsident Lukjanow wegen seiner Rolle
beim Putsch gerade zurückgetreten war. Er räumte persönliche
Mitverantwortung für den Putsch ein, weil er reaktionäre Tendenzen in Partei, Armee und Politik unterschätzt habe. Aber als
einen der tatsächlich Verantwortlichen nannte er den zurückge-
tretenen Lukjanow. Der Umsturzversuch, so sagte Gorbatschow,
sei nicht aus heiterem Himmel gekommen. Er sei letztlich darauf
zurückzuführen, daß man bei der konsequenten Umsetzung der
demokratischen Reformen zu zögerlich gewesen sei. Und daran
sei er mit schuld gewesen. Der Partei, deren Chef er bis zu seinem
gestrigen Rücktritt war, bescheinigte er, daß die alten stalinisti-
schen Strukturen unverändert seien. Den Republiken, die den
neuen Unionsvertrag nicht unterschreiben wollen, sollte man das
Recht auf eine freie Entscheidung zubilligen. Gorbatschows
Rede war ein verzweifelter Versuch, seine Position wieder zu fe-
stigen. Dazu gehört auch sein Vorschlag, bald freie Präsidenten-
wahlen abzuhalten. Aber ob das reicht? Zu Recht sagte Gorbatschow: »Als ich am Donnerstag von der Krim nach Moskau zu-
rückkam, kam ich in ein anderes Land.«

Mit versteinerten Gesichtern und ohne den geringsten Beifall
hörten sich die Parlamentarier die Abrechnung an. Und dann trat
Kirgisiens Präsident Akajew ans Pult und forderte das Parlament
auf, sich am besten umgehend selbst aufzulösen. Natürlich bekam auch er keinen Beifall. Ob es Gorbatschow gelingen wird,
sich noch einmal an die Spitze der Reformer zu setzen, ist mehr
als fraglich. Da ist ihm sein Rivale Boris Jelzin viele Schritte voraus.

Thomas Roth

Auch wenn die Pose noch so feldherrisch bestimmt wirkt – wie lange bleibt dieses Gemälde von Wladimir Iljitsch Lenin noch in der Lobby des Obersten Sowjet, des sowjetischen Parlaments, hängen? Darauf wollte heute niemand mehr Wetten annehmen. Nun hängen hier auch Fotos vom Putsch und von seinen Opfern. Dieser Putsch hat die Sowjetunion von Grund auf verändert. Ganz besonders auch für den Präsidenten Michail Gorbatschow, der in seiner Rede einen aussichtslosen Versuch unternommen hat zu retten, was nicht mehr zu retten ist: die alte Struktur der Sowjetunion selbst.

Der Präsident der Republik Kasachstan, ein mächtiger und respektierter Mann, sagt, wo es langgeht. Mit dem Staat Sowjetunion sei es endgültig vorbei. Möglich ist nur noch eine Wirtschaftsgemeinschaft mit gemeinsamen Grenzen und gemeinsamen Atomwaffen und damit basta.

Gorbatschow kommt zu spät. Sechs Republiken haben sich bereits unabhängig erklärt. Sie wollen mit der Sowjetunion nichts mehr zu tun haben. Und damit ist die Zeit bereits absehbar, in der auch Gorbatschow nicht mehr gebraucht wird. Ob er es begreift oder nicht, so sehen es viele Beobachter, die Sowjetunion ist bereits auseinandergefallen.

Hans-Josef Dreckmann

»Abgeordnete, welche Union verkörpert ihr denn noch, spielt nicht Komödie, tretet zurück!« riefen die Menschen auf dem Roten Platz vor dem Spasskij Tor, durch das die Mitglieder des Obersten Sowjet ins Parlament gingen. Vorbei an Hohn- und Spottplakaten mußten sich die Deputierten ihren Weg in den Kreml bahnen. Um eine Abrechnung mit den Putschisten und ihren Hintermännern sollte es gehen, und dann stand ganz plötzlich ein ganz anderes Thema im Mittelpunkt. Was um alles in der Welt soll nur aus der Sowjetunion und den 15 Republiken werden? »Wissen Sie was?« sagt Arkadij Wolskij, Vorsitzender des Sowjetischen Unternehmerverbands. »Am Ende werden Rußland und die vier bettelarmen asiatischen Republiken allein übrigbleiben.« »Wir wollen den neuen Unionsvertrag«, sagt Kirgisiens Präsident Askar Akajew. Aber er ist ja auch aus einer der asiati-

Drei »Vordenker« des Ausnahmezustands:
Die Schwarzen Obersten Petruschenko und Alksnis und der
Volksdeputierte Kogan.

schen Republiken. Ter-Petrossjan, der Präsident Armeniens, hingegen sagt: »Im September wird unsere Bevölkerung abstimmen.
Ich bin sicher, 95 Prozent sind für den Austritt. Nach dem Putsch
gibt es kein Vertrauen mehr zu diesem Staat.«

Und Gorbatschow? Er will den neuen Vertrag der unionswilligen Republiken mehr denn je, auch fürs eigene politische Überleben. Aber, so sagt er heute, wer nicht unterschreiben will, soll
das Recht auf eine freie Wahl haben, mit anderen Worten: Wer
gehen will, kann gehen.

»Wo soll denn meine Schuld liegen?« fragt Viktor Alksnis, der
Schwarze Oberst, der Gorbatschow wie Jelzin gleichermaßen bekämpft, auf Gorbatschows Frage nach der Verantwortung der
Abgeordneten. »Ich war immer für den Notstand, ja, aber ohne
Putsch. Ich weiß, ich habe jetzt eine Schlacht verloren, aber nicht
den Krieg.« Und Anatolij Lukjanow, der Parlamentspräsident,
der von Jelzin als der Ideologe des Putsches bezeichnet worden
war und heute zurücktrat, beteuert immer noch: »Ich habe von
nichts gewußt.«

Zu Anatolij Lukjanows Rücktritt vom Amt des Vorsitzenden des Obersten Sowjet am 26. August

[Anatolij Lukjanow, der Vorsitzende des Obersten Sowjet der UdSSR, hatte am 18. August den Text einer Erklärung vorbereitet, die die Unterzeichnung des von Gorbatschow vorangetriebenen Vertrags zwischen den Republiken zur Neuordnung der Union als verfassungswidrig erscheinen ließ. Er hat diesen Text dann, wie Faksimile-Wiedergaben zeigen, auf den 16. August vordatiert, um den eigentlichen Zweck dieser Erklärung, die Rechtfertigung des Putsches, zu verheimlichen. Lukjanow trat dem Putsch-Komitee nicht selber bei, sondern nutzte seine Stellung als Parlamentspräsident, um dem Komitee von außen durch das Parlament den Anschein von Legitimität zu geben.]

[...] Bekanntlich war der Entwurf des Unionsvertrags am 12. Juli 1991 vom Obersten Sowjet der UdSSR im Grundsatz gebilligt worden. Im Zusammenhang damit hatte der Oberste Sowjet einen entscheidungsfähigen Unionsausschuß gebildet und ihn beauftragt, die weitere Ausarbeitung und Abstimmung des Vertragsentwurfs auf der Grundlage unserer Vorschläge vorzunehmen. Vor allem war auf die Unabdingbarkeit hingewiesen worden, in Bezeichnungen und Grundprinzipien des Vertrags die Resultate des Unionsreferendums zum Ausdruck zu bringen, in dessen Zuge die absolute Mehrheit der Bürger des Landes sich für die Erhaltung der Union Sowjetischer Sozialistischer Republiken als erneuerter Föderation gleichberechtigter souveräner Republiken ausgesprochen hatte. [...]

Der Oberste Sowjet hatte es als zweckmäßig und unabdingbar für das normale Funktionieren eines föderativen Staates erkannt, im Unionsvertragsentwurf die Erhaltung des einheitlichen Wirtschaftsraums und eines einheitlichen Bankensystems sowie die Stärkung des Eigentums zu verankern. Insbesondere war die Forderung nach selbständigen Steuereinnahmen im Unionshaushalt vereinbart worden. Leider haben jedoch diese wichtigsten Vorschläge nur ungenügend Ausdruck in dem veröffentlichten Text des Unionsvertrags gefunden. [. . .]

Ungeachtet dessen, daß diese Vorschläge von den bedeutendsten sowjetischen Juristen unterstützt wurden, fanden sie gleichfalls nicht den gebührenden Ausdruck in dem in Nowogariowa ausgehandelten Unionstext. Die dadurch entstehende Gefahr für die Entwicklung eines stabilen Rechtssystems in unserem Land kann nicht hoch genug eingeschätzt werden. [. . .]

Vorsitzender des Obersten Sowjet der UdSSR, A. Lukjanow, am 16. August 1991

[Anatolij Lukjanow hatte den jungen Michail Gorbatschow Anfang der fünfziger Jahre an der Moskauer Universität kennengelernt, wo er Gorbatschows Vorgesetzter im Komitee des Jungkommunistenverbands der juristischen Fakultät war. Nach seinem Studium war er mit juristischen Fragen des Staats- und Regierungsapparats befaßt gewesen. Er arbeitete beim Ministerrat, beim Präsidium des Obersten Sowjet und im Zentralkomitee. Von 1977 bis zum Tode Leonid Breschnews leitete er das Sekretariat des Präsidiums des Obersten Sowjets, des höchsten Organs des Sowjetstaats. Michail Gorbatschow ernannte ihn 1985 zum Leiter der allgemeinen Abteilung des Zentralkomitees und des ständigen Sekretariats des Politbüros. 1989, als Gorbatschow zum Präsidenten des Obersten Sowjet gewählt wurde, machte er Lukjanow gegen den zum Teil erbitterten Widerstand der Volksdeputierten zu seinem Stellvertreter und später, nachdem Gorbatschow Präsident der UdSSR geworden war, zum Präsidenten des Obersten Sowjet. Spätestens seit Mitte 1990 galt Lukjanow bei den demokratischen Abgeordneten als ein Mann, der in seiner Funktion als Parlamentspräsident Reformen verlangsamen und verzögern wollte und die konservativen Gruppierungen im Parlament förderte. In der Presse wurde er gelegentlich als der Mann im Hintergrund zitiert, der sich darauf vorbereitete, Gorbatschows Amt zu übernehmen. In einem Interview nach seinem Rücktritt sagte Lukjanow:]

Was Präsident Gorbatschow betrifft, so habe ich zu ihm sehr enge Beziehungen. Ich liebe ihn. Ich kann ihn nicht ändern, auch wenn ich, und ich sage es Ihnen offen, seine Schwächen, seine Unzulänglichkeiten kenne, auch wenn ich weiß, wie verletzlich er ist. Aber um gerecht zu bleiben, muß man sagen, daß von jenen Leuten, die die Perestroika begannen, ich allein bei ihm geblieben bin. Die anderen sind gegangen, die einen nach links, die anderen nach rechts. [. . .] Ich möchte Ihnen jetzt ehrlich sagen, daß ich alles mir mögliche getan habe, damit sich das sowjetische Parlament im Interesse der arbeitenden Menschen und im Interesse unseres Volkes entwickeln konnte. [. . .] Und heute wirft man mir vor, daß ich die öffentliche Meinung manipuliert, dem Parlament meine Bedingungen diktiert hätte – nein, nichts dergleichen. [. . .]

Die unauffälligen Drahtzieher des Putsches

[Am 26. August berichtete Alexander Ljublimow in einer Sonder-
sendung des Magazins *Wsgljad*, das in den Monaten vor dem
Putsch verboten worden war, über die Drahtzieher der Verschwörung. Zum erstenmal wurde die Rolle von Walerij Boldin beleuch-
tet, der als Leiter des Apparats des Präsidenten einer der engsten
Mitarbeiter Gorbatschows gewesen war. Spätere Berichte in Moskauer Zeitschriften über seinen Aufstieg und seine Rolle vor und
während des Putsches machen die Hintergründe verständlicher.]

Walerij Boldin hatte in den sechziger Jahren im Zentralkomitee
unter dem Ideologiesekretär Leonid Iljitschow gearbeitet, der zu
den Organisatoren der Verschwörung gegen Chruschtschow gehörte. Später war er Landwirtschaftsredakteur bei der Parteizei-
tung *Prawda*. Gorbatschow lernte ihn durch seine Artikel über
die landwirtschaftlichen Erfolge des Stawropoler Kraj kennen.
Als ZK-Sekretär für Landwirtschaft holte sich Gorbatschow 1981
Boldin von der *Prawda* und machte ihn zu seinem Assistenten.
Boldins Aufstieg im Partei- und Staatsapparat vollzog sich seither
parallel zu dem Gorbatschows. 1985 wurde er persönlicher Referent des Generalsekretärs, später Chef der allgemeinen Abteilung des Zentralkomitees, die die Entscheidungen des Politbüros
vorbereitete, schließlich Vollmitglied des Zentralkomitees und
Leiter des Apparats des Präsidenten, einer Stabsabteilung, die in
allen Kommunikationslinien von und zu Gorbatschow zwischen-
geschaltet war. Außer Anatolij Lukjanow hatte nur Boldin eine
direkte Leitung, die unter Umgehung des Vorzimmers zu einem
Telefon auf Gorbatschows Schreibtisch führte. Boldin war täglich
mehrmals zu Besprechungen bei Gorbatschow im Arbeitszimmer. Er konnte in wichtige staatliche Institutionen wie Sicherheitsrat und Verteidigungsrat Leute aus dem Apparat des Zentralkomitees einschleusen, so daß er über eine Parallelschiene
über alle Planungen und Entscheidungen informiert war, die For-

mulierung von Resolutionen und Erlassen beeinflussen und sie durch den Entscheidungsprozeß steuern konnte, indem er die Reihenfolge der nötigen Unterschriften festlegte.

Nach Ansicht sowjetischer Kenner des Apparats hatte Boldin den Präsidenten seit Herbst 1990 in einem »Informationsaquarium« abgeschottet. Von ihm ausgewählte Abgeordnete berichteten Gorbatschow, daß die Interregionale Gruppe der demokratischen Deputierten den Präsidenten stürzen wollte. Er lenkte die Informationen, die Gorbatschow im Januar über das Eingreifen des Militärs in Litauen und Lettland zugingen. Einer der stellvertretenden Abteilungsleiter seines Apparats, der zugleich Volksdeputierter war, schrieb an Gorbatschow einen Brief mit der Bitte, die Deputierten vor der Erpressung durch Massendemonstrationen zu schützen – der Auslöser für den Präsidentenerlaß, am 28. Februar 1991 die Moskauer Innenstadt durch Soldaten und Panzer gegen Demonstranten abriegeln zu lassen. Es besteht kein Zweifel, daß er durch seine Mitarbeiter auch die Haltung Gorbatschows gegen Jelzin beeinflußte. Er bemühte sich, den Präsidenten von Beratern wie Jakowlew oder Bakatin zu isolieren, und steuerte die politischen Entscheidungsprozesse in einem Maße, daß dem Vizepräsidenten Janajew fast nur formelle Funktionen verblieben. Boldin stand hinter den Versuchen, neu entstehende Wirtschaftsorganisationen dem Parteiapparat unterzuordnen. Im Sommer überwies die Verwaltung des Zentralkomitees unter anderem 200 Millionen Rubel über eine von KP-Funktionären gegründete Aktiengesellschaft, deren Vizepräsident ein Abteilungsleiter aus Boldins Präsidentenapparat war, an ein »Interrepublikanisches Wirtschafts-Organisationskomitee«, das angeblich zur Popularisierung des Progamms von Ministerpräsident Pawlow gegründet wurde.

Walerij Boldin benutzte das Vertrauen Gorbatschows, um Oleg Baklanow im April 1991 das Amt des Ersten Stellvertretenden Vorsitzenden des Verteidigungsrats der UdSSR zu verschaffen, eines in der Verfassung nicht vorgesehenen Organs, das Armee und Rüstungsindustrie koordinieren sollte. Im Verlauf seiner Parteikarriere war er 1986 Vollmitglied des Zentralkomitees und 1988 ZK-Sekretär geworden. Der frühere Minister für Maschinenbau profilierte sich als Sprecher des militärisch-industriellen

Komplexes, der verschiedentlich gegen Gorbatschows Außen-
und Sicherheitspolitik auftrat und sich gegen die Konversion der
Rüstungsindustrie wandte. Am 9. März 1991 erörterte er in einem Artikel der Zeitschrift *Djen* die Möglichkeit eines Übergangs der Macht an die Armee in der Phase der »Nach-Perestro-
ika«. Sie müsse dann »die Leitung der Wirtschaft, des Transport-
wesens und der Gesellschaft als ganzer« übernehmen, allerdings
nur auf begrenzte Zeit und auf niedriger Ebene, mit der Absicht,
die politischen Strukturen später wieder an zivile Kräfte zu übergeben. Die Armee wird »ernsthaften intellektuellen Beistand be-
nötigen, um die Konzeption der neuen Periode zu formulieren«,
schrieb Baklanow. Während bei der Armee organisatorischer
Sachverstand vorhanden sei, seien die Demokraten in Moskau
Dilettanten, die noch nicht einmal die Müllabfuhr im Griff hätten.

Oleg Baklanow galt als einer der engsten Freunde des kontakt-
armen Walerij Boldin. Boldin war ein unauffälliger Mann, der bei
Konferenzen als Hauptberater Gorbatschows meist schweigend
dabei saß und von dem es im riesigen Archiv der Nachrichtenagentur TASS nur ein einziges Foto gibt.

Nach der Rückkehr Gorbatschows aus Foros nahm Boldin am
22. August an der ersten Beratung Gorbatschows mit seinen engsten Mitarbeitern teil.

27. August

Thomas Roth

Im Obersten Sowjet spricht Anatolij Sobtschak, der Oberbürgermeister von Leningrad, ein weltoffener Mann, ein ausgewiesener Reformer und Demokrat. Er ist einer der ersten heute morgen, die zur Besonnenheit mahnen. Eine in seine Bestandteile zerfallende Sowjetunion vergrößere die Gefahr vieler kleiner Bürgerkriege und nationaler Probleme, meint Sobtschak. Das wäre in der Tat eine gefährliche Entwicklung. Unterstrichen wird sie durch die erregte Stellungnahme eines Obersten aus der Republik der Ukraine, die sich eben für unabhängig erklärt hat. Er habe Beweise, daß die gesamte Armeeführung den Putsch unterstützt habe, dort seien im übrigen eine Menge unfähiger Trunkenbolde versammelt. Auch dafür habe er Beweise. Und er will deshalb eine eigene Armee der Ukraine aufstellen. Auch das ist eine gefährliche Entwicklung.

Genau darin besteht die Gefahr, die auch heute morgen während der Sitzung des Obersten Sowjet immer spürbarer wurde. Das neue Selbstbewußtsein der Republiken macht die Sowjetunion nicht mehr regierbar. Emotionen setzen sich frei, schlagen vielleicht bald in Gewalt um. Eine russische Morgenzeitung schreibt, die Zentrale schaue immer hilfloser zu. Das stimmt. Doch die ersten beginnen zu sehen, daß darin auch eine Gefahr liegt.

In der Sitzung des Obersten Sowjet heute vormittag hagelte es Warnungen. Dieser Abgeordnete ist Vorsitzender des russischen Verfassungskomitees, und er befürchtet, daß jede Freude noch viel zu früh sei. Er warnt: Der Zerfall der Zentralmacht eröffne der Gewalt draußen in den Republiken erst so richtig die Schleusen. Während der laufenden Debatte wird bekannt, daß Gorbatschow mit den Republiken Rußland, Kasachstan und Kirgisien eine Art Wirtschaftsvertrag anstrebt, um wenigstens diese Beziehungen aufrechtzuerhalten. Vielleicht ist das überhaupt der einzig denkbare Rahmen, den ein großer Teil der Republiken noch anzunehmen bereit ist. Warnungen auch von diesem Abgeordneten vor heraufziehenden jugoslawischen Verhältnissen, die bei den gigantischen Ausmaßen der früheren Sowjetunion überhaupt niemand mehr in den Griff bekommen würde. »Wenn es keine Zentralmacht mehr gibt, sondern nur noch kleine Interessengruppen, wer soll dann die Ordnung aufrechterhalten?« fragt er. Zu all diesen Warnungen kam soeben im Verlauf der Debatte noch eine weitere: die Warnung vor dem bevorstehenden Winter. Die Produktion von Lebensmitteln, aber auch die von Brennstoffen sei katastrophal zurückgegangen. Damit verstärken sich nach Meinung einiger Abgeordneter die Gefahren kommender sozialer Unruhen.

Gerd Ruge
Heute nachmittag hat ihn Präsident Gorbatschow im Parlament gelobt. Es habe nicht nur schlechte Militärs gegeben während der Tage der Verschwörung. Und an erster Stelle unter den guten Beispielen nannte er den Luftwaffenchef General Jewgenij Schaposchnikow, den er gestern abend noch zum Marschall der Luftwaffe beförderte und zum höchsten Militär der Sowjetunion machte. Als Verteidigungsminister ist Schaposchnikow seit drei Tagen im Amt. Hier in seinem Arbeitszimmer gibt er Tatjana Mitkowa und mir sein erstes Interview:

Tatjana Mitkowa Es beunruhigt sehr viele Leute, wer während des Staatsstreichs den Finger am Atomknopf hatte.

GS Ich möchte Ihnen nur eins sagen: Die Atomwaffen waren während des Staatsstreichs in sicheren Händen. Es gab zu der Zeit für die Weltöffentlichkeit überhaupt keinen Grund zur Beunruhigung, und jetzt schon gar nicht. Jetzt halten die zuständigen Leute den Finger am Atomknopf.

TM Wie wird die Zukunft der Atomwaffen in der Sowjetunion aussehen? Wird die Führung in irgendeiner Weise an irgendeinem Ort zentralisiert sein?

GS Ich schätze das so ein: Egal, wie das Schicksal der Union aussehen wird, sie wird, glaube ich, bestehenbleiben. Vielleicht nicht in der heutigen Form, vielleicht als loses soziales oder ökonomisches Gefüge. Man darf die Verbindungen doch nicht völlig

Jewgenij Schaposchnikow wird zum Marschall der Luftwaffe und zum neuen Verteidigungsminister ernannt.

zerreißen, vor allem die wirtschaftlichen. Ich kann mir auch kaum eine Situation vorstellen, in der unsere Armee aus mehreren Armeen besteht, die sich auf den Territorien souveräner Republiken befinden. Ich glaube, wir werden genügend Verstand aufbringen, damit die Armee geeint bleibt. Wenn die Armee einer Verfassung und einem Präsidenten untersteht, so wird es uns leichter gelingen, sie davor zu bewahren, mißbraucht zu werden, vor einem Einsatz gegen das eigene Volk.

GR Welchen Status haben die sowjetischen Truppen, die sich heute auf dem Territorium unabhängiger Staaten wie dem Baltikum oder in der Ukraine befinden?

GS Reden wir jetzt schon von Staaten?, [Ich hatte irrtümlich den Begriff *schtati* benutzt, und er glaubt, das sei etwa im Sinne der Vereinigten Staaten von Amerika gemeint.] Wenn wir jetzt bereits von so etwas reden, heizen wir die Situation an. Das heißt: Wir haben die Situation in der Zeit all dieser Ereignisse schon angeheizt. Einerseits hat uns eine gewisse Gruppe von Leuten früher davon zu überzeugen versucht, daß die Regierungen, die in diesen Republiken vom Volk gewählt wurden, nicht legitim seien. Solche Vorstellungen müssen wir fallenlassen. All diese Regierungen sind legitim, sie wurden vom Volke gewählt. Und jetzt müssen wir eine Lösung für die Frage finden, die Sie eben angesprochen haben. Dabei soll man Ihre Frage vielleicht nicht zu scharf stellen. Ich habe mit dem Präsidenten der Ukraine gesprochen, mit Präsident Gorbunows aus dem Baltikum. Das sind doch vernünftige Leute. Intelligente, kluge Männer. Die verstehen auch, daß sie eine Armee brauchen und daß sie einer Führung unterstehen soll. Sie bitten daher, Regelungen auszuarbeiten, und solche Beratungen laufen schon, mit Krawtschuk, Gorbunows und anderen Führern der, wie Sie sagten, Staaten.

GR Beeinflußt die Entwicklung die sowjetischen Truppen in Deutschland?

GS Nein. Es wird jetzt immer wieder die Frage gestellt, ob die Sowjetunion ihre Verträge über den Truppenabzug einhalten wird. Ich möchte Ihnen sagen, daß es beim Truppenabzug kein Bremsen, keine Verzögerungen geben wird. Ich halte mich an die früher ausgearbeiteten Verträge. Ich kann Ihnen die erfreuliche Mitteilung machen, daß der Truppenabzug jetzt schneller als ge-

plant, mit einer gewissen Planüberholung, vor sich gehen wird.
Ich möchte auch erklären, weil Sie für die ganze Welt arbeiten,
daß unsere Beziehungen auf militärischem Gebiet weiterentwik-
kelt und vielleicht sogar vertieft und erweitert werden, weil gute
Beziehungen Vertrauen bedeuten, und Vertrauen, das ist Sicherheit.

TM Wie schätzen Sie als Berufssoldat, als Militär, das Verhalten der Militärs während der Putschtage ein?

GS Erstens. Einige nennen das einen Militärputsch. Ich würde
sagen, daß das kein Militärputsch war. Es war wohl eher ein
Staatsstreich oder ein Komplott von hohen Staatsbeamten, bei
dem man gewissermaßen auf die Militärs gerechnet hatte. Aber
die Militärs blieben letztlich ihrer Verfassung treu. Sie haben die
Waffen nicht gegen ihr eigenes Volk erhoben. Worin liegen nun
die Gründe für das Scheitern der Verschwörung, des Staatsstreichs? Die Anführer dieser Rebellion wußten nicht, mit welchen Vorstellungen das Sowjetvolk heute lebt. Sie hätten besser
einfach das Fenster öffnen und nach draußen schauen sollen. Das
Leben verlief schon längst in einem anderen Flußbett. Das Volk
hatte sich geändert, die Armee war auch eine andere geworden.
Und die Armee weiß, daß sie ihre Hand nicht gegen das Sowjetvolk erheben darf. Darin, glaube ich, liegt der Hauptgrund für
das Scheitern dieser Verschwörung.

TM Eine Frage in diesem Zusammenhang: Wie wird unsere
künftige Armee aussehen? Wird es eine Berufsarmee sein?

GS Ich glaube, wir sind heute an dem Punkt angekommen, an
dem unsere Armee eine Berufsarmee werden muß. Aber dieser
Prozeß ist sehr komplex und langwierig. Man kann nicht einfach
erklären, daß die Armee ab morgen eine Berufsarmee sein wird.
Es wird meiner Ansicht nach eine Übergangszeit geben, in der sie
sowohl als Armee von Wehrpflichtigen – entsprechend der gel-
tenden Verfassung – existieren wird, als auch Elemente einer Berufsarmee enthalten wird – damit wir nicht in die Lage geraten,
daß wir zwar erklären, eine Berufsarmee zu haben, auf der anderen Seite aber niemand in ihr dienen will, oder daß wir nicht genügend Geld für die Veränderungen zur Verfügung haben. Wir
müssen das alles genau durchdenken und durchrechnen, erst
dann können wir eine solche Erklärung abgeben.

Hans-Josef Dreckmann

»Wenn ihr einen neuen Kurs wollt, dann sagt das. Aber hört auf, mich zu beleidigen und zu verleumden. Schluß.« In einer dramatischen Rede vor dem Obersten Sowjet der UdSSR kämpfte Gorbatschow heute noch einmal um das Überleben der auseinanderbrechenden Union und wohl auch um sein eigenes politisches Überleben. Und dann fügte er erregt hinzu: »Wenn es keinen neuen Unionsvertrag gibt, trete ich zurück. Dann müssen andere die Verantwortung übernehmen.« Immerhin war es Gorbatschow am Morgen im Gespräch mit Boris Jelzin, dem Russen, und den Präsidenten von Kasachstan und Kirgisien gelungen, zwischen diesen drei Republiken einen Wirtschaftsvertrag zu verabreden, dem andere Republiken beitreten können. Er soll wohl Kern eines neuen Unionsvertrages werden. Aber ob die anderen Republiken noch beitreten wollen, das ist die Frage. Rußlands Ankündigung, notfalls die Grenzen zu revidieren, hat die Angst der kleineren Republiken geschürt, daß sie nun, da die Zentrale zerfällt, unter den Druck Rußlands geraten könnten.

Leningrads Oberbürgermeister Sobtschak, ein freier Kopf, sprach die Gefahr an, daß nun das Chaos ausbrechen könnte. »Wir dürfen«, so sagte er, an alle Republiken gewandt, »wir dür-

Gorbatschow diskutiert mit Abgeordneten über die politische Neuordnung.

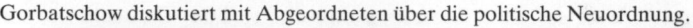

fen uns jetzt nicht von Euphorie davontragen lassen. Und was soll daraus werden, wenn in unserem Staat, der mit Atomwaffen vollgestopft ist, jede Republik ihre eigene Armee haben will?« Jetzt müsse man sich wieder an die Alltagsarbeit machen, damit die Wirtschaft nicht zusammenbreche. Aber was helfen alle Warnungen, was nützen sie, wenn die Menschen von ihren Emotionen davongetragen werden und eine Republik nach der anderen ihre Unabhängigkeit ausruft, wie heute Moldowa, die frühere Republik Moldawien.

Thomas Roth

Gehaßt haben sie ihn schon lange. Aber irgendwie war die finstere, viele Tonnen schwere Statue Lenins im Zentrum von Kiew, der Hauptstadt der Ukraine, irgendwie war diese Statue bisher wohl doch zu respektgebietend, als daß sie sich ihr mit Hammer und Meißel genähert hätten. Damit ist es jetzt vorbei. Die Ukraine hat sich für unabhängig erklärt. Das Regime der Kommunistischen Partei, überhaupt des Kommandokommunismus, wird bei solchen Aktionen mit den Symbolen des Faschismus gleichgesetzt. Eine Woge der nationalen Erweckung rollt über die im Zerfall begriffene Sowjetunion hinweg. Die Menschen in der Ukraine haben schon lange versucht, sich nach Westen zu orientieren. Jetzt ist ihre Stunde gekommen. Die Zentrale ist zu schwach, um diese Entwicklung zu stoppen.

Die grüne Flagge mit dem islamischen Halbmond weht rund 3000 Kilometer südöstlich von Moskau über der Republik Aserbaidschan. Auch hier ist der aufkommende Nationalismus regelrecht explodiert. Tausende stürmten das Parlament in der Hauptstadt Baku. Diese Region der Sowjetunion in Zentralasien steht traditionell unter stark islamischem Einfluß. Auch der schlimmste Stalinismus hatte es nicht geschafft, das restlos zu unterdrücken. Im übrigen, die Republik Aserbaidschan grenzt an den Iran, und niemand vermag vorherzusagen, ob der Nationalismus nicht sehr rasch vom islamischen Fundamentalismus überrollt wird.

»Es lebe das freie und demokratische Aserbaidschan«, rufen die Demonstranten in Baku. Für einen Teil der Bevölkerung ist das wohl die Hoffnung. Wie groß dieser Teil ist, weiß im Augenblick niemand so recht. Die Spezialtruppen des Innenministeriums haben erkannt, daß Widerstand wohl doch sinnlos ist. Vor ein paar Monaten, nein, vor ein paar Wochen wären jetzt Schüsse gefallen, das ist vorbei. Und Lenin wird auch hier nicht mehr lange stehen.

28. August

Hans-Josef Dreckmann

Moskau heute morgen um zehn. Im Obersten Sowjet beginnt die Debatte über das Verhalten eben dieses Parlaments während des Putsches. Anatolij Lukjanow, bis zum Staatsstreich Parlamentspräsident und von Boris Jelzin als einer der Drahtzieher gebrandmarkt, weist alle Vorwürfe zurück. Nie habe er den Putsch unterstützt. Im Gegenteil: Er habe die Putschisten vor Bürgerkrieg gewarnt und sein Bestes gegeben. Viktor Alksnis, der Gorbatschow ebenso fanatisch wie Jelzin bekämpft, meldete sich mit der Behauptung zu Wort, mindestens 50 Prozent der Bevölkerung hätten den Putsch begrüßt. Nur heute wolle es niemand gewesen sein, jetzt beginne die Hexenjagd.

Während der Oberste Sowjet sich quälend mit seinem eigenen Verhalten während des Putsches beschäftigte, versucht Leningrads Oberbürgermeister Sobtschak heute morgen zornig und verzweifelt, die Abgeordneten in die gefährliche Gegenwart zurückzuholen. »Ich habe dieses Gerede satt – zu einem Zeitpunkt, in dem das Land in Chaos zu versinken droht«, sagt Sobtschak. Die Situation in der Ukraine nach der Drohung der russischen Führung, notfalls die Grenzen zu den Nachbarrepubliken neu zu überdenken, sei aufs höchste angespannt. In dieser Situation müsse man aufhören zu reden, man müsse handeln, um das Schlimmste zu verhüten. Handeln, und zwar jetzt sofort. Und dann verließ der Leningrader die Sitzung in aller Eile, um mit Vizepräsident Rutzkoj nach Kiew zu fahren und mit der ukrainischen Regierung zu verhandeln.

Inzwischen hat der ukrainische Präsident Krawtschuk, der vergangenen Samstag die Unabhängigkeit seiner Republik ausgerufen hatte, die russische Forderung nach Grenzkorrekturen scharf zurückgewiesen. Wer in dieser Situation Grenzen in Frage stelle, spiele mit dem Feuer, sagt er. In Kiew war es in den vergangenen Tagen zu Massendemonstrationen gekommen, die sich gegen alles richteten, was an das alte Regime erinnert. Die Menschen in der Ukraine sind einfach nicht mehr aufzuhalten.

Gerd Ruge

Diesem ganzen Kabinett kann er nichts mehr glauben. Und es wird die Vertrauensfrage für die komplette sowjetische Regierung gestellt, soweit sie noch nicht verhaftet ist, sagt Gorbatschow im Parlament. Die Abgeordneten warten gespannt auf das Ergebnis. Es hat immerhin vorher harte Auseinandersetzungen gegeben. Aber nur 16 haben ihr Vertrauen zu der Rumpfregierung ausgesprochen, für die Abwahl angesagt ist. Sie müssen den Weg freimachen zu neuen Übergangsstrukturen, und da kommt das nächste Ergebnis: 402 der Abgeordneten sind für den Rücktritt der Regierung. Iwan Silajew, Ministerpräsident der russischen Regierung, leitet nun die provisorische Regierung, das sogenannte Komitee zur Führung der Volkswirtschaft. Darüber gibt es viel Streit. Manche der konservativen kommunistischen Abgeordneten sagen, das sei nicht verfassungsmäßig. Das dürfe es nicht geben, das sei auch wieder eine Art Putsch-Komitee. Aber die meisten meinen, diese überzogene Diskussion habe nun aufzuhören.

Gerd Ruge

Dies ist der Präsident von Kirgisien, Askar Akajew. Er erläutert die politischen Vorstellungen für die Zukunft der sowjetischen Republiken: »Die Architektur der künftigen Union muß flexibel sein«, sagt er. »Sie muß Beziehungen zwischen den Republiken sowohl in Form einer Föderation wie einer Konföderation oder einer Wirtschaftsgemeinschaft ermöglichen. Wer will, kann auch auf der Basis eines Commonwealth mitmachen.« Die Entwicklung verläuft mit so rasender Eigendynamik, daß über den Unionsvertrag oder politische Strukturen der Zukunft gar nicht verhandelt werden kann. Jetzt geht es nur darum, ein Minimum an wirtschaftlichem Austausch zwischen den Republiken zu retten, sonst bricht die Wirtschaft zusammen – auf einem Sechstel der bewohnten Erde.

Thomas Roth

Dieser etwas trockene Herr war heute im sowjetischen Fernsehen eine echte Überraschung. Er sagte, die bekannte Hauptnachrichtensendung *Wremja*, sozusagen die sowjetische *Tagesschau*, gebe es ab heute abend nicht mehr. Statt dessen gab es etwas anderes. Die staunenden Millionen vor dem Fernseher erfuhren, daß die gesamte journalistische Mannschaft erneuert, die alte, den Kommunisten treue, entlassen worden sei. Das Fernsehen soll nur jenen Platz bieten, die ganz klar und eindeutig gegen die Putschisten Stellung bezogen haben. Das aber waren insgesamt nicht viele.

Die Sendung heute abend moderierten Tatjana Mitkowa und Dmitrij Kisseljow. Sie wurden vor einem halben Jahr wegen zu großer Reformfreudigkeit von den damals herrschenden Kommunisten gefeuert. Tatjana und Dima leisteten in der Zwischenzeit ausgezeichnete Arbeit für das Erste Deutsche Fernsehen, die ARD. Jetzt sind sie wieder dort, wo sie hingehören, im sowjetischen Fernsehen, in dem sie nun über die heutige Parlamentssitzung berichten.

Der Oberste Sowjet hat schnell und eindeutig entschieden, das gesamte Kabinett ohne Ausnahme zu entlassen. Nur der Staatspräsident, nur Gorbatschow bleibt zurück.

Iwan Silajew, einen Mann Jelzins, beruft Gorbatschow zum Vorsitzenden in einer Übergangsregierung. Weil aber Silajew unter Jelzin zugleich Regierungschef der Russischen Republik ist, löst das wiederum eine heftige Debatte aus. Manche sagen, nicht das Putschistenkomitee, sondern statt dessen die Republik Rußland übernehme nun das Kommando. Gorbatschow hört sich das trotzig an.

Währenddessen bauen sich draußen in vielen Republiken gefährliche Spannungen auf, zum Beispiel in Georgien. Sogenannte Nationalgarden werden gebildet. »Wir werden noch bis Ende der nächsten Woche Manöver abhalten, wir werden die Grenzen der Republik gegen jeden schützen, der sie antasten will«, sagt ein Kommandant. Hintergrund ist die höchst gefährliche Ankündigung der mächtigen Russischen Republik, Grenzkorrekturen vorzunehmen, um russische Bevölkerungsteile zu schützen. Ein Szenario, wie es sich gerade in Jugoslawien abspielt, mit dem einen

Unterschied: Sollte sich das auf dem Gebiet der zerfallenden Sowjetunion ereignen, dann wären die Ereignisse in Jugoslawien
dagegen ein Klacks.

Gerd Ruge/live

Klaus Bednarz In Moskau bin ich jetzt mit Gerd Ruge verbunden. Guten Abend, Gerd. Wie sieht es denn aus Moskauer Sicht
aus, haben die Balten denn wirklich schon ihre Freiheit? Soweit
ich weiß, hat Michail Gorbatschow bisher doch dazu noch gar
nichts gesagt.

GR Aber sie sind von Rußland anerkannt worden, und da gibt
es bilaterale Verträge. Das scheint mir klar. Jelzin hat auch gesagt, daß sich Forderungen nach Grenzveränderungen nicht auf
die baltischen Republiken beziehen. Das ist ganz wichtig. Die
Balten sind übrigens auch in der Interimsregierung, diesem Komitee für wirtschaftliche Kooperation, vertreten, das Rußlands
Ministerpräsident Silajew leitet, wenn auch nur mit drei Beob-
achtern. In allen Republiken überlegt man jetzt, wie man die
Wirtschaftsbeziehungen auf einigermaßen feste Füße stellen oder
zumindest soweit retten kann, daß nicht der gesamte wirtschaftliche Austausch zusammenbricht und damit die Wirtschaft selbst.

KB Und nun haben ja die Sowjets, hat Moskau im Baltikum
doch ganz elementare Interessen. Wenn das Baltikum verloren-
geht, gibt es außer Leningrad keinen Ostseehafen mehr, dann
geht vielleicht auch Königsberg für Rußland, für Moskau verloren – oder was wird daraus?

GR Wir haben versucht, dort anzurufen, bei drei oder vier
Nummern in Königsberg. Aber wir haben niemanden erreichen
können. Jelzin hat deutlich gesagt, der Oblast Kaliningrad bleibt
russisch. In den Verträgen mit Litauen steht deshalb, daß russische Bürger aus dem Kaliningrader Gebiet ohne Visum durch Litauen nach Rußland fahren können. Das war eine Frage, die die
Bevölkerung dort in den letzten Wochen beunruhigte. Sie frag-
ten, wie kann ich denn meine Tante, meine Mutter in Rußland
besuchen, wenn man jedesmal ein Visum braucht. Sie wissen, die
Russen sind daran gewöhnt, daß es Monate dauert, ein Visum zu
erhalten, wenn man es überhaupt bekommt. Diese Furcht scheint

inzwischen durch das bilaterale Abkommen zwischen Jelzins
Rußland und dem Litauen von Landsbergis beseitigt.

KB Und was wird aus den Stützpunkten der russischen oder,
wie sie früher hieß, Roten Armee im Baltikum?

GR Das ist eine große Frage. Ich hatte gestern ein Interview
mit dem Verteidigungsminister und fragte ihn, was der Status der
russischen Truppen in diesen jetzt unabhängigen baltischen Staaten sei. Er sagt, darüber wird jetzt gesprochen. Das müßten sie
irgendwie klären. Aber es schien ihm doch so, als sei beispielsweise Lettland auf der Suche nach vernünftigen Lösungen. Ich
nehme an, daß diese Stützpunkte früher oder später geschlossen
oder von den baltischen Republiken gepachtet werden müssen.
Es wird eine Weile dauern, ehe man die russischen Truppen zu-
rückbringt. Was wird aus den Veteranen, die pensioniert sind und
dort, wo sie einmal stationiert waren, als Pensionäre leben? Was
geschieht mit solchen russischen Offizieren, die dort ihre Wohnung haben? Das alles ist noch nicht geregelt. Dazu ist es auch
noch viel zu früh.

KB Gibt es überhaupt noch irgendeine Republik, die in der
Sowjetunion bleiben will?

GR Ja, die zentralasiatischen Republiken wollen alle in irgendeiner Form bleiben. Wir hatten heute ein Interview mit dem
Präsidenten von Kirgisien. Man muß eben neue, ganz flexible
Formen finden. Die Zusammenarbeit aller Republiken bleibt
fraglos für viele Jahre des Übergangs wichtig. Die ganze Wirtschaft war ja eng verflochten, wenn man heute Zollgrenzen hoch-
zieht und die Wirtschaftsverbindung auflöst, dann bricht in allen
Teilen der Sowjetunion die Wirtschaft zusammen, dann stehen
die meisten Fabriken still, weil jede von irgendwo anders her Er-
satzteile braucht. Das gilt für die große Russische Republik
ebenso wie für die kleinen Republiken. Und darum sind jetzt
auch alle an der Übergangsregierung mit dem russischen Ministerpräsidenten Silajew beteiligt.

Gorbatschows Rolle ist nicht ganz eindeutig, man sagt, er ver-
teidige seine Macht als Unionspräsident gegen die Republiken.
Aber er verteidigt im Augenblick auch die Republiken gegen Jelzin, denn Jelzins Russische Republik übernimmt immer stärker
Aufgaben der alten Sowjetregierung, auf wirtschaftlichem Gebiet

zum Beispiel. Und Gorbatschow setzt sich dafür ein, daß Jelzin nicht einfach die anderen überfahren kann.

KB Aber wie wird denn der neue Staatenverbund aussehen? Müssen die kleinen Republiken nicht fürchten, daß sie von dem großen, mächtigen Russen dominiert werden? Jelzin führt sich ja schon fast auf wie ein neuer russischer Zar, sagen viele seiner Kritiker.

GR Das ist vielleicht übertrieben. Jelzin versucht jetzt ganz entschieden, die Beziehung zwischen den Republiken in irgendeiner Form zu retten, damit nicht alles in wirtschaftlichem Chaos zerfällt. Ein Teil der Republiken will eine föderative Lösung, das sind – wie gesagt – die zentralasiatischen, die klein und arm sind. Nun ist es für Jelzin wichtig, daß dann in diesem neuen Verband – egal wie locker – auch die Ukraine als Partner bleibt, sonst hat Rußland nur die asiatischen Republiken am Halse, eine unausgeglichene Allianz. Daher das Drängen der russischen Regierung, einen Teil der Union zu halten. Jelzin hat ja heute gesagt, der Begriff Union sei vielleicht im Augenblick nicht mehr existent, aber es müsse doch so etwas wie eine Union geben.

KB Ich habe heute gelesen, daß die Tendenz dahingeht, die Atomwaffen unter die Gewalt Rußlands zu stellen. Ist das richtig?

GR Ja, darüber hat der neue Verteidigungsminister schon Gespräche mit dem ukrainischen Präsidenten Krawtschuk und dem lettischen Präsidenten Gorbunows geführt. Es geht darum, ein einheitliches Kommando über diese Waffen zu erhalten. Die Ukrainer haben schon erklärt, sie wollen atomwaffenfreie Zone werden oder bleiben. Alle Atomwaffen, die dort seien, sollten in die Russische Republik gebracht werden, um sie dort aufzustellen, einzumotten oder – wie die Ukrainer sagen – möglichst zu zerstören.

29. August

Hans-Josef Dreckmann

Beim Versuch, die auseinanderfallende Sowjetunion vor dem totalen Chaos zu retten, gab es heute einen ersten Hoffnungsschimmer. »Die alte Union gibt es nicht mehr, und sie wird auch nicht mehr zurückkehren«, sagte heute morgen Leningrads Oberbürgermeister Sobtschak vor dem Obersten Sowjet. Aber die beiden mächtigen Nachbarrepubliken Rußland und Ukraine, die sich gestern wegen der Grenzfrage in die Haare zu geraten drohten, haben sich, so gab Sobtschak bekannt, zu enger wirtschaftlicher Zusammenarbeit verpflichtet. Auch alle militärstrategischen Fragen sollen in engster gegenseitiger Absprache gelöst werden. Und zu dieser Zusammenarbeit sind die anderen Republiken eingeladen. Der ukrainische Abgeordnete Tscherbak, der wie sein Kollege Sobtschak an den russisch-ukrainischen Verhandlungen in Kiew teilgenommen hatte, fügte aus dem Protokoll ergänzend hinzu, beide Seiten bekräftigten die Unantastbarkeit der gemeinsamen Grenzen. Damit haben Rußland und die Ukraine ein Zeichen gesetzt. Bei aller Souveränität werden die Republiken auch künftig irgendwie miteinander auskommen müssen.

Gerd Ruge

Immer noch Aufregung in Kiew, immer noch Demonstrationen vor dem ukrainischen Parlament. Aber der Konflikt zwischen Rußland und der Ukraine scheint sich zu entspannen. Er entstand, als ein Sprecher Jelzins erklärte, Rußland werde nicht einfach Gebiete aufgeben, die in der Ukraine liegen und die überwiegend von Russen bewohnt sind. Inzwischen ist Jelzins Vizepräsident Rutzkoj in Kiew angekommen, zusammen mit Sobtschak. Gerade haben sie ein Abkommen mit der Ukraine erarbeitet, das den Konflikt aus der Welt schaffen soll. Zwar meinen einige Ukrainer, der Konflikt sei nur aufgeschoben und nicht aufgehoben, aber der Präsident der Ukraine, Krawtschuk, und Rutzkoj unterzeichnen jetzt

ein Abkommen, dessen Ziel es ist, »die unkontrollierte Desinte-
gration«, den unkontrollierten Zerfall der Sowjetunion aufzuhalten. Die beiden Seiten hoben hervor, es sei notwendig, eine Art
temporäre Verwaltung zu gründen, die sich um die Wirtschaft
kümmern und die Lebensmittelversorgung sicherstellen kann, zumindest in einer Übergangsperiode, bis man neue Formen gefunden hat.

Ein ähnliches Grenzproblem wie mit der Ukraine gibt es zwischen Rußland und Kasachstan. Dort leben im Norden der Republik auf riesigen Gebieten fast ausschließlich Russen, zum Teil
Nachfahren der Kosaken, die im sechzehnten Jahrhundert hierher kamen. Der Präsident von Kasachstan, Nursultan Nasarbajew, hat nun vor den unabsehbaren Folgen eines Grenzkonfliktes
gewarnt und in einem Telegramm folgenden Satz geschrieben:
»Eine besondere Gefahr besteht darin, daß Kasachstan eine
Atomrepublik ist.« Dort sind Atomversuchsgelände, dort gibt es
Atomwaffen der sowjetischen Armee.

In Moskau beschloß der Oberste Sowjet inzwischen die Einrich-
tung eines Sicherheitsrats, dem, unter der Führung Gorbatschows, die Präsidenten der neun Republiken angehören sollen.
Gorbatschows frühere Mitarbeiter Jewgenij Primakow und Wadim Bakatin sind in diesen Rat gewählt worden, aber kein enger
Mitarbeiter von Boris Jelzin. Das große Mißtrauen des Obersten
Sowjet verhinderte so die Bildung eines neuen Machtzentrums.
Vielleicht wird damit zugleich ein Konflikt mit dem Rußland Jelzins vorbereitet.

Gerd Ruge
Die Sowjetunion verfügt immer noch über 30 000 Atomspreng-
köpfe, erklärte heute eine Sprecherin im sowjetischen Fernsehen
zu Bildern von Raketensilos und Militärparaden – offensichtlich
besorgt. Der größte Teil der Atomwaffen befinde sich auf dem
Gebiet der Russischen Republik, aber mehrere hundert seien außerhalb von Rußland, in Republiken, die sich für unabhängig erklärt haben. Bisher hat lediglich die Ukraine gesagt, daß sie sich

als kernwaffenfreies Gebiet betrachten wolle und alle atomaren Waffen an die Armee auf das Gebiet der Russischen Republik überstellen werde. Dazu heute der Gorbatschow-Berater Jewgenij Welichow, Physiker und Vizepräsident der Akademie der Wissenschaften: Man brauche eine unabhängige Untersuchung des Problems und die Unterstellung der sowjetischen Kernwaffen unter ein noch zu bildendes internationales Organ.

Kernexplosionen in Kasachstan wird es vielleicht in Zukunft nicht mehr geben. Verteidigungsminister Jewgenij Schaposchnikow hat heute in Moskau gesagt, die Armee habe die drei nächsten geplanten Testexplosionen abgesagt. Er wollte freilich nicht erklären, daß es gar keine Atomtests mehr geben werde. Der Präsident von Kasachstan, auf dessen Territorium die Versuche stattfinden sollten, hat heute alle weiteren Tests auf dem wichtigsten Versuchsgelände der Sowjetunion bei Semipalatinsk verboten. Gegen diese Versuche ist in Kasachstan seit 1987 protestiert worden. 500 Explosionen haben dort stattgefunden. Präsident Nasarbajew fordert heute Wiedergutmachung für alle Einwohner, die von den Folgen der Tests betroffen sind. Aber wer soll die Kosten tragen? Nach Ansicht der Kasachen: die Russen in der Russischen Republik. Aber die wollen nicht, und Präsident Jelzin hat für das russische Territorium heute ein Verbot der Atomversuche im hohen Norden gefordert und die ökologischen Schäden, die dort angerichtet wurden, ebenfalls kritisiert.

Kasachstans Präsident Nasarbajew ist ein starker Mann, der sein Land mit fester Hand in die Marktwirtschaft führen will. Die Forderung Moskaus nach Grenzkorrekturen zugunsten der Millionen Russen im Norden Kasachstans beantwortete er mit der Warnung, dies könne gefährliche Folgen haben, besonders, weil Kasachstan eine Atomrepublik sei. Er sagte nicht Atommacht, aber das meinte er wohl. Nun ist Jelzins Vizepräsident Alexander Rutzkoj nach Kasachstan unterwegs, um die Spannungen abzubauen, die Jelzins unbedachte Drohung hervorgerufen hatte.

In Kasachstan sind weniger als die Hälfte der Einwohner Kasachen. Die anderen kommen aus vielen Republiken. Über ein Drittel der Bevölkerung, sicher fünf bis sechs Millionen, sind Russen, die an der Grenze der Russischen Republik in großen Bevölkerungsgruppen wohnen und dort die Mehrheit bilden. Das macht den Kasachen Angst. Aber es macht auch Jelzin, als Präsident Rußlands, Sorgen.

Im Obersten Sowjet in Moskau wurde Gorbatschows Vorschlag angenommen, einen Sicherheitsrat einzurichten, dem Vertreter aller Republiken angehören sollen. So unklar die Vollmachten und die Struktur eines solchen Gremiums auch noch sind, es kann ein Übergangsorgan werden, das das Land vor dem absoluten Chaos bewahren und militärische Auseinandersetzungen vermeiden soll.

30. August

Thomas Roth

Das ist Anatolij Lukjanow, der zurückgetretene Parlamentspräsident. Gestern hatte der Oberste Sowjet seine Immunität aufgehoben, heute vormittag wurde er wegen Unterstützung der Putschisten verhaftet. Er wird sich vor Gericht wegen Hochverrats zu verantworten haben. Im Parlament selbst machte sich heute bei einigen Abgeordneten Betroffenheit breit. Die Staatsanwaltschaft hat seit dem Morgen die Durchsuchung von Wohnungen und Wochenendhäusern begonnen. Zum Beispiel bei Valentin Falin. Er war langjähriger Botschafter in Bonn und in der obersten Führung der Kommunistischen Partei der Sowjetunion zuständig für internationale Angelegenheiten. Er gilt nicht nur bei vielen als Repräsentant des alten Machtapparats, er ist es auch. Falin meint, daß die Durchsuchung eine Verletzung seiner Immunität als Abgeordneter sei, und beruft sich auf die Menschenrechte, die hier verletzt würden. Viele, so sagen Falins Gegner, hätten sich diese Art von Sensibilität auch gegenüber anderen gewünscht, und das schon vor Jahren.

Das Parlament bemerkte heute, daß es selbst Teil der Vergangenheit des kommunistischen Regimes ist. Diese Dame beklagt sich, daß das Büro ihrer Organisation, die der sogenannten Kriegsveteranen, vom Moskauer Bürgermeister heute geschlossen wurde. Die Organisation aber hatte den Putsch nachdrücklich unterstützt und die putschende Armeeführung und das Notstandskomitee willkommen geheißen. Davon, daß sich die Mitglieder der Organisation gewehrt hätten, ist bis heute nichts bekannt.

Es herrscht Unruhe im Parlament, auch diese Abgeordnete spricht von der Furcht vor einer regelrechten Kommunistenverfolgung und fordert das Parlament auf, dagegen zu protestieren. Doch der Oberste Sowjet kann sich dazu nicht entschließen, jedenfalls nicht am Vormittag. Gestern am späten Abend beschloß das Parlament, einige Sonderrechte Gorbatschows als Staatsprä-

sident zu beschneiden – Sonderrechte, die er in der auseinander-
fallenden Sowjetunion sowieso nicht mehr hätte anwenden können, zumindest nicht ohne Zustimmung des Parlaments und der
Republiken.

Am Nachmittag erhielt Gorbatschow die Absage von fünf ausge-
wiesenen Reformpolitikern. Sie wollen nicht Teil des sogenannten Sicherheitsrates werden, eines Gremiums, das erst gestern als
neues höchstes Organ der Sowjetunion gegründet worden ist.
Mitglieder dieses Gremiums sind außerdem die Präsidenten von
neun Republiken. Es war ein Erfolg Gorbatschows, als der Oberste Sowjet der Gründung dieses Rates zustimmte, aber dennoch –
der Spielraum für Gorbatschow wird immer enger. Das Vertrauen der Reformer, das er gerne gehabt hätte, ist ihm von Schewardnadse und anderen verweigert worden. Wie lange Gorbatschow das alles noch durchhalten kann und will, weiß niemand.
Doch eines ist sicher: Um Gorbatschow ist es einsam geworden.

2. September

Thomas Roth
Die Sitzung des Kongresses der Volksdeputierten begann heute
morgen mit einer Überraschung. Der Präsident der Republik Kasachstan verlas eine Erklärung von zehn Republiken, die mit Jelzin und Gorbatschow abgesprochen war. Der Vorschlag: einen
provisorischen Unionsrat aus zehn Republiken zu bilden, der die
Sowjetunion in einen lockeren Bund souveräner Staaten überfüh-
ren soll. Wer will, kann Mitglied werden, gezwungen aber wird
niemand. Gorbatschow und Jelzin sitzen nebeneinander – es
scheint sich damit eine, wie manche sagen, Achse der Vernunft

Die Präsidenten Gorbatschow und Jelzin
auf der ersten Sitzung der Volksdeputierten nach dem Putsch.

herauszubilden. Aber es gibt auch eine Veränderung von unten
her, von den Republiken, die inzwischen die entscheidenden politischen Kräfte sind. Sie sind viel wichtiger als dieses Parlament,
das damit zu einem Überbleibsel aus der alten Zeit wird. Das
stärkste Gremium soll für eine Übergangszeit ein sogenannter
Staatsrat werden, ein Rat, dem nach diesem Plan die Präsidenten
der Republiken und Gorbatschow angehören. Bis jetzt kam von
den Deputierten, die sich selbst abschaffen sollen, zu all dem wenig Widerspruch.

Es ist ohne Frage ein überraschender Schachzug, den Boris Jelzin, die Führer von zehn anderen Republiken und auch Gorbatschow gemeinsam vorbereitet haben. Die Erneuerung der Sowjetunion über die Republiken ist gewiß der einzige noch gang-
bare Weg. Insofern zeichnet sich zumindest politisch im Augenblick ein hoffnungsvoller Ausweg aus dem drohenden Chaos einer zerfallenden Sowjetunion ab.

5. September

Thomas Roth

Eine kaputte Abstimmungstafel und ein Witz – damit begann heute das Ende der Sowjetunion. »Selbst die Abstimmungstafel ist müde und spinnt«, sagte Gorbatschow, doch hinter seinem Lachen versteckte sich nur schlecht eine eisenharte Sitzungsregie. Er und die zehn Republikführer hielten die 2000 Volksdeputierten fest an der Kandare, damit nichts mehr schiefging. Wie Gorbatschow tat auch Jelzin alles, damit die künftige Macht im Staate an einen sogenannten Staatsrat übergehen wird, in dem

Ende des Kongresses der Volksdeputierten: Von nun an soll ein provisorisches Parlament die Union in eine bürgerlich-demokratische Gesellschaft verwandeln.

die Republikführer den Ton angeben, zumindest für eine Übergangszeit, deren Länge niemand kennt. Die große Mehrheit stimmte wie gewünscht für das Ende der Sowjetunion als Einheitsstaat und das Ende des Sozialismus. Der Leningrader Oberbürgermeister Sobtschak regte an, was nun wohl nicht mehr lange auf sich warten läßt. »Warum holt man Lenin nicht aus dem Mausoleum am Roten Platz und beerdigt ihn ordentlich neben seiner Mutter, wie es auch sein letzter Wunsch war.« Darüber wird nicht mehr abgestimmt und eine Nationalhymne wird auch nicht mehr gesungen. Man wüßte ja gar nicht, welche. Der heutige Beschluß ist eine Regelung mit vielen Provisorien und komplizierten Einzelheiten, aber ausnahmsweise sind sich die Beobachter einschließlich der sowjetischen Presse einmal einig. Mit dem heutigen Tag hat der größte Flächenstaat der Erde, die Sowjetunion, aufgehört, in seiner alten Form zu existieren. Triumphiert hat aber trotzdem niemand. Denn jetzt erst kann man sich um die Wirtschaft und all die anderen Probleme kümmern, deren wahres Ausmaß im Augenblick gewiß noch niemand überschauen kann.

Aus den unruhigen Republiken

Für die Republiken war die Zeit nach dem Putsch nicht die Stunde der Demokratie sondern der Souveränität. Jetzt beginnt der langwierige gefährliche Prozeß der Entflechtung der Sowjetunion und der inneren Umgestaltung der einzelnen Republiken.

Uralsk, Gerd Ruge
Ein Fluß am Ende Europas. Am anderen Ufer liegt Asien, sagt die Geographie. Der Grenzfluß Ural fließt ins Kaspische Meer. Nach Westen reicht Kasachstan, zehnmal größer als die Bundesrepublik Deutschland, weit nach Europa hinein. Es reicht bis zur Wolga, es ist nicht einfach irgendeine zentralasiatische Republik. Und die Menschen, die hier leben in Uralsk, der Bezirkshauptstadt, sind überwiegend Russen. Nur 23 Prozent sind Kasachen. Die haben sich erst im letzten Jahrzehnt hier angesiedelt. Die Stadt wirkt sehr russisch. Im Zentrum der Stadt, wo die jungen Frauen aus dem Lehrerbildungsinstitut über die Straße gehen, sieht man fast ausschließlich russische Gesichter. In ihrer Republik sind die Kasachen nur eine Minderheit von 40 Prozent, aber sie pflegen ihr Nationalgefühl mit immer stärkerer Entschlossenheit. In dieser Schule Nr. 21 beginnen in diesem Jahr neun erste Klassen ihren Schulunterricht in kasachischer Sprache. 1987 gab es zum erstenmal überhaupt eine Klasse, in der Kasachisch unterrichtet wurde, in diesem Jahr sind es insgesamt 18 Klassen. Vor 1987 gab es Kasachisch als Unterrichtssprache überhaupt nicht, da mußten alle Russisch lernen, und zwar als die Sprache der Sowjetunion, die alle gleich machen sollte. Nun lernen sie in den Schulen Kasachisch, und nur ein Teil der Oberschicht schickt seine Kinder noch auf die russische Schule, weil das bisher der Karriere hilft. Die anderen begehen den Tag des Schulanfangs in der kasachischen Schule wie ein nationales Fest. Auf der Straße gehen Russinnen mit ihren Kindern an der Schule vorbei. Sie ge-

hen zur russischen Schule, die zwei Straßen entfernt liegt. Hier sind überwiegend russische Kinder, auch Deutsche, Ukrainer, Armenier, Kinder aus den vielen Nationalitäten, die auf diesem Territorium leben, und nur wenige Kasachen.

Solschenizyn hat gesagt, daß dieses nördliche Land eigentlich zu Rußland gehört, nicht zu Kasachstan, daß es historisch ein Teil Rußlands sei. Solschenizyn fordert, daß es zu Rußland zurückkehrt, Jelzin sprach jetzt allgemein von Grenzkorrekturen im Interesse des Schutzes der russischen Bevölkerung.

Im alten Teil der Stadt stehen Häuser aus dem 18. Jahrhundert mit alten Holztoren. Hier haben Russen gewohnt, Kaufleute, Bauern, und zu Anfang hauptsächlich Kosaken. Die hatten das Land rund um die Stadt von den Nomaden erobert. Sie kämpften für den Zaren und mehr noch für sich selbst, aber immer gegen den Islam. Sie sahen sich als die Verteidiger der christlichen Rechtgläubigkeit, in einem Land, das von nomadisierenden Hirten, Kasachen, Kirgisen und Kalmücken dünn besiedelt war. In diesem alten Blockhaus mit seinen schweren Balken hat vor mehr als 200 Jahren Jemeljan Pugatschow gewohnt, der Kosakenführer des Bauernaufstands gegen Zaren und Adel. 1775 hat man ihn in Moskau grausam hingerichtet. Die Zaren hatten versucht, den unabhängigen Kosaken das Rückgrat zu brechen, so wie es Stalin auf schreckliche Weise in den dreißiger Jahren noch einmal tat. Die Kasachen waren Opfer Stalins, der ihre Sprache und Traditionen unterdrückte, aber die russischen Kosaken waren es auch. Nur: Heute gilt als Schuld der Russen, was Stalin, was Moskau angeordnet hatte. Und die Kasachen fürchten sich vor den russischen Kosaken, die sich wehren wollen, wenn man sie einem zentralasiatischen Staat unterstellen will.

Ein kleiner Bauernhof in einer Stanitza, einer Kosakensiedlung. Hier wohnt Artjom Donskoj. Das ist ein richtiger Kosakenname: Vom Don waren die Donkosaken gekommen, am Ural haben sie sich im 17. Jahrhundert angesiedelt. Er ist ein angesehener Mann. Ein Kosakenhetman ist hier mächtig. »Meine Vorfahren sind im Jahre 1586 vom Don hierhergekommen, sagt die Geschichte. Wie kann das nicht mein Land sein? Meine Vorfahren haben es erkämpft. 400 Jahre haben wir hier gelebt, und auf einmal soll es nicht mehr mein Land sein«, sagt er. Die kasachische Regierung versucht zu verhindern, daß die Kosaken sich wieder organisieren.

Mähdrescher in der Steppe. Hier wohnen Kasachen. Hier ist die Steppe als Neuland unter den Pflug genommen worden, hier hat man Kasachen als Sowchosen-Bauern angesiedelt. Eine Kuhherde am Fluß: Viehhütende Nomaden sind die Kasachen hier nicht mehr. Sie sind durchorganisiert in den Kolchosen, durchorganisiert von der Kommunistischen Partei, deren Apparat immer noch funktioniert, auch wenn ihre Ideologie inzwischen nicht mehr gilt und das Zentralkomitee der Kasachischen KP in Alma Ata aufgelöst wurde. Die Kasachen leben in diesem Ort in Häusern europäischen Typs. Keine Jurten, keine Hirten, keine besonders kasachischen Gewohnheiten: steinerne Häuser europäischer Art, aus Ziegeln gebaut. Wenn Gäste kommen, ißt man mit ihnen auf dem Boden, auf dem Teppich sitzend. Sonst essen diese Kasachen am Tisch, wie alle anderen in der Sowjetunion. Eine alte Frau auf der Straße gehört zu den letzten, die noch ein Nationalkostüm haben, von ihrer Großmutter geerbt. Der kasachische Vorsitzende des Sowchos ist ein gewandter Mann, aber einer, der dem einzigen Deutschen, der noch im Sowchos lebt, vor dem Interview mit mir halblaut sagt: »Über Politik redest du nicht.« Der Deutsche sagt: »Ich bin ja kein Politiker.«

Was macht er hier? Sohn und Tochter sind an die Wolga gezogen, seit es keine Schule für die Enkel mehr gibt, in der anders als in der kasachischen Sprache unterrichtet wird. Auch die Russen sind fast alle weggezogen, nur noch vier Familien sind unter 500 Kasachenfamilien geblieben. Friedrich Krieger sagt: »Solange wie die Gesundheit ist, und sie mich nicht beleidigen, kann man doch leben, können wir bleiben.« Und seine Frau fügt hinzu: »Naja, ich bleibe auch da, wo will ich hin. Die Jungen gehen fort, konjeschno. Soviel wie wir noch brauchen, kriegen wir.«

Sie sind aus ihrer Heimat an der Wolga nach Sibirien vertrieben worden, später hat man sie in die nackte Steppe geschickt – auch sie Stalins Opfer.

Ein paar Häuser weiter lebt eine kasachische Großfamilie. Die Großmutter hat da das Sagen. 73 Jahre ist sie alt. Schlimmes hat sie erlebt, den Hunger und das Sterben nach der Kollektivierung unter Stalin. »Mit der Marktwirtschaft wird alles besser werden«, sagt sie. Früher hätten alle ihre Muttersprache gekonnt. In Zukunft werden sie alle wieder Kasachisch in der Schule lernen. Ihr Sohn übersetzt uns, denn sie selber hat Russisch nie gelernt, ihr Sohn aber ist Redakteur beim Fernsehen in der Stadt. Ihre Töchter und Schwiegertöchter besuchten alle pädagogische oder technische Institute. Sie ist stolz darauf, daß Kasachen auch etwas lernen können.

In der Altstadt von Uralsk steht die Moschee. Ihren Turm hat man neu aufgebaut. Unter Stalin war er zerstört worden, nun ragt er über der Stadt auf.

Der Mullah wartet auf den Tag, an dem er hinter der Moschee eine Medresse, ein Priesterseminar eröffnen kann. Vom Minarett erblickt man in der Innenstadt die orthodoxe Kirche mit ihren goldenen Türmen. Gegenüber vom Lenin-Denkmal, hinter Lenin, da steht das Gebietskomitee der Partei. Die Sowjetmacht ist noch da, sagen die Leute, auch wenn sie jetzt nach anderen, nicht mehr nach marxistischen Prinzipien regieren soll. Präsident Nursultan Nasarbajew benutzt den Apparat als Ordnungsmacht auf dem Weg zum Markt. Uns läßt man nicht zur Pressekonferenz der Partei, das würde die Atmosphäre verschlechtern. Nur die jungen Journalisten sagen: »Daß ihr da seid, ist vielleicht ein Zeichen dafür, daß auch hier die Perestroika beginnt.« Aber so schnell geht das nicht: Da sind die Polizisten, und sie sind mißtrauisch, und als wir ein paar Bilder aufgenommen haben, geht es ganz schnell, und wir werden abgeführt, hinein in die Polizeistation. In Kasachstan hat man sich mit Perestroika abgefunden, aber mit Glasnost und Offenheit noch lange nicht. Wir verbringen eine halbe Stunde bei der Polizei, und dann läßt man uns gehen, mit Händedruck und mit der Bitte, über diesen Zwischenfall nicht viel zu reden.

[Am 15. September kam es in Uralsk zu den ersten Zusammenstößen zwischen Kasachen und Kosaken. Die Kosaken hatten den 400. Jahrestag ihrer Indienstnahme durch den Zaren mit einer Versammlung, einem Gottesdienst und einem Konzert von Folkloregruppen begangen. Dagegen protestierten Mitglieder der Kasachischen Nationalbewegung »Asat«, die zum Teil aus Alma Ata und anderen Orten Kasachstans angereist waren.

Neun der unbewaffneten Kosaken wurden verletzt. Nach unbe-
stätigten Berichten wurden die Kosaken von Miliz-Sondereinhei-
ten mit Helmen und Schutzschilden aus der Stadt abgeschoben,
deren Verwaltung bereits am 19. August den Erlaß des Notstandskomitees in Moskau zum Verbot der Aktivität der Kosaken
benutzt hatte. Präsident Nasarbajew wandte sich am 17. September mit einer Botschaft an Präsident Jelzin, in dem er die Durch-
führung des Feiertages der Kosaken als eine gegen die Souveränität der Republik Kasachstan gerichtete Aktion bezeichnete, bei
der nur durch das Eingreifen der Ordnungsorgane ernste Kon-
flikte zwischen der örtlichen Bevölkerung und den Kosaken verhindert werden konnten. Die Stadt Uralsk und vermutlich auch
andere Teile Nordkasachstans sind für Journalisten gesperrt worden. Für das Russische Fernsehen wurde ein ausdrückliches Auf-
nahmeverbot verhängt.]

Tiraspol, Thomas Roth
Die Flagge der Sowjetunion und die ihrer früheren sozialistischen
Republik Moldawien nebeneinander – das sieht man heute nur
noch hier. Und gewiß nur noch hier verteidigen Frauen jene Vergangenheit, die ihnen, ohne daß sie es wahrnehmen, zugleich den
Weg in die Zukunft versperrt. Was ist geschehen?
  Sie blockieren die Gleise in das wichtigste Industriezentrum
von Moldowa, wie die unabhängige Republik heute heißt. Damit
wollen sie bei der Regierung die Freilassung eines Mannes erreichen, den sie als ihren Präsidenten ansehen. Jener Mann hat als
Vertreter der russischen Minderheit, der auch diese Frauen angehören, in Moldowa eine eigene, sozialistische Republik ausgerufen. Deshalb wurde er verhaftet.
  »Was ich von der Perestroika halte? Überhaupt nichts. Die hat
uns nur Unglück und Anarchie gebracht.« Für diese Frau kommt
noch etwas viel Entscheidenderes dazu: Die Perestroika hat den
Zusammenbruch der Sowjetunion eingeleitet und damit herauf-
beschworen, wogegen sie sich auch wehrt: Die russischstämmige
Bevölkerung in Moldowa gibt nicht mehr, wie früher, den Ton
an, hat Angst davor, unterdrückt zu werden – deshalb die Gründung unserer eigenen Republik, sagt sie.

Wie aber kam es zu all dem? Das äußerst fruchtbare Moldowa war bis zur Unabhängigkeitserklärung vor einem Jahr nichts anderes als der billige Obst- und Gemüsegarten der Sowjetunion. Es mußte Wein, Gemüse und Obst weit unter dem erzielbaren Wert an die ferne Zentrale in Moskau verkaufen. Schon das hat die Menschen hier verbittert. Noch mehr allerdings, daß sich rund 80 Prozent der Bevölkerung seit jeher Rumänien viel näher fühlen als der Sowjetunion und den Russen. Denn erst mit dem Hitler-Stalin-Pakt wurde Moldowa in die Sowjetunion hineingezwungen. Die Menschen selbst hat keiner gefragt. Im Gegenteil: Stalin ließ nach dem Krieg ein eisernes Regime einführen.

Links des Dnjestr, dem wichtigsten Fluß Moldowas, kam es zu dem, was man heute gewaltsame Russifizierung nennt: russische Schrift, russische statt moldawisch-rumänischer Sprache und schwerpunktartige russische Besiedlung, wie etwa in der zweitgrößten Stadt Moldowas, Tiraspol. Ganz anders als im übrigen Moldowa leben deshalb heute hier fast ausschließlich Russen. Sie befinden sich jetzt, nach der Abspaltung Moldowas von der Sowjetunion, auf einer regelrechten Insel und haben Angst, daß sich die neue Republik Moldowa bald Rumänien anschließt.

»Rumänien – dort herrscht die Barbarei«, sagt er. Natürlich ein Vorurteil, hinter dem vor allem die Angst steckt, aufgesogen und nun selber zumindest kulturell so unterdrückt zu werden, wie es vorher mit der moldawisch-rumänischen Kultur geschehen ist.

Deshalb begrüßen die meisten hier die Gründung einer kleinen russischen Republik, als deren Hauptstadt inzwischen Tiraspol dient. Die russische Minderheit hofft, daß sie das vor der, wie sie sagen, schleichenden Rumänisierung schützt. Ihre Führer fürchten, den Einfluß auf die Wirtschaft zu verlieren. Moskaus Strategie war es, über viele Jahre ein Industriezentrum dort aufzubauen, wo der größte Teil der russischen Bevölkerung lebt: in und um die Stadt Tiraspol, links des Flusses Dnjestr. Und damit diese Industrieanlagen nicht mit der Unabhängigkeit Moldowas in moldawische Hände übergehen, riefen die Betonköpfe der Kommunistischen Partei schnell eine russische sozialistische Republik aus.

Andrej Manilow spielt darin zur Zeit den Vizepräsidenten. Er wirft Gorbatschow und besonders Boris Jelzin vor, die russische

Bevölkerung außerhalb Rußlands schutzlos ihrem Schicksal zu überlassen, obwohl er, Jelzin, sich immer als Beschützer der Russen darstelle. Daß die Neugründung dieser Republik als jüngster kommunistischer Staat bei Jelzin alles andere als willkommen ist, will Manilow einfach nicht in den Kopf.

So herrscht in der neugegründeten sogenannten Russischen Dnjestr-Republik wieder die Kommunistische Partei, als hätte sich nirgendwo etwas verändert. Zur Absurdität dieser Entwicklung kommt ein außerordentlich gefährlicher Umstand: Der Hauptteil der sowjetischen, und damit wohl eher russisch orientierten Armee ist nämlich hier in Tiraspol stationiert.

»Wenn es nicht den gescheiterten Putsch gegeben hätte«, sagt dieser sowjetische Offizier, »wäre die Armee vielleicht schon aus der Kaserne und auf seiten der Russen. Wie gefährlich das ist, sehen wir gerade an Jugoslawien. Das wäre der Anfang eines Bürgerkriegs, der Gründung von Nationalgarden«, sagt er. Wie es weitergeht, weiß auch er nicht.

Doch zurück zu den russischen Frauen und ihrer Gleisblokkade, mit der sie die Freilassung des verhafteten Präsidenten ihrer neugegründeten Republik erreichen wollen. Wie kommt es, daß sie die Absurdität, die Aussichtslosigkeit, ja das Gefährliche dieser Entwicklung nicht durchschauen? Eine von diesen selbstbewußten und aktiven russischen Frauen ist Larissa Sacharowa. Sie ist 46 Jahre alt, Radiotechnikerin und außerordentlich sympathisch. Und sie ist, wie fast alle Frauen hier, ganz gewiß keine verbohrte Fanatikerin.

Larissa Sacharowa wohnt nicht weit von der Blockadestelle. Ihre Geschichte steht für viele. Ihr russischer Vater kam bei Kriegsende hierher, die Mutter war Moldawierin. Doch Larissa und ihre Familie fühlen sich der russischen Kultur einfach näher als jeder anderen. Nicht der moldawischen, nicht der rumänischen. Die Töchter sprechen nur russisch, ihre Schulausbildung war russisch. Die neue russische Republik würde sie schützen, glauben sie alle, denn an eines ist nicht zu denken: diese Gegend zu verlassen.

»Meine Heimat ist hier und nirgendwo anders. Meine Eltern sind hier begraben, und ich kann doch ihre Gräber nicht allein lassen. Nein, hier ist meine Heimat, nur hier und nicht irgendwo im fernen Rußland.« Larissa steckt in einer Zwickmühle, das macht ihr Angst, und die Angst berät sie schlecht.

Wir fahren zwischendurch in die reguläre Hauptstadt der unabhängigen Republik Moldowa. Hammer und Sichel hat man vom Regierungsgebäude in der Hauptstadt Kischinow entfernt, denn diese Republik will mit dem Kommunismus nichts mehr zu tun haben. Wie sieht der ordentliche Präsident Moldowas den heraufziehenden Konflikt und die Gefahr eines Bürgerkriegs?

Der Präsident Mircea Snegur läßt keinen Zweifel daran, daß die Gründung der kommunistischen Gegenrepublik durch die russische Bevölkerungsminderheit auf dem Gebiet Moldowas illegal sei und nicht hingenommen werden könne. Selbst Gorbatschow habe die Neugründung verurteilt. Präsident Snegur sagt, er wolle nur mit friedlichen Mitteln vorgehen. Was er machen wird, wenn die anderen stur bleiben, sagt er nicht.

»Ach, wenn ihr wüßtet, wie wertvoll uns die Abende sind in unserer Dnjestr-Republik« – die Frauen haben einen alten russischen Schlager ein wenig auf ihre Situation umgedichtet. Sie sind jetzt die zwölfte Nacht hier. Abends kommen die Männer oder die ganze Familie dazu.

Das Übel begann eigentlich mit dem Hitler-Stalin-Pakt, dem gnadenlosen Verschieben von Menschen durch Tyrannen. Die Tyrannen sind tot, doch die russische Bevölkerung hier hat noch einmal das Gefühl, unter die Räder einer Entwicklung zu geraten, die ihnen Angst macht. Und diese Angst ist wohl der Hauptgrund dafür, daß zumindest ein großer Teil von ihnen ausgerechnet den Weg gehen will, der sie und ihre Familien nicht aus dem Konflikt hinaus-, sondern geradewegs in einen Konflikt hineinführt. Einen Konflikt, den sie kaum werden bestehen können.

Baku, Hans-Josef Dreckmann

Es ist Mucharan, der Trauermonat der Schiiten. Getrauert wird um Hussein, den Enkel Mohammeds, der im Jahre 680 in diesem Monat ums Leben kam, ein Märtyrer des Islam. In der Ashra-Beck-Moschee von Baku geißeln sich Männer, junge und alte, stellvertretend für alle, um die Schmerzen Husseins bei seinem Tode am eigenen Leibe nachzuempfinden. Nach 70 Jahren Unterdrückung und Verfolgung durch den kommunistischen Staat knüpfen wie überall in den islamischen Sowjetrepubliken auch Aserbaidschans Moslems wieder an die radikalen Urformen ihrer Religion an. Seit drei Jahren erst dürfen sich Aserbaidschans Moslems auch öffentlich wieder zu Wort melden. Koranschulen freilich, ein Herzstück des Islams, sind nach wie vor verboten. Allerdings werden zur Zeit mit der Regierung Gespräche geführt, um der Religion auch in den Schulen wieder ein Recht einzuräumen.

Baku mit seinen 1,8 Millionen Einwohnern ist eine schöne Stadt, trotz aller Sünden der gigantomanischen sowjetischen Architektur. Der alte Kern mit Baurelikten, die zum Teil aus dem siebten Jahrhundert stammen, war immer islamisch geprägt, aber über Jahrzehnte vernachlässigt worden, soweit er nicht als Museum herhalten mußte. Erst jetzt hat man sich darangemacht, die alten Schätze liebevoll zu restaurieren. Aber die Idylle ist nur vordergründig. Nach schweren Zusammenstößen zwischen Polizei und oppositioneller Volksfront in der vergangenen Woche herrscht in der Hauptstadt angespannte Ruhe. Miliz und Sondertruppen, die unmittelbar nach der Unabhängigkeitserklärung unter nationales Kommando gestellt wurden, sind allgegenwärtig. Ajas Mutalibow, der altkommunistische Präsident Aserbaidschans, hatte den Putsch von Moskau noch öffentlich begrüßt, bevor er sich blitzschnell drehte. Als klar war, daß der Staatsstreich mißlungen war, sperrte er seiner eigenen KP alle Konten, nannte sich einen nationalen Demokraten und entdeckte die Marktwirtschaft. Der alte Apparat aber blieb unversehrt an der Macht. Für Mutalibow gab es am vergangenen Samstag Jubelveranstaltungen. Und plötzlich sind die Suren des Korans auch öffentlich wieder gefragt. Plötzlich versucht Mutalibow, den bisher verachteten Islam zu seiner eigenen Sache zu machen. Und auch etwas anderes darf auf keiner der für Mutalibow organisierten Versammlungen auf der Rednertribüne fehlen: ein Veteran aus dem zwischen Armenien und Aserbaidschan so heiß umkämpften Gebiet Berg-Karabach. Mutalibow will sich Sonntag zur Wahl stellen – da müssen nationale Emotionen her. Die Einheiten der Sondertruppen sind immer dabei, im Dienste des Präsidenten.

Und die Opposition? Das Gebäude der Volksfront wurde vergangene Woche gestürmt und verwüstet. Die Volksfront ist in sich zerrissen, hat keine Möglichkeit, sich in den streng kontrollierten Medien zu äußern, um so für ihre Politik zu werben. Wo immer wir mit der Kamera auftauchen, bedrängen uns Angehörige der Opposition: »Zeigt endlich, was dieses diktatorische Regime mit uns macht.« Aserbaidschan war einmal freie Republik, von 1918 bis 1920. Unter dem Bild des damaligen Präsidenten arbeitet Iwar Gambarow, einer der Führer der Volksfront, müde, aber entschlossen, die Regierung doch noch zu beseitigen. »Wir werden die Wahl am Sonntag boykottieren«, sagt Gambarow. »Diese Kommunisten haben bereits die Parlamentswahlen frech gefälscht, und Mutalibow soll nicht sagen können, er sei aus einer freien Wahl als Präsident hervorgegangen.« Vorgestern, nur einen Tag nach der verordneten Jubelfeier für den Präsidenten, rief die Volksfront zur Kundgebung auf. Und diesmal war der frühere Lenin-Platz, der jetzt Freiheits-Platz heißt, tatsächlich voller Menschen. Dabei hatte die Volksfront lediglich angekündigt, über Entwicklungen informieren zu wollen, die die staatlichen Medien verschweigen. Und obwohl die Volksfront immer wieder versichert, daß sie Religion und Politik sauber trennen wolle, darf auch auf ihrer Veranstaltung das Gebet natürlich nicht mehr fehlen.

Auf allen Seiten ist der Islam wieder gefragt. Wir sind noch einmal zur Ashra-Beck-Moschee eingeladen worden, zum gemeinsamen Festmahl der Gemeinde. Die Frauen habe Suppe aus frischem Hammelfleisch, Brot, Früchte und Salate vorbereitet, auch dies ein alter Brauch. Ein schwarzer Vorhang trennt Männer und Frauen, wie die Regeln es vorschreiben. Nun, da man uns ja kennt, wollen wir wissen, welchen Staat sich diese praktizierende Minderheit der Moslems tatsächlich wünscht. »Der Koran muß in unserer Gesellschaft wieder eine große Rolle spielen. Er ist verbindlicher als jede Verfassung. Ich möchte klare Verhältnisse, wie in unserem Nachbarland, im Iran«, sagt einer der Gläubigen. »Als Moslem möchte ich, daß unsere Republik ein islamisch-demokratischer Staat wird. Das wird noch lange dauern, weil unsere Bevölkerung nicht vorbereitet ist, aber kommen wird dieser Staat ohne Gewalt.«

Noch sind dies Stimmen einer Minderheit. Aber wie in allen moslemischen Sowjetrepubliken meldet sich der Islam auch in Aserbaidschan zurück zu Wort, unüberhörbar.

Nachgedanken

Tatjana Mitkowa
Wer unsere Seelen rettete.
Überlegungen einer
verwirrten Intellektuellen

>»Die Stunde hat geschlagen. Wieder
>sind wir an jenem verhängnisvollen
>Punkt, an dem unser Schicksal in der
>Hand der Vorsehung liegt und wir, wie
>immer, zu entscheiden haben:
>Wer – wen.«
>Wassil Bykow, 20. August

Die Leitung war tot. So lange und hartnäckig, daß es schien, als wäre die Verbindung zur Außenwelt für immer abgebrochen. Verschiedene ungute Gedanken beschlichen mich: Wie, wenn sie alle verhaftet hätten? Oder mich jetzt gleich holen kämen und die Freunde einfach schwiegen, um sich Unannehmlichkeiten zu ersparen? Als sie die Repressionen des Jahres 1937 beschrieb, bemerkte die große russische Dichterin Anna Achmatowa, daß sich in jenen Tagen Bekannte plötzlich nicht mehr kannten. Diese Situation scheint sich zu wiederholen.

Bei mir zu Hause spürte man in diesen Tagen den Atem des Jahres 1937. Meine Eltern waren damals noch Kinder, doch hat sich ihrer Erinnerung das quälende Gefühl des Unglücks eingeprägt, dem damals keiner entkam. Sie erinnern sich, wie sich die Menschen in den Gemeinschaftsküchen der Wohnungen fürchteten, miteinander zu sprechen.

Woran aber erinnern sich meine Freunde, die heute zwischen 30- und 40jährigen, woran erinnere ich mich, wenn ich mich fürchte, ans Telefon zu gehen und eine bekannte Nummer zu wählen? An gar nichts erinnern wir uns, denn es ist keine Frage von Erinnerung. Die von der älteren Generation durchlittene Angst ist Teil von uns geworden, aber wir, ungenierte Jugend, die

wir sind, ahnten das nicht einmal. Die Angst ist von unseren Vätern und Großvätern in unser Blut übergegangen. Womit konnten sie dieses Loch des Schweigens füllen? Mit den verzweifelten
Aufrufen der Intellektuellen, die ins Ausland entkommen waren? Auch mir war es wichtig, in jenen Tagen die Worte Solsche-
nizyns und Maximows aus dem fernen Ausland zu hören. Aber
sie waren dort und wir eben hier. Ermüdet von der Demagogie
der Politiker, erbittert von der nicht enden wollenden Schar tatt-
riger, täglich nachwachsender Führer. Wir glaubten an nichts
mehr. Und trotzdem schaltet jeder von uns, einem bedingten Re-
flex folgend, um 21 Uhr das Erste Programm des zentralen Fernsehens ein; diese Angewohnheit ist, wie die Hauptnachrichtensendung des Landes *Wremja*, nun schon 23 Jahre alt.

Die ersten Mitteilungen im Fernsehen ließen uns keinerlei
Hoffnung. Schleppende Musik, wie sie in den Vor-Perestroika-
Jahren ausgiebig die Trauerfeier des jeweils verstorbenen Gene-
ralsekretärs begleitete. Der formelle Gestus des Nachrichten-
sprechers, das von ihm trocken und abgehackt ausgesprochene
»Gorbatschow« machten den gestrigen Präsidenten mit einem
Male zum Staatsverbrecher.

Der deutlichste Eindruck jenes Fernsehabends aber waren die
zitternden Hände Janajews, des Führers des selbsternannten
Staatskomitees für den Ausnahmezustand. Diese wie bei einem
Kater zitternden Hände sind bereits Legende geworden. Der Regisseur, der unter dem wachsamen Auge des Zensors die
Aufzeichnung dieser einzigen Pressekonferenz der Putschisten
montierte, bestätigte, daß er bewußt diesen Ausschnitt von den
zitternden Händen des frischgebackenen Diktators hineinschnitt,
um aller Welt zu zeigen, was das für Leute sind.

Auf die eine oder andere Weise bestimmte dieses erste Erscheinen der Junta vor den Augen von Millionen für viele ihre Haltung
zum Putsch. Nachdenkliche Leute, die Intelligenzija verstanden,
mit wem sie es zu tun hatten. »Bis zum Abendessen war ich davon überzeugt, daß die Junta den Putsch durchzieht. Als ich die
Pressekonferenz gesehen hatte, atmete ich erleichtert auf: In diesem Land können sie selbst einen Putsch nicht gescheit über die
Bühne bringen.«

So beschrieb der bekannte Filmemacher Stanislaw Goworuchin seine Eindrücke von diesem Tag. Ich würde hinzufügen: In diesem Lande verstehen selbst die Fernsehzensoren ihre Sache nicht. Sie hören das Wort und vergessen, daß es dazu noch ein »Bildchen« gibt, dessen Aussage vielfach stärker sein kann.

Für diejenigen, die nicht auf die zitternden Hände achteten, gab es noch ein weiteres Informationsleck, aus dem manch ein Tröpfchen Wahrheit kam: Am 19. August zeigte *Wremja*, das wichtigste Sprachrohr der Putschisten, eine – wie Augenzeugen bestätigen, wie durch ein Wunder zustandegekommene – Reportage über den Bau von Barrikaden rund um das Weiße Haus. Das war wie frischer Wind. Das hieß: Wir leben noch.

Dieser Moment der Wahrheit dauerte insgesamt nur zwei Minuten. Vorher und hinterher das Herunterleiern der zahlreichen Dokumente des Notstandskomitees, Erklärungen über die Unterstützung der neuen Machthaber, die aus dem Studio direkt in den Äther gingen. Die Führer des Notstandskomitees und der Vorsitzende des Staatsfernsehens, Leonid Krawtschenko, der sich ihnen nicht widersetzte, kontrollierten höchst penibel jedes gesendete Wort. Die aus irgendeiner Unachtsamkeit gezeigte Reportage von den Barrikaden am Weißen Haus löste einen Sturm der Entrüstung und eine Flut von Anrufen der Janajews und Pugos aus. Der Regisseur wurde geschaßt. Die Fernsehanstalt selbst war zu dieser Zeit bereits von Panzern umstellt, in den Korridoren zwischen den Studios patrouillierten Soldaten mit Maschinenpistolen. Sie verhielten sich nicht wie Eroberer, gaben aber zu verstehen, daß mit ihnen im Zweifelsfall nicht zu spaßen sei.

Das alles wußten die Zuschauer natürlich nicht. Aber sie wußten etwas anderes: Das Erste Fernsehprogramm nennt sich offiziell Präsidentenprogramm, folglich sollte es auch irgendeine Information über den Präsidenten vermitteln. Statt dessen aber begannen dieselben Journalisten, die sich gestern noch in Lobpreisungen Gorbatschows ergingen, fast wörtlich folgendes zu erklären: Die Männer – die das Volk schon Putschisten getauft hatte – sind gesetzliche Vertreter der Macht, und niemand hat das Recht, sie als Verbrecher oder Verschwörer zu verleumden.

Die Erde bebte nicht unter dem Studio, unsere Fernseher zu Hause hielten durch und barsten nicht. Alles normal, so, wie es sein soll. Niemand anderer als der Präsident selbst hatte den Gehorsam auf dem Fernsehschirm gefördert. Niemand anderer als der Präsident hatte diejenigen herangezogen, die bei der Bewertung der Vorgänge im Lande nur einen Standpunkt kannten – den des Präsidenten. Die Journalisten aber, die über ein eigenes Urteilsververmögen verfügten, mußten das Erste Programm verlassen, um nicht mit ihrem Gewissen in Konflikt zu geraten. Zum Zeitpunkt des Putsches waren von ihnen nur ganz wenige übriggeblieben. Und deshalb empörte sich der Präsident völlig grundlos, als er am 22. August den Journalisten auf seiner Pressekonferenz erklärte, daß er gänzlich ohne Informationen gewesen sei, da das Fernsehen die reine Lüge verbreitet habe. Anders hätte es gar nicht sein können. Die Journalisten, von denen er Unterstützung erwartete, waren nicht ihm, sondern der Macht ergeben. Ich weiß nicht, ob sich Gorbatschow diese Lehre zu Herzen nimmt – bislang war er kein allzu guter Schüler –, aber der Verrat seiner engsten Umgebung einschließlich seiner Leibwache kann nicht verwundern, wenn man weiß, daß er sich für seine Mannschaft solche Leute aussuchte, die mit ihm im Gleichschritt gingen und deren wichtigste Qualität persönliche Ergebenheit war.

Ich denke, man darf einen Vergleich zum Stab des Präsidenten Rußlands ziehen. Heute wissen alle, wie Jelzin von seinen Leuten geschützt wurde. Wäre der Putsch gelungen, so wären alle, die um Jelzin waren, mit ihm an dieselbe Wand gestellt worden. Das ist offensichtlich. Aber nur wenige wissen, daß die Mitarbeiter des Russischen Fernsehens, das heißt des zweiten Fernsehprogramms, Jelzin und die gesetzmäßige Macht verteidigten, in dem sie für Gorbatschow eintraten, ungeachtet der direkten Androhung von Gewalt.

Das Gebäude der Russischen Fernseh- und Rundfunkgesellschaft war ebenfalls seit den ersten Stunden des Aufstands von Panzern umstellt. Zudem verbot das Notstandskomitee mit einem seiner ersten Erlasse die Tätigkeit des Russischen Fernsehens, wie übrigens auch vieler anderer Massenmedien. Der Stadtkommandant von Moskau, Kalinin, drohte jedem mit Verhaftung, der sich den Erlassen der Junta nicht unterwarf.

Ich sah einen denkwürdigen Raum im Gebäude des Russischen Fernsehens. Stellen Sie sich vor: ein riesiger Saal, von unzähligen

Lüstern erleuchtet. Mitten darin ein langer langweiliger Tisch mit
Stuhlreihen davor. Genau aus diesem Saal, in dem sonst lange
und langweilige Versammlungen stattfanden, sendete das Russische Fernsehen seine Untergrundnachrichten – das Studio, von
dem aus gewöhnlich gesendet wurde, war nicht mehr zugänglich.
Wie mir der heute schon ehemalige Chef der Nachrichtenredaktion, Oleg Dobrodejew, erzählte, fuhren nach der Sendung alle,
die mit ihm daran gearbeitet hatten, vorläufig nicht nach Hause,
weil sie fürchteten, vor den Augen ihrer Familie verhaftet zu werden.

Jeder hat in diesen Tagen eine Wahl getroffen, die im übrigen
nicht immer und nicht unbedingt von klaren politischen Überle-
gungen geleitet war. Ein Star des sowjetischen Fernsehens, Wladimir Moltschanow: »Als ich an diesem schrecklichen Morgen
aufwachte, fühlte ich mich wie ein Stück Vieh, das man erneut
treibt. Was soll das Vieh machen, wenn man es treibt? Dorthin
gehen, wohin man es führt? Oder sich in die Büsche schlagen?
Ich schlug mich in die Büsche, nahm meine Fernsehkamera und
ging zum Obersten Sowjet Rußlands.« Diese Wahl trafen viele.
Deswegen sickerten auch immerhin einige dürftige Informationen über die Ereignisse dieser Tage auf Fernsehschirme und Zei-
tungsseiten durch.

Wohl zum erstenmal seit dem Umsturz von 1917 wurden von
der Macht verbotene Zeitungen im Untergrund gedruckt. Überhaupt gibt es da einige Verknüpfungen. Damals hatten Lenin und
seine Umgebung Zeitungen der unterschiedlichsten Richtungen
verboten, die sich nun, nach über 70 Jahren, aus dem Untergrund
hervorgewagt haben. Das Urteil der Historiker über die Ereignisse dieses Augusts steht noch aus. Heute können wir uns an unseren Gefühlen orientieren: Durch sie werden die Dinge geord-
net und erscheinen uns noch klar.

»Wie sollte es nicht frivol klingen, wenn man sagt, daß es eine
heilsame seelische Erschütterung für uns alle war? Daß wir uns
davor vergnügt und herumgeschwatzt hatten, statt unsere Sache
zu tun.« Gut gesagt! Der Künstler Nikolai Karatschenzow, der in
der ersten Nacht zum Weißen Haus kam, hat ein Recht zu solchem Urteil. Interessanter ist hier etwas anderes. Wen meinte der
populäre Künstler, als er »wir« sagte? Wer ist »wir«? Ausnahms-

los alle? Oder nur einige »Auserwählte«? Das schon eher. Nun
gibt es in unserer Gesellschaft eine ganze Reihe von diesen »Aus-
erwählten«. Ich meine diejenigen, die sich selbst Intelligenzija
nennen. In der russischen Geschichte hat es sich so gefügt, daß in
Momenten der gesellschaftlichen Krise die Intelligenzija immer
eine besondere Rolle übernahm – oft war sie eine Art Ideologin
der Ereignisse, eine Deuterin der Vorgänge, die gewaltlos, doch
hartnäckig Kompromisse vorschlug.

Viele hatten den Eindruck, daß die Stimme unserer Intelligenzija während der Putschtage um vieles schwächer klang, als man
hätte erwarten können. Es gab wenig öffentliche Erklärungen
oder Auftritte auf Kundgebungen. Niemand übernahm die Rolle
einer Glocke, wie es der Tradition der wahren russischen Intelligenzija entsprochen hätte. Was ist hier los? Ich persönlich erkläre
es mir damit, daß alle erschöpft sind von unserem absurden, von
niemandem und durch nichts zu regierenden Leben mit seinen
verdrehten Vorstellungen von Ethik und Moral, mit seinem überaus verschwommenem Begriff von Demokratie. Des Wartens
müde.

Der große Rostropowitsch, der den Geist von Demokratie und
Freiheit geatmet hat, nahm Tausende Kilometer von Rußland
entfernt den verfassungswidrigen Geruch des Notstandskomitees
wahr. Sofort machte er sich auf den Weg, um gemeinsam mit den
Moskauern am russischen Weißen Haus auf die Barrikaden zu gehen und zu sagen: »Ich bin bei euch.«

Nicht auf den Barrikaden war Gubenko, der Kulturminister,
von Beruf Schauspieler und Regisseur, wie auch viele von denen
fehlten, die uns jahrelang in Sachen Perestroika mit Worten wie
Demokratie, Pluralismus, Konsens etc. belehrt hatten. Es gab sie
dort im Weißen Haus, Schriftsteller und Schauspieler, doch sie
waren die Ausnahme. Sie sahen hier ihre letzte Chance, etwas
zum Besseren zu wenden, und fühlten, daß sie diese Chance nicht
vergeben durften. Allerdings entschied sich das Schicksal unseres
Landes und Volkes nicht im Weißen Haus, sondern auf der
Straße. Niemand hat gezählt, wie viele Ärzte, Künstler und Inge-
nieure auf den Barrikaden waren. Beim Tunnel, wo die drei jungen Menschen umkamen, traf ich einen guten alten Bekannten.
Er war immer mehr als ruhig gewesen, wenn von Politik die Rede

war, erschien meist eher mit seinen eigenen Problemen beschäftigt. Seine Frau, auch Künstlerin, und ihr 15jähriger Sohn waren bei ihm. Sie verbrachten dort die schlimmsten Stunden der Nacht. Sie dachten nicht an die Gefahr; sie hatten irgendeinem Instinkt gehorcht: So kann man nicht leben. So übrigens heißt der aufsehenerregende Film von Stanislaw Goworuchin. Solche wie meine Freunde gab es dort zu Hunderten. Sie schlugen nicht die Glocke; die Verteidiger des Weißen Hauses hielten einfache Stöcke in den Händen. Stöcke gegen Panzer und Maschinengewehre.

Wahrscheinlich beginnen wir erst jetzt, da wir auf diese Ereignisse zurückblicken, das ganze Ausmaß von Verzweiflung und Stumpfheit zu erkennen, das uns vor dem 19. August umgab. In diesem Dunkel lebten wir alle. Und aus diesem Dunkel heraus gingen wir gemeinsam auf die Barrikaden. Das Wertvollste, was uns von diesen Tagen geblieben ist, ist das Gefühl, eine Entscheidung getroffen zu haben. Eine Entscheidung, wie sie in einer Gesellschaft, in der das System alles für den Menschen entschied, bislang undenkbar war. Und dann der Luxus – wähle selbst: frei zu sein oder Sklave zu bleiben. Die Wahl, entweder bei jenem Abschaum zu bleiben, der hinter den Büsten der Führer die eigenen Villen und Autos versteckte, oder ihnen zuzurufen:»Weg mit euch! Siebzig Jahre lang habt ihr uns getreten und erniedrigt. Es reicht!«

Zwei Beispiele zum Schluß. Die einzige Mitteilung der Intelligenzija an das Volk wurde in der Untergrundausgabe der *Moskowskije Nowosti* am 21. August veröffentlicht: die Mitschrift einer Diskussion von Intellektuellen über ihre Haltung zum Putsch. Ein Mitglied des Gründungskomitees von *Moskowskije Nowosti*, der berühmte Regisseur Mark Sacharow, sagte:»Ich fürchte sehr für mich und für mein Theater. Laßt uns scharfe Urteile vermeiden.« Einige Tage später, als alles schon vorbei war, sagte er vor demselben Gremium:»Ich bitte euch um Verzeihung, ich schäme mich, daß ich so voller Angst war.«

Ich möchte diese Worte nicht kommentieren. Man versteht sie auch so. Die Angst um sich selbst und um das eigene Wohl war das Geschenk des Systems an einzelne »Auserwählte«. Diese Angst war zur treibenden Kraft der Gesellschaft geworden, und sie machte Menschen zu Sklaven, die bei weitem nicht die schlechtesten Vertreter ihrer Gesellschaft waren.

Und die zweite Episode. In der Nacht, als wir den Sturm auf das Weiße Haus erwarteten, sagte Rostropowitsch zu den anderen Verteidigern – er saß auf einem Stuhl und hielt eine Maschinenpistole in der Hand: »Ich bin gekommen, um in diesem Gefecht unterzugehen. Aber zusammen mit meinem Volk.«

Nun, so waren wir zusammen. Und zum Glück sind wir noch am Leben. Das ist das Wichtigste. Und nicht die Tatsache, daß mein Telefon wieder klingelt . . .

Gerd Ruge
Wer – Wen? Woher – Wohin?

Da lag noch die Gasmaske auf dem Stuhl, als ich Boris Jelzin am Morgen des 21. August traf – in Moskaus Nebenstraßen war es wie an jedem normalen Regentag. Am Nachmittag des 23. August sah ich, wie auf auf dem Dach des Zentralkomitees der KPdSU die Rote Fahne eingeholt wurde: Das ging so schnell, daß man es kaum filmen konnte. Glücklicherweise standen ein paar hundert Menschen vor dem Haus, klatschten und riefen »Rußland, Rußland« – sonst wäre das Ende der Kommunistischen Partei bloß ein unauffälliger Verwaltungsakt gewesen. Das Gespenst, das seit 150 Jahren in Europa umging, war verblichen. Am Ende seiner Laufbahn wußte es gar nicht mehr, was Karl Marx von ihm erwartet hatte.

Die Denkmäler der Revolutionsführer in Moskau wurden gekippt – Dserschinskij, der mit seinen Erben vom KGB Millionen umbrachte; Kalinin, der als Stalins Staatspräsident die Todesurteile für Zehntausende treuer Bolschewiki unterzeichnete. Man fragt sich jetzt, was aus Lenins Mausoleum werden soll, wenn der alte Herr nach eigenem Wunsch in Sankt Petersburg neben seiner Mutter in der geweihten Erde des Wolkow-Friedhofs ruhen wird. Vielleicht bleibt nur noch der rote Backsteinklotz des Oktober-Hotels (Marmor, Kristall-Lüster, gewaltige Treppenaufgänge, fades Essen und schlechte Bedienung), um uns an den Kommunismus zu erinnern. Gegen harte Währung durften in diesem Moskauer Luxushotel, das der KPdSU gehörte, schon seit einem Jahr westliche Geschäftsleute vor einem riesigen Wandteppich mit dem Motto »Proletarier aller Länder, vereinigt euch« Seminare über Marktwirtschaft abhalten und Joint-ventures gründen, ohne zu ahnen, daß ihr Geschäftspartner das Zentralkomitee war. Seltsam: Wie man mit wenig Mühe und Geist zu viel Geld kommt, hatten die Moskauer Materialisten als das innere Geheimnis des Kapitalismus schnell durchschaut. Daß ein paar Ideen – nicht unbedingt Idealismus – ebenfalls nötig sind, hatte ihnen die Ideologie verschleiert.

Anfang September traf ich in Berlin den russischen Chef einer deutsch-sowjetischen Firma. Er schüttelte mir herzlich dankbar die Hand. »Sie haben meinen Job gerettet«, sagte er. »In unserer Firma hatten Kollegen schon ein Ergebenheitstelegramm an die Junta aufgesetzt. Aber dann haben Sie am Montagabend im Fernsehen gesagt: ›Die Putschisten haben noch nicht gewonnen.‹ Und da haben wir das Telegramm nicht abgeschickt.« Wunderbar – unsere Arbeit hatte doch einen praktischen Zweck erfüllt. Mal abgesehen von den acht Oberputschisten und einigen Dutzend Drahtziehern – die anderen, die ihre Telegramme zurückstellten oder den Aufruf des Notstandskomitees bloß in hausgemachte Phrasen umsetzten, verlieren nichts. Zwar sind sie nicht Sieger, aber sie werden Gewinn machen, wenn das Partei- und Volksvermögen vermarktwirtschaftet wird. »So ist das«, sagen meine richtigen russischen Freunde über das Leben. Bei der großen Umverteilung des Parteivermögens werden sie wenig abbekommen. Manchen genügte es schon, wenn sich leichter atmen ließe, weil die Luft nicht mehr von kommunistischen Phrasen schwirrt und die Erben des Sowjetvermögens nicht mehr ständig von Demokratie und Pluralismus reden. Aber das läßt sich wohl nicht vermeiden: Bei der letzten Sitzung des Kongresses der Volksdeputierten pochten Abgeordnete, die offen einen Putsch herbeigeredet hatten oder ungewählt, nur vom Parteiapparat ins Parlament delegiert waren, pathetisch auf ihre Menschenrechte: Immunität und gesicherte Diäten, auch nach Putsch und Umwälzung. Das ist das demokratische Programm vieler, die kürzlich noch die Demokraten ungerührt ins Gefängnis geschickt hätten. In der Speisehalle des Kreml-Palastes, wo die Abgeordneten, die es eigentlich nicht mehr sind, ohne Schlangestehen Würstchen oder Kaviar essen können, sitzen sie nun an getrennten Tischen, so wie das in Kantinen im ganzen Lande ist: getrennt nicht nach Kommunisten und Demokraten, sondern mehr danach, wer noch etwas werden kann und wer sich an Job und Privilegien klammern muß. Von den letzeren gibt es viele, und niemand hindert sie daran, sich zu sammeln und die Ungerechtigkeit der Demokraten anzuprangern, die die Parteibosse aus dem Rektorenzimmer der Akade-

mie für Sozialwissenschaft des ehemaligen Zentralkomitees auf
die Straße setzen wollen.

Die alten Propagandaformeln vom Humanismus und die leninistischen Redensarten sind wertlos geworden wie der Rubel, den
man nun »Holzrubel« nennt. Aber im Umlauf sind sie immer
noch. Nur die Vorzeichen ändern sich. Früher nannten sich die
kommunistischen Betonköpfe fortschrittlich und links. Nun ist
links, wer ganz schnell die freie Marktwirtschaft will. Verwirrungen
und Widersprüche: Im Ernstfall des Putsches verteidigten Kosaken, die ein Porträt des Zaren trugen, den Präsidenten Boris Jelzin,
der sich für einen Sozialdemokraten hält. Daß Jelzin den Putsch
überlebte, verdankt er weder Nikolaus II. noch Marxengels,
sondern eher dem Wunder des russischen Märchens: Iwanuschka,
Iwan der Dumme, eine Art Hans-im-Glück, ist nicht schlau,
aber so gut und stark und russisch, daß er im Feuer nicht verbrennt und, ins Wasser geworfen, nicht untergeht. Das konnten
die Leute in Rußland verstehen. Was sollte Gorbatschow dage-
gensetzen? Daß ihn die westlichen Demokraten und Kapitalisten
besser verstanden als Jelzin, weil er mehr dialektischen Schliff
mitbekommen hat, reichte für Rußland nicht – auch wenn er
durch natürliche Intelligenz den Hohlköpfen der Partei, die bloß
mit dem Stroh der Ideologie vollgestopft waren, überlegen war.
Aber was ihn im Westen verständlicher erscheinen ließ – die Nei-
gung zu Kompromiß und Ausgleich –, hätte ihm im wilden Osten
des Kommunismus fast das politische Leben gekostet.

Überhaupt dieser Osten: Wo fängt er an, wo hört er auf? Die
westeuropäischen Außenminister schwören, daß er von der Ost-
see bis zum Pazifik und vom Eismeer bis Afghanistan reicht. Wer
immer sich da zum souveränen Staat erklärt, bleibe als Erbe der
Sowjetunion auf die guten Vorsätze des Abkommens über Sicherheit und Zusammenarbeit in Europa verpflichtet. Aber ob die
schon ins Aserbaidschanische oder Usbekische übersetzt sind?
Nur die einfachsten Regeln von freier Wirtschaft und kostenfreier
Wirtschaftshilfe gibt es in allen Sprachen des Ostens. Weshalb
denn auch alle, die einst zur Sowjetunion gehörten, nun gerne
der Europäischen Wirtschaftsgemeinschaft beiträten – Aserbaidschan, das näher bei Beirut als bei Moskau liegt, ebenso wie
Kirgistan, das an China grenzt. Oder das christliche Georgien,

dessen Politik heute mit der Europas so verwandt ist wie die georgische Sprache mit der baskischen.

Und Rußland selbst, das doch nun wahrlich Europa ist – kein Thomas Mann ohne Dostojewskij, kein Dostojewskij ohne Schiller –, wie paßt denn das in das kleine Europa? Aber: Am Ural kann man es nicht absägen, bis zum Pazifik ist der Norden Asiens russisch, europäisch geprägt. Das merkt man, wenn man im Fernen Osten über den Amur blickt: Auf der einen Seite die postgotischen Kaufmannshäuser von 1900 oder die Parteigebäude von Blagoweschtschensk, ganz europäisch in Plattenbauweise, und gegenüber Hei He: flach, chinesisch, undurchsichtig und asiatisch. Mit den zentralasiatischen Staaten wie Kasachstan oder Tadschikistan, die sich Zaren und Kommunisten unterwarfen und auf ihre Art oberflächlich europäisierten, muß Rußland heute leben. Auch mit dem schweren europäischen Erbe des Nationalismus, der in den Randrepubliken jetzt die Ansätze zu demokratischen Lebensformen plattwalzt und noch die letzten Strukturen wirtschaftlicher Zusammenarbeit zwischen den Nachfolgestaaten der Sowjetunion gefährdet. Die russischen Führer kennen die Furcht der Nachbarn vor einem großen Rußland, aber sie können sich nicht kleiner machen, als sie sind. Und außerdem: Zwar waren es Demokraten, die die Putschisten zurückwarfen, doch auch sie mußten Rußland, das russische Nationalgefühl anrufen, um die Unterstützung von Armee und Volk zu gewinnen. Aber was Rußland ist – heilig oder nicht –, darüber streiten sich kluge Leute. Ob das Rußland der Bauern, Zaren und Geistlichen – und später der geduckten Arbeiter und autoritären Parteibosse – für liberale Demokratie und moderne Marktwirtschaft taugt, scheint manchen zweifelhaft. Pluralistische Demokratie ist mehr eine politische Methode als ein Glaubensbekenntnis. Daß sie der russischen Seele ihr schreckliches Bedürfnis nach Sinngebung stillt, ist eher unwahrscheinlich. Noch stärkt die Erinnerung an die Unterdrückung der letzten Jahrzehnte die Bereitschaft zu demokratischer Politik. Wenn wirklich ein Hungerwinter kommt, werden auch die Bauern, die Jelzin gewählt haben, alte Zeiten für besser halten, und vielleicht wird es einigen, die auf den Barrikaden standen, nicht anders gehen.

In so schwerer Zeit muß Rußland sich erst noch selber finden und zugleich seinen Platz auf jenem Sechstel der Erde, das Sowjetunion hieß. Was heute ist, kann nur Übergang sein, nur eine pragmatische Zwischenlösung, die aus wirtschaftlichen Gründen nötig oder opportun scheinen mag. Rußland muß im eigenen nationalen Gefühl die Grundlage für den Bau eines demokratischen Staates finden und sich zugleich in eine wirkliche Föderation verwandeln, in der die nicht-russischen Völker glaubhaft vertreten sind. Und es wird schließlich zwischen der eigenen Staatlichkeit Rußlands und der Union wählen müssen. Auf die Dauer kann es nicht zwei Präsidenten, zwei höchste Autoritäten in Moskau geben, können die Union und der russische Staat nicht als siamesische Zwillinge koexistieren – so wenig, wie sich Jelzins Rußland für die Union opfern kann. Es scheint, als hätten die Putschisten, die die Sowjetunion mit Panzern zusammenhalten wollten, die Grundlagen jeden Zusammenhalts mit ihren Panzerketten zermahlen. Keiner weiß, was kommt, nicht einmal Nostradamus, der hochgeschätzte Klassiker der russischen Futurologie, aus dessen Werk manche schon einen neuen Putsch herauslesen und manche gerade nicht. Wer – Wen? Woher – Wohin? Rußland nach dem Putsch – fast ein Sechstel der Erde, von dem es noch keine Landkarte gibt.

Thomas Roth
Neu in Moskau

»Wenn Sie vom Flughafen aus in die Stadt Moskau reinfahren, dann machen Sie die Augen zu, sonst halten Sie's dort keine Stunde aus und machen auf dem Absatz kehrt!« – Der mir diesen Rat noch in Deutschland mit auf den Weg gab, mußte es wissen. Er hat immerhin ein paar Jahre in Moskau gelebt und gearbeitet. Ob ich seinen Rat befolgt habe? Natürlich nicht. Und wir hatten Glück. Der 26. Juli war ein wunderschöner Sommertag, der sich selbst jetzt am Abend noch einschmeichelte. Nicht, daß die Fahrt ins Zentrum von Moskau eine Fahrt in eine Idylle war. Nein. Moskau ist spröde. Und die realsozialistischen Vorstädte mit ihren phantasielosen, ja brutalen Hochhäusern tun nicht nur unseren Augen weh, sondern wohl auch den Menschen, die darin leben. In Moskau genauso wie anderswo.

Auf halbem Weg in die Stadt neben der Straße jene verrosteten Panzersperren als Gedenkstätte. Sie erinnern an die sowjetischen Opfer des Zweiten Weltkriegs. Bis hierher kam die deutsche Wehrmacht. Bis hierher kamen unsere Väter. Zwischen den Hochhäusern Wiesen, vergammelte Parks – aber nichts war so, daß ich auf dem Absatz kehrtgemacht hätte. Warum auch. Vielleicht kommt dazu, daß wir, meine Frau Monika und ich, erst vor zwei Monaten aus Afrika zurückgekehrt waren. Und die deutsche Ordnung haben wir auch dort nur wenig vermißt. Und eines hatte ich mir, als absoluter Neuling in Moskau, eisern vorgenommen: Mich nur auf das zu verlassen, was ich selbst mit eigenen Augen sah, was ich selber spürte – und sonst auf gar nichts.

Vielleicht konnte ich gerade deshalb nicht glauben, was ich sah, als am Morgen des 19. August die Panzer gegen neun Uhr über den sechsspurigen Kutusowksij Prospekt auf die Brücke über die Moskwa zurollten. Direkt unterhalb unseres Studiofensters. Ich konnte nicht glauben, daß die Dinosaurier, daß »die kommunistischen Mumien«, wie viele Jugendliche sie später nannten, doch noch zuschlugen. Doch es war nicht nur eine absurde Vision – es war tatsächlich Realität. Nun entwickelten die Ereignisse einen ungeheuren Sog, bei dem ich als Neuling in Moskau immer wieder nur einen Orientierungspunkt fand: die geradezu traumhafte Professionalität und die Kompetenz meiner Kolleginnen und Kollegen im ARD-Studio. Ihren unermüdlichen Einsatz, mit dem sie »dem Neuen« Hilfestellung zu geben versuchten – auch wenn sie manchmal wohl selbst nicht mehr wußten, wo es langgehen wird.

Einige von uns schliefen in der zweiten Putschnacht im Studio unterm Schreibtisch. Die Armee hatte eine Ausgangssperre verhängt. Es wäre zu gefährlich gewesen, trotzdem nach Hause zu fahren. Gleichzeitig war aus dem ARD-Studio rund um die Uhr eine Bildleitung nach Deutschland geschaltet, die von den Putschisten merkwürdigerweise nie gekappt wurde. Auch nicht in jener Nacht, in der wir alle das Schlimmste erwarteten. Die Putschisten mußten das Weiße Haus in dieser Nacht stürmen und Jelzin verhaften, wenn sie erfolgreich sein wollten. Doch dort hatten sich inzwischen viele tausend Menschen versammelt. Sollte die Armee den Angriff wagen, würde es ein fürchterliches Blutbad werden. Es kam nicht dazu. Der Putsch brach zusammen.

Ach, es gäbe so viel zu erzählen. Auch davon, daß es mir nicht möglich war, unbeteiligt zu bleiben. Ich habe die Trauer der vielen hunderttausend in Moskau geteilt, als sie die drei jungen Männer zu Grabe trugen. Und ihre Freude, als immer klarer wurde, daß die »Mumien« nicht siegen würden. Vielleicht ist das mit ein Grund, daß ich mich heute so fühle, als wäre ich nicht acht Wochen, sondern schon sehr viel länger in Moskau. Und irgendwie, glaube ich, bin ich es auch.

Hans-Josef Dreckmann
Fünfzehn Moskauer Tage

Ein seltsamer Putsch, denke ich, als die Maschine an diesem 19. August kurz vor 21 Uhr Moskauer Zeit zur Landung ansetzt. Putschisten pflegen doch als erstes die Flughäfen zu sperren und die Kommunikation ins Ausland zu unterbrechen. Soll hier in Moskau der Anschein von Normalität und Legalität gewahrt werden?

An Bord sind nur wenige Passagiere. Ein paar Geschäftsleute und Journalisten, ein Fernsehteam aus den USA, eines aus Frankreich, ein Kollege von der *Welt* und ich. Eine Stewardess macht Mut: »Ausnahmsweise fliegen wir noch heute nacht nach Frankfurt zurück. Wenn Sie nicht rauskommen ...«

Der junge müde Uniformierte in seinem Paßhäuschen fragt auf deutsch: »Korrespondent?« – Und dann sagt er »Willkommen« und, ebenfalls auf deutsch, »Kommunismus Scheiße«. Dann gibt er mir sehr freundlich meinen Paß zurück. Ein seltsamer Putsch, denke ich.

Draußen wartet mit dem Wagen Grischa, einer der liebenswürdigen russischen Mitarbeiter des ARD-Studios in Moskau. An diesem späten Abend fährt er auf mir unbekannten Umwegen in die Stadt zurück – um Militärkontrollen möglichst aus dem Wege zu gehen. Aber dann stehen doch plötzlich Panzer am Rand der kleinen Straße. Die Soldaten müssen doch das »K« auf unserem Nummernschild deutlich erkennen. »K« steht für »Korrespondent«. Die Soldaten müssen also wissen, daß da ein ausländischer Journalist unterwegs ist. Aber sie winken uns anstandslos durch. Ohne ein einziges Mal angehalten worden zu sein, erreichen wir unser Studio am Kutusowskij Prospekt – schräg gegenüber dem Weißen Haus, dem Amtssitz Boris Jelzins. Mitternacht ist schon vorbei, aber im Studio herrscht immer noch Hochbetrieb. Gerd Ruge und Thomas Roth haben gerade ihre letzten Berichte für die *Tagesthemen* nach Hamburg überspielt. Moskauer Zeit ist eine Stunde voraus. Alle sind müde, nervös und besorgt. Vor allem die russischen Mitarbeiter: Oleg, Sascha, Schenja, Sergej und Natascha, Irina, Galja. Wie soll das nur weitergehen? Wie weit werden diese Pugos und Jasows versuchen, die Uhren zurückzustellen? Was wird aus unserer Arbeit?

In den letzten zwei Jahren war ich sehr häufig in der Sowjetunion. Immer, wenn etwas Besonderes los war, wenn das Studio Verstärkung brauchte. Ich habe mitbekommen, wie rückhaltlos die russischen Kolleginnen und Kollegen im Studio auf Gorbatschow und die Veränderung in ihrem Land gesetzt haben. Ich habe ihren Ärger, ihre Wut miterlebt, wenn Gorbatschow, wie im vergangenen Winter, mal wieder einen taktischen Haken schlug und den Orthodoxen in Partei und Armee Zugeständnisse machte. Ich habe gemerkt, wie sie, von Gorbatschow und seiner Zögerlichkeit enttäuscht, all ihre Hoffnung auf Jelzin setzten. Und jetzt das. Allen war klar in dieser Nacht, daß der Putsch Gorbatschow gegolten hatte, vor allem aber Boris Jelzin und dessen politischen Freunden in Moskau und Leningrad.

Wir trinken noch ein Bier miteinander und versuchen, uns für die nächsten Tage ein bißchen zu organisieren. Wir wissen ja: die *Tagesschau* wird stündlich senden, ab sechs Uhr morgens, der WDR wird von sechs bis neun das *Morgenmagazin* bringen, es wird Sondersendungen geben usw. usw. – wenn uns die Putschisten nicht die Satellitenleitungen kappen. Aber daran will jetzt, um zwei Uhr morgens, niemand denken. Und Gerd Ruge will noch einmal kurz in die Stadt.

Das ist mir immer noch ein Rätsel: Warum hat die Junta in keiner Weise versucht, die Journalisten aus aller Welt in ihrer Arbeit zu beeinflussen oder zu behindern? Warum wurden die Überspielungen ins Ausland nicht zensiert oder zumindest kontrolliert? Glaubten die Putschisten im Ernst, die Presse werde ohne weiteres die geänderten Verhältnisse akzeptieren und sich auf die Seite der neuen Machthaber schlagen? Oder war der Glaube an die eigene Sache von Anfang an nur klein? Jedenfalls hatten wir vom zweiten Tag des Putsches an durch die EBU (Europäische Rundfunkunion) rund um die Uhr eine Satellitenschaltung aus dem ARD-Studio nach Hamburg. Das bot den unschätzbaren Vorteil, daß wir ständig Kontakt zum Schaltraum in Hamburg hatten. Das brachte allerdings den Nachteil, daß wir unsere Technik auch Kollegen aus Großbritannien, Israel, Österreich oder Australien zur Verfügung stellen mußten. Also zusätzliche Arbeit für unsere zwei Techniker im Studio.

Karl-Ludwig Toel hockt hinter seinem Mischpult. Er hat an diesem 20. August bereits 15 Stunden Arbeit und 14 Überspielungen hinter sich. Jetzt sind die *Tagesthemen* noch dran. Und dann ist da gerade ein junger Kameramann aus Leningrad gekommen. Er hat Material mitgebracht, das wir noch kopieren wollen – für morgen früh.

Karl-Ludwig Toel will diese Nacht nicht mehr nach Hause fahren. Es lohnt nicht mehr. Im Studio gibt es Matratzen und Schlafsäcke. Und Slawa, der Kollege aus Leningrad, wird auch bleiben. Wir haben ihn als zusätzlichen Kameramann engagiert. Er schläft auch im Studio. Denn was wir jetzt vor allem brauchen, sind Bilder. Jede Redaktion will neue Stücke mit neuen Bildern. Das sowjetische Fernsehen sendet in diesen Tagen Popkonzerte, klassische Musik, viel Ballett und Spielfilme – nur keine verläßlichen Nachrichten. Die abendliche Einstunden-Nachrichtensendung *Wremja* ist gleichgeschaltet. Da sind wir auf unsere eigenen Bilder angewiesen. Zum Glück kommen jetzt Kollegen wie Slawa von draußen und bieten uns ihr Material an. Denn wie es in diesen Tagen in der Ukraine, im Baltikum oder in Kasachstan aussieht, davon erfahren wir ja so gut wie nichts.

Das ist für Gerd Ruge, für Thomas Roth und für mich der größte Frust: wir müssen einen Beitrag nach dem anderen produzieren und kommen darüber kaum noch aus dem Studio heraus. Aber wie soll man glaubwürdig berichten, wenn man nicht mit eigenen Augen gesehen, mit eigenen Ohren gehört hat? Wir versuchen also, uns so zu organisieren, daß jeder täglich ein paar Stunden hat, um mal in die Stadt zu kommen und aufzutanken.

Am 21. August, dem dritten Tag des Putsches, fahre ich mit Oleg und Schenja, dem russischen Kamerateam, in ein kleines Dorf vierzig Kilometer außerhalb Moskaus. Wir wollen wissen, was die Leute dort über den Umsturz denken, dort, wo es keine oppositionellen Untergrundzeitungen gibt, wo der Radiosender *Echo Moskaus,* der aus Jelzins belagertem Weißen Haus sendet,

nicht mehr zu empfangen ist. Es regnet in Strömen. Traurig wirkt
das Dörfchen Dimitrowka bei diesem Wetter. Die Menschen, denen wir auf der Straße begegnen, sind auf dem Weg zur Kolchose
oder zum einzigen Geschäft von Dimitrowka. Über den Putsch
wissen die Leute nur das, was ihnen das offizielle Fernsehen, der
offizielle Rundfunk sagt, also die Version der Putschisten. Einige
in Dimitrowka sagen, das habe ja so kommen müssen, und Ordnung müsse wieder einkehren. Andere verurteilen den Staatsstreich. Aber alle klagen, wie schlecht es ihnen gehe, daß es
selbst das Notwendigste in ihrem Dorf nicht mehr zu kaufen
gebe. Sicher, auch hier haben die meisten Menschen Jelzin gewählt, wollen die meisten mehr Demokratie. Aber vor allem wollen sie eins: daß es ihnen endlich ein kleines bißchen besser geht.
»Moskau«, sagen uns zwei alte Frauen, »Moskau ist weit weg, da
kommen wir einmal im Jahr nur hin.«

Als wir am frühen Nachmittag nach Moskau zurückkommen,
sind die meisten Panzer verschwunden. Wir fahren noch bei Lew
Kopelew vorbei, mit dem wir für 15 Uhr zu einem Interview ver-
abredet sind. Lew Kopelew ist müde und sehr aufgeregt. Ständig
klingelt das Telefon. Freunde rufen an: es sehe so aus, als sei der
Spuk vorbei. »Letzte Nacht habe ich kaum geschlafen«, sagte der
alte Mann, »mein Enkel stand doch auf den Barrikaden vor dem
Weißen Haus. Wie sollte ich da schlafen.« Als wir ihm sagen, daß
die Panzer verschwunden seien, da wird er ganz weich: »Rußland
ist immer nur durch Wunder gerettet worden. Dies ist so ein Wunder. Man muß an Wunder glauben.«

Als wir gegen 17 Uhr ins Studio zurückkommen, ist dort der
Teufel los. Pausenlos klingeln die Telefone, über Telex kommt
eine Leitungsbestellung nach der anderen rein, die Köchin hat
noch einen Kuchen gebacken und trägt ihn rum, über Vierdraht
fragt Hamburg an, wann der nächste *Tagesschau*-Beitrag überspielt werden kann, *Brennpunkt* ist angekündigt und eine Sonderausgabe der *Tagesthemen* um zwei Uhr morgens Moskauer Zeit,
Brigitte Willisch, eine der beiden Cutterinnen, fragt: »Wo ist dein
Material? Das wird mein achtes Stück heute«, Oleg und Schenja
sind schon wieder unterwegs zum Weißen Haus, Natascha kann
es gar nicht fassen, daß alles vorbei sein soll, und Gerd Ruge geht
mit der Stoppuhr in der Hand durch das Chaos und bastelt an sei-

nem nächsten Text. Jetzt geht alles so wahnsinnig schnell, Schlag auf Schlag. Wir müßten fünf Teams haben und genau so viele Cutterinnen.

Und dann ist es 21.15 Uhr Moskauer Zeit, der *Brennpunkt* beginnt. Drei Beiträge sollen aus Moskau kommen und Live-Gespräche mit Gerd Ruge. Während die Regie in Köln schon nach Ruge ruft, sitzt auf dessen Stuhl im Studio noch Thomas Roth und mischt seinen Film. Fliegender Wechsel dann. Gott sei Dank haben wir eine Telefonleitung nach Köln bekommen. Denn unsere Beiträge vorweg nach Köln zu überspielen, das haben wir nicht mehr geschafft. Nun müssen wir sie auf Stichwort aus der Regie in Deutschland live einspielen. Und dann sitzt Gerd Ruge im Studio, drückt rasch noch seine Zigarette aus und sagt: »Eben habe ich mit russischen Freunden zusammengesessen. Wir haben einen getrunken. Und dann haben wir ein bißchen gelacht und ein bißchen geweint.« Und Slawa ist schon wieder mit seiner Kamera draußen auf dem Flughafen Wnukowo, wo Gorbatschow in dieser Nacht von der Krim zurückkehren soll. Da sind wir schon ein bißchen stolz, daß heute wieder mal alles irgendwie geklappt hat. Und es tut gut, daß die Chefredaktion von ARD-Aktuell ein Telex schickt, in dem sie sich bei allen russischen Mitarbeiterinnen und Mitarbeitern namentlich für die Arbeit bedankt.

Mit dem Ende des Putsches wird die Arbeit im Studio nicht weniger, aber etwas leichter, weil alle wichtigen Ereignisse wieder im sowjetischen Fernsehen übertragen werden. Wir können auf dieses Material zurückgreifen. Wie gebannt hängen im Studio jetzt vor allem die russischen Kollegen vor den Fernsehern, können es noch gar nicht fassen, daß wirklich – auch für sie persönlich – alles noch einmal gutgegangen ist.

Szenen, die ich nie vergessen werde: Boris Jelzin mit der alten russischen Fahne in der Hand vor dem Weißen Haus; nachts in der Innenstadt: ein junger Mann mit einer Ziehharmonika singt ganz allein für sich ein Lied auf Rußland; die schmachvolle Verjagung der Angestellten des Zentralkomitees der KPdSU aus ihrer einst allmächtigen Zentrale; die Trauer und der Stolz, mit denen hunderttausende Moskauer die drei Opfer des Putsches zum Friedhof begleiten; Boris Jelzins Bitte: Verzeiht Eurem Präsidenten, der euch nicht vor dem Tod schützen konnte.

Zehn Tage nach dem Putsch, als wir alle wieder etwas Luft haben, sind wir uns einig: jetzt müssen wir endlich raus aus Moskau, in die Republiken, die sich eine nach der anderen für unabhängig erklärt haben. Denn dort wird sich entscheiden, ob es tatsächlich eine neue Union souveräner Republiken geben wird. Dort werden die Weichen dafür gestellt, wie das zerborstene Riesenreich über den nächsten Winter kommen wird.

Also macht sich Gerd Ruge auf in den Norden Kasachstans. Die strenge Anordnung, daß man solche Reisen 48 Stunden im voraus beim Außenministerium beantragen muß, ist nur noch Formsache. Thomas Roth reist nach Moldowa, das ehemalige Moldawien. Ich fahre nach Aserbaidschan, wo die alten Hierarchen sich gerade zu »Demokraten« erklären, ihre eigene Partei auflösen und mit allen Mitteln versuchen, ihre alte Macht zu retten. Und im Kopf steckt: nach Georgien müßte man jetzt auch, nach Armenien, nach Kirgistan.

Am 3. September sitze ich wieder in einer Lufthansa-Maschine – auf dem Rückweg über Frankfurt nach Köln. Der WDR hat neue Kollegen zur Verstärkung ins Baltikum geschickt und in die Ukraine. Ich bin froh, daß ich die vergangenen 15 Tage dabeisein konnte. Fünfzehn hektische, traurige, zermürbende, fröhliche, unvergeßliche Moskauer Tage.

Anhang

Chronik vom 19. August bis
5. September 1991

Montag, 19. August

★ Seit 6 Uhr morgens wird in Radio und Fernsehen in regelmäßigen Abständen eine Erklärung des Vorsitzenden des Obersten Sowjet der UdSSR, A. Lukjanow, verlesen, worin er sich gegen die für den 20. 8. geplante Unterzeichnung des Unionsvertrags ausspricht, sowie eine »Erklärung der sowjetischen Führung«, unterzeichnet von Vize-Präsident G. Janajew, Premier V. Pawlow und dem ersten stellvertretenden Vorsitzenden des Verteidigungsrates der UdSSR, O. Baklanow, wonach die Vollmachten des Präsidenten der UdSSR wegen Gorbatschows schlechten Gesundheitszustands auf Janajew übergegangen sind. Danach wird die Gründung eines »Staatskomitees für den Ausnahmezustand der UdSSR« mitgeteilt, dessen »Anordnung Nr. 1« in einer Reihe von Regionen den Ausnahmezustand verhängt. Ein »Aufruf an das sowjetische Volk« begründet diese Maßnahmen mit einer rechts-reaktionären Darstellung der aktuellen politischen Situation.

★ 11 Uhr. Auf einer Pressekonferenz macht Jelzin die Position der russischen Führung deutlich: Eine Gegenerklärung »An die Bürger Rußlands« qualifiziert den Vorgang als Staatsstreich und ruft zum unbefristeten politischen Generalstreik auf. Ein Erlaß Jelzins untersagt die Befolgung der Anordnungen des Notstandskomitees auf russischem Gebiet.

★ In die Moskauer Innenstadt fahren Panzerverbände ein. Das zentrale Fernsehen, der Sitz der Nachrichtenagentur TASS sowie das russische Parlament werden von Truppen und Panzerfahrzeugen umstellt. Die unabhängige Radiostation *Echo Moskaus* kann nicht mehr senden; die »Anordnung Nr. 2« des Notstandskomitees verbietet bis auf weiteres das Erscheinen der unabhängigen Presse. Spontane Kundgebungen und Versammlungen vor dem Moskauer Stadtrat und dem Weißen Haus Rußlands – ungeachtet des nachmittags auch in Moskau verhängten Ausnahmezustands und damit ausgesprochenen Versammlungsverbots.

★ 17 Uhr. Pressekonferenz des »Komitees für den Ausnahmezustand in der UdSSR«. Allerdings stellen sich nicht alle acht Mitglieder der Öffentlichkeit. Anwesend sind neben Janajew und Baklanow (s. o.) KGB-Chef W. Krjutschkow, Innenminister B. Pugo, der Vorsitzende der in der reaktionären »Bauernunion« zusammengeschlossenen Kolchosen- und Sowchosen-Vertreter, Starodubzew, und der Präsident des Verbands der Staatsbetriebe und Industrievereinigungen, des Bau-, Transports- und Kommunikationswesens der UdSSR, A. Tisjakow. Es fehlen Premier V. Pawlow und Verteidigungsminister D. Jasow.

★ Auf ihrer Sitzung am Abend begrüßen die Unionsminister fast ausnahmslos das Notstandskomitee.

★ 22 Uhr. Unter dem Jubel der Menschen am Weißen Haus gehen mehrere Panzer der Tamanskaja-Division – mit weiß-blau-roten Fahnen an den Antennen – zu Jelzin über. Keine gewaltsamen Zwischenfälle.

★ Ab Mitternacht treten die Kohlegruben in der RSFSR und der Ukraine als erste in den Generalstreik.

Dienstag, 20. August

★ Gegen 2.30 Uhr nachts gibt M. Gorbatschow, in seiner Sommerresidenz in Foros auf der Krim von der Außenwelt abgeschnitten, seine Stellungnahme in Form einer Videoaufzeichnung zu Protokoll.

★ Die Haltung der Mehrheit der Republik-Führungen zum Notstandskomitee bleibt auch am zweiten Tag des Putsches unklar. Neben den drei baltischen Staaten spricht sich die Führung Moldawien gegen den Putsch aus; Aserbaidschan begrüßt das Notstandskomitee. Doch zeichnet sich ab, daß nur eine Minderheit der Städte und Gebiete Rußlands hinter den Putschisten steht.

★ 9.30 Uhr. Eine Delegation der RSFSR – R. Chasbulatow, A. Rutzkoj und I. Silajew – überbringt dem Vorsitzenden des Obersten Sowjet der UdSSR, A. Lukjanow, im Kreml Gegenforderungen im Namen der russischen Führung: binnen 24 Stunden für ein Treffen mit Gorbatschow zu sorgen; binnen dreier Tage ein

Gutachten unabhängiger Ärzte zu veranlassen; des weiteren
Nichtanerkennung des Notstandskomitees durch den Obersten
Sowjet des Landes, Aufhebung aller über die russischen Massenmedien verfügten Beschränkungen, Rückführung aller Truppen
in ihre Kasernen.

★ Um 17.45 Uhr verbreitet TASS eine Erklärung des Patriarchen
von Moskau und ganz Rußland, Alexej II. Da die Umstände der
Entmachtung Gorbatschows und die Gesetzmäßigkeit des Notstandskomitees noch ungeklärt seien, ruft der Patriarch bis zur
grundsätzlichen Einschätzung der Situation durch den Obersten
Sowjet des Landes zu Ruhe auf und dazu, Blutvergießen zu vermeiden.

★ Gerüchte über den Rücktritt von Verteidigungsminister D. Jasow verunsichern seit dem Nachmittag die Armee. Die Barrikaden rund um das Weiße Haus werden ausgebaut. Bürger und Abgeordnete bleiben im ständigen Gespräch mit den nach Moskau
geführten Soldaten.

★ Um 17 Uhr übernimmt Jelzin für die Zeit der Abwesenheit
Gorbatschows per Erlaß den Oberbefehl über die auf dem Gebiet
der RSFSR befindlichen sowjetischen Streitkräfte.

★ Ein weiterer Erlaß des russischen Präsidenten (»Über die Garantie der wirtschaftlichen Unabhängigkeit der RSFSR«) sieht
die Übernahme aller auf dem Gebiet der RSFSR befindlichen
Staatsbetriebe bis zum 1.1.1992 unter die Jurisdiktion der russischen Regierung vor.

★ Einem Aufruf Jelzins an die Männer Moskaus, sich zur Verteidigung des russischen Parlaments einzufinden, kommen am
Abend und in der Nacht zum Mittwoch trotz strömenden Regens
Zehntausende nach. Freiwillige formieren sich am Weißen Haus
zu Hundertschaften; Vizepräsident A. Rutzkoj wird mit der Bildung einer russischen Nationalgarde beauftragt.

★ Der für 20 Uhr befürchtete Angriff auf den Moskauer Stadtsowjet erfolgt nicht.

★ Um 21.35 Uhr erklärt der Stadtkommandant von Moskau,
Generaloberst N. Kalinin, die Zeit zwischen 23 Uhr und 5 Uhr in
Moskau zur Sperrstunde.   .

★ Um 21.42 Uhr gibt die zentrale Fernsehnachrichtensendung
Wremja bekannt, daß sich Premierminister Pawlow wegen zu ho-

hem Blutdruck im Krankenhaus befindet und strenge Bettruhe halten muß.

★ Ab 22 Uhr nehmen Panzer vom Manege-Platz Kurs auf das russische Parlament. Gegen 22.30 Uhr werden sie am Puschkin-Platz mit Molotowcocktails angegriffen, ein Panzer gerät in Brand.

★ Der Sturm auf das Weiße Haus durch Spezialeinheiten des KGB wird für die Zeit zwischen Mitternacht und 1 Uhr erwartet.

Mittwoch, 21. August

★ Die Panzerbewegungen verdichten sich gegen 0.55 Uhr um das Weiße Haus. Auf seiten der Verteidiger sind 2 000 Mann im Weißen Haus organisiert, darunter 300 Berufssoldaten. Vor dem Paralament stehen Zehntausende hinter Barrikaden aus schweren Baumaschinen, Traktoren, Omnibussen und Baumaterial.

★ Gegen 0.30 Uhr rollt eine Gruppe von etwa 10 Schützenpanzern über den Gartenring zur Überführung am Kalinin-Prospekt. Erste Schüsse fallen. Die Panzer durchbrechen die erste kleinere Barrikade. Gegen 1.30 Uhr kommen sie, in die Luft feuernd, aus der Unterführung heraus. Einige rammen die nächste Barrikade und fahren sich darin fest. Junge Leute versperren den Fahrern mit Decken die Sicht aus den Sehschlitzen und versuchen, die Luken zu öffnen. Drei Männer werden dabei getötet. Mit dem Ruf »Mörder« werfen junge Leute Molotowcocktails auf die Panzer. Die meisten Schützenpanzer werden an der Unterführung von der erregten Menge eingeschlossen und erst nach Verhandlungen am frühen Morgen freigegeben.

★ Um 1.30 Uhr wendet sich der Patriarch Alexej II. mit einem Aufruf gegen den Brudermord insbesondere an Soldaten und ihre Kommandeure.

★ Gegen 4.15 Uhr teilen Abgeordnete nach Verhandlungen mit dem Chef der Luftlandetruppen mit, daß die Stunde X vorüber ist. Alle könnten nun beruhigt schlafen gehen.

★ Um 9.30 Uhr bezeichnet der Moskauer Stadtkommandant Kalinin die Vorgänge, die sich in der vergangenen Nacht an der Barrikade am Gartenring ereigneten, als »schwere Provokationen extremistischer Kräfte mit tragischen Folgen«.

★ 11 Uhr. Eröffnung der außerordentlichen Sitzung des russischen Parlaments. Ultimativ werden die Putschisten aufgefordert, sich am heutigen Tag bis 22 Uhr geschlagen zu geben. In Antwort auf das gestrige Ultimatum Jelzins teilt Lukjanow Gorbatschows Aufenthaltsort mit. Jelzin solle Gorbatschow gemeinsam mit Lukjanow an einem neutralen Ort auf der Krim treffen. Die Abgeordneten lassen Jelzin jedoch nicht fliegen. An seiner Stelle soll eine Delegation unter Rutzkoj und Silajew entsandt werden. Eine entsprechende Übereinkunft wird gegen 12 Uhr mit KGB-Chef Krjutschkow erzielt.

★ Um 13.53 Uhr teilt Jelzin im Parlament mit, daß sich die Verschwörer auf dem Weg zum Moskauer Regierungsflughafen befinden.

★ 14.18 Uhr. Die Mitglieder des Notstandskomitees Krjutschkow, Jasow und Tisjakow sind den Sicherheitskräften des russischen Innenministeriums am Flughafen Wnukowo nur knapp entwischt und befinden sich auf dem Weg zu Gorbatschow auf die Krim; dieser weigert sich um 17.30 Uhr, sie zu empfangen.

★ Um 16.52 Uhr fliegt eine Delegation um Rutzkoj, Silajew, W. Bakatin und Je. Primakow ebenfalls Richtung Krim, um Gorbatschow nach Moskau zu holen. Mit einer weiteren Maschine starten Lukjanow und Gorbatschows Stellvertreter im Amt des ZK-Generalsekretärs, W. Iwaschko.

★ Ab 17 Uhr ziehen Panzerdivisionen, Militärgerät und Truppen aus Moskau ab. Zur selben Zeit erklären ZK-Führungsmitglieder in einer Ergebenheitsadresse vor der Presse ihre Unterstützung für den Demokratisierungsprozeß im Lande.

★ Um 18.30 Uhr telefoniert Jelzin mit Gorbatschow.

★ Der spontane »Rock auf den Barrikaden« am Weißen Haus dauert bis weit nach Mitternacht.

Donnerstag, 22. August

★ Kurz nach Mitternacht, um 0.04 Uhr, landet Gorbatschow in Wnukowo.

★ Jasow, Krjutschkow und Tisjakow, die Vize-Präsident Rutzkoj bereits auf der Krim festnehmen ließ, werden unmittelbar nach ihrer Ankunft auf dem Moskauer Flughafen dem Generalstaatsanwalt der RSFSR übergeben.

★ Gegen 9 Uhr begeht Innenminister Pugo unmittelbar vor seiner Verhaftung Selbstmord. Janajew und Pawlow werden in Moskau verhaftet. (Baklanow und Starodubzew, der zunächst flüchtig war, werden nach Aufhebung ihrer Immunität als Volksdeputierte der UdSSR am 26. 8. verhaftet.)

★ 11.30 Uhr. Massenversammlung der siegreichen Demokraten auf dem Vorplatz des russischen Parlaments. Die weiß-blau-rote Fahne wird Staatsflagge der RSFSR.

★ 18 Uhr. Pressekonferenz Gorbatschows.

★ Um 23.41 Uhr wird das Dserschinskij-Denkmal vor der Lubjanka von seinem Sockel gestürzt.

Freitag, 23. August

★ Ein Erlaß Jelzins untersagt bis auf weiteres das Erscheinen der zentralen KP-Organe *Prawda*, *Sowetskaja Rossija*, *Moskowskaja Prawda*, *Glasnost*, *Rabotschaja Tribuna*, *Leninskoe Znamja* wegen »aktiver Beteiligung am Putsch und Desinformation der Bevölkerung«. Das KP-Verlagseigentum wird ebenso wie das der offiziellen Nachrichtenagenturen TASS und Nowosti dem russischen Ministerium für Presse und Kommunikation unterstellt. Der Generaldirektor von TASS, L. Spiridonow, und der Vorsitzende von Nowosti, A. Wlassow, werden ihrer Ämter enthoben. (Die *Prawda* erscheint ab 31. 8. als unabhängig registrierte Tageszeitung, ohne die Losung »Proletarier aller Länder vereinigt Euch!« und – wie auch die übrigen ehemaligen KP-Organe – mit neuem Chefredakteur.)

★ 14 Uhr. Vor Zehntausenden, die sich auf dem Lubjanka-Platz versammelt haben und die KGB-Zentrale zu stürmen drohen, gibt Jelzin Neuernennungen von Unionsministern bekannt: W. Bakatin (KGB), Je. Schaposchnikow (Verteidigung), W. Warenikow (Inneres).

★ Wachmannschaften vom Weißen Haus schützen die KGB-Zentrale und das ZK-Gebäude am Alten Platz in Moskau. Ihre Türen werden auf Anordnung des Generalstaatsanwalts der RSFSR versiegelt. Der Moskauer Parteichef Ju. Prokowjew wird festgenommen.

★ Zwischen 15 Uhr und 16.45 Uhr trifft sich Gorbatschow mit

den Abgeordneten des russischen Parlaments. Dabei kündigt er
u. a. an, daß er mit einem eigenen Erlaß die Erlasse des russi-
schen Präsidenten während der Putschtage bestätigen wird. In
Gorbatschows Anwesenheit unterschreibt Jelzin den Erlaß
»Über die Einstellung aller Aktivitäten der Russischen Kommu-
nistischen Partei auf dem Gebiet der RSFSR«.
★ In der Nacht zum 24. 8. werden in Moskau die Kalinin- und
Swerdlow-Denkmäler demontiert.

<u>Samstag, 24. August</u>
★ Öffentliche Trauerfeier und Beerdigung der drei Putsch-Opfer
Wladimir Usow (30), Dmitrij Komar (23) und Ilja Kritschewskij
(28). Gorbatschow erklärt sie posthum zu »Helden der Sowjet-
union«.
★ Gorbatschow tritt vom Amt des ZK-Generalsekretärs der
KPdSU zurück und empfiehlt der Partei, sich aufzulösen.

<u>Sonntag, 25. August</u>
★ Es wird bekannt, daß sich der Marschall der Sowjetunion und
Gorbatschow-Berater S. Achromejew erhängt hat.

<u>26. bis 30. August</u>
Sitzung des Obersten Sowjet der UdSSR.
★ A. Lukjanow tritt als Vorsitzender zurück (26.8.); am 28.8.
hebt der Oberste Sowjet seine Immunität auf, am 29.8. wird
Lukjanow festgenommen.
★ Am Montag, dem 26. 8., wird der Selbstmord des ZK-Abtei-
lungsleiters N. Krutschina bekannt.
★ Am Mittwoch, dem 28. 8., überstellt Jelzin per Ukas das Ei-
gentum von KPdSU und Russischer KP – bis zur Verteilung unter
den Republiken nach Abschluß des Unionsvertrags – der Regie-
rung Rußlands.
★ Am Donnerstag, dem 29. 8., beschließt der Oberste Sowjet die
Einstellung aller Aktivitäten der KPdSU auf dem Territorium der
UdSSR.

★ Ebenfalls am 29. 8. wird B. Pankin zum neuen Außenminister der Sowjetunion ernannt.

★ Dem Scheitern des Putsches im Zentrum folgt eine Welle von Unabhängigkeitserklärungen der Republiken: Estland (20. 8.), Lettland (21. 8.), Ukraine (24. 8.), Weißrußland (25. 8.), Moldowa (27. 8.), Aserbaidschan (30. 8.), Kirgistan (31. 8.), Usbekistan (31. 8.), Tadschikistan (9. 9.); Armenien (23. 9.).

2. bis 5. September
Sitzung des Volksdeputiertenkongresses der UdSSR.

★ Er bestätigt am Donnerstag, dem 5. 9., die von Gorbatschow und den Republikführungen ausgehandelten Verfassungsänderungen über die höchsten Machtorgane für eine Übergangsphase. Vorgesehen ist die Bildung erstens eines »Staatsrates« (Gorbatschow und die Spitzenvertreter der zehn Republiken) zur Koordinierung gemeinsamer innerer und äußerer Angelegenheiten und zweitens eines »Unionssowjet« (je zwanzig Abgeordnete aus jeder der zehn Republiken, d. h. ohne die drei baltischen Staaten, Georgien und Moldowa) als Übergangsparlament. Drittens schließlich erhält das »Komitee für die operative Leitung der Volkswirtschaft« die Aufgaben einer provisorischen Unionsregierung. (Neben den vier russischen Ministern I. Silajew, G. Jawlinskij, Ju. Luschkow und A. Wolskij, die zusammen eine Stimme haben, gehören dem Komitee Vertreter aller 15 Republiken an, wobei die drei baltischen Staaten jeweils nur einen Beobachter entsenden.)

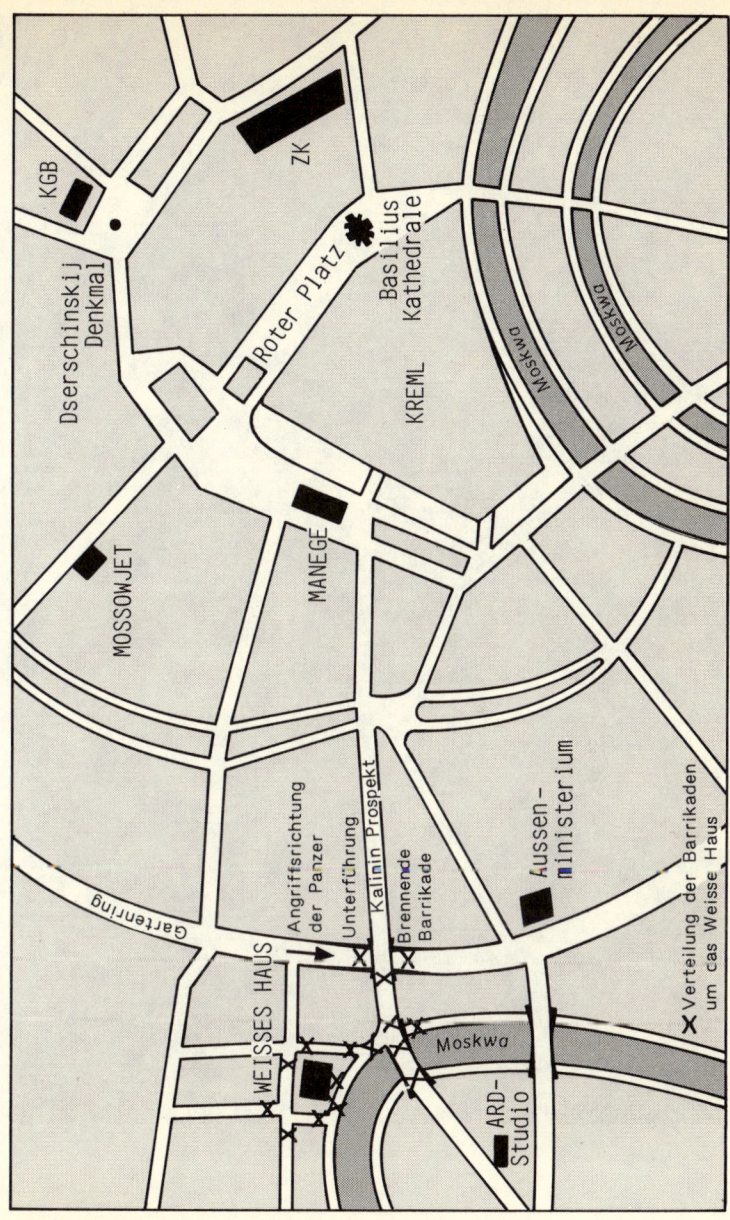

Graffiti an der Mauer des Lubjanka-Gefängnisses,
der Zentrale des KGB: Ganz groß das Wort Swoboda – Freiheit.

Bildnachweis

© dpa
S. 18 (oben, unten), 21 (unten), 33, 34 (oben), 36, 43, 68 (oben, unten), 72, 75 (oben), 91 (oben, unten), 102 (unten), 103 (oben), 107, 115, 121, 127, 130 (oben, unten), 132 (links), 133 (oben, unten), 136, 163, 178/179, 183, 217, 232, 234

© W. Swarzewitsch, W. Miloserdow, D. Chrupow
S. 21 (oben), 24, 26, 29, 37, 44, 75 (unten), 77, 87, 100 (oben), 103 (unten), 104, 132 (rechts), 143, 164, 166, 182 (oben)

© Alexander Natruskin
Frontispiz, S. 34 (unten), 69, 80, 112, 158 (unten), 161 (oben, unten), 182 (unten), 202, 205, 214, 282/283

© Hans-Jürgen Burkard
S. 14/15, 78, 85, 86, 90, 106, 111, 114, 158 (oben), 184

© Sergej Podlesnow
S. 30, 38, 100 (unten)

© Josef M. Keller
S. 101 (oben, Mitte, unten)

© Ilja Piganow
S. 28

© The Associated Press
S. 102 (oben)

Die Skizze der Moskauer Innenstadt auf Seite 281 zeichneten Ruth und Harald Bukor nach einer Vorlage von Josef M. Keller.

Die Autoren

Gerd Ruge 1928 geboren, war bereits 1956 bis 1959 als Korrespondent in Moskau, ging dann von 1977 bis 1981 für den WDR-Hörfunk dorthin zurück. In den sechziger und siebziger Jahren war er u. a. in Washington, Peking und Bonn tätig; von 1985 bis 1987 war er Chefredakteur des WDR. Seit 1987 arbeitet er als Leiter des ARD-Studios wieder in Moskau.

Thomas Roth 1951 geboren, war von 1988 bis 1991 Korrespondent und Studioleiter des ARD-Büros »Südliches Afrika« in Johannesburg. Zuvor war er Moderator und Redakteur des *Weltspiegel* beim Süddeutschen Rundfunk und berichtete für die ARD aus dem Nahen Osten, u. a. vom Golfkrieg. Seit 1991 lebt und arbeitet er in Moskau.

Hans-Josef Dreckmann 1938 geboren, war von 1964 bis 1972 Redakteur der *Ruhrnachrichten*. Seit 1972 arbeitet er beim WDR: von 1974 bis 1980 im Brüsseler ARD-Studio; von 1980 bis 1986 als Afrika-Korrespondent der ARD; seitdem ist er Redakteur der Programmgruppe Ausland des WDR.

Tatjana Mitkowa 1957 geboren, arbeitet seit 1980 als Fernsehjournalistin. Ab 1988 moderierte sie die Nachrichtensendung *120 Minuten*, später die Sendung *TSN*, in der sie wahrheitsgemäß über die Ereignisse in Litauen berichtete, worauf sie das Fernsehen verlassen mußte. Direkt nach dem Ende des Putsches wurde sie Moderatorin der abendlichen Hauptnachrichtensendung.

Dieter Knötzsch
Fünf Jahre Perestroika
Ein Moskauer Tagebuch
Fischer Taschenbuch Band 10734

Der Autor lebte fünf Jahre in Moskau – von 1985, als Michail Gorbatschow Generalsekretär wurde und mit der Politik der Perestroika begann, bis 1990, als viele bereits das Ende der neuen Politik gekommen sahen.

Die Kenntnisse der russischen Sprache ermöglichten es ihm und seiner Frau, Bekanntschaften und Freundschaften mit Moskauer Familien zu schließen und an ihrem Leben teilzunehmen. In seinen Aufzeichnungen beschreibt der Autor ihren Alltag, ihre engen Wohnungen und ihre Datschen auf dem Lande, fröhliche Familienfeste und den täglichen Ärger beim Schlangestehen, auch die wachsende Angst vor der neuen Mafia. Er war in Moskau, als in Tschernobyl der Reaktor explodierte und Mathias Rust auf dem Roten Platz landete. Er hat Boris Jelzin erlebt, die großen Demonstrationen für politische Freiheit gegen die Kommunistische Partei und die Reaktionen der Russen auf die Vereinigung der beiden deutschen Staaten. Aus der Perspektive des Moskauer Alltags entsteht so ein Bild vom Aufstieg und Niedergang der Perestroika und den Altlasten, die Jahrhunderte zaristischer Selbstherrschaft und Jahrzehnte Schein-Sozialismus hinterlassen haben.

Fischer Taschenbuch Verlag

fi 1709 / 1